名师系列

漫溯写作芳草地

——基于语文核心素养下的创新写作

MANSU XIEZUO FANGCAODI

张 渊 著

黄河出版传媒集团
阳 光 出 版 社

图书在版编目（CIP）数据

漫溯写作芳草地：基于语文核心素养下的创新写作 / 张渊著. -- 银川：阳光出版社，2023.7
ISBN 978-7-5525-6949-0

Ⅰ. ①漫… Ⅱ. ①张… Ⅲ. ①作文课-中学-教学参考资料 Ⅳ. ①G634.343

中国国家版本馆CIP数据核字(2023)第141524号

漫溯写作芳草地：基于语文核心素养下的创新写作

张渊 著

责任编辑 林 薇
封面设计 石 磊
责任印制 岳建宁

黄河出版传媒集团
阳 光 出 版 社 出版发行

出 版 人 薛文斌
地 址 宁夏银川市北京东路139号出版大厦（750001）
网 址 http://www.ygchbs.com
网上书店 http://shop129132959.taobao.com
电子信箱 yangguangchubanshe@163.com
邮购电话 0951-5047283
经 销 全国新华书店
印刷装订 宁夏凤鸣彩印广告有限公司
印刷委托书号 （宁）0029985

开 本 710 mm × 1000 mm 1/16
印 张 18
字 数 270千字
版 次 2023年7月第1版
印 次 2023年12月第1次印刷
书 号 ISBN 978-7-5525-6949-0
定 价 68.00元

序言

作文教学始终是语文教师的心结，提起来，重若千钧；放下来，难舍难分；做起来，无所适从。有人调侃说，作文教学像雨像雾又像风，捉不住，猜不准，摸不透。不可否认，一些教师对作文教学进行了有益探索，但收效甚微。当表达能力不仅是学生语文素养高低的重要标志，而且是人的重要的社交能力之时，当写作注重功利，止步实用，进入快餐式，人们不禁发问：写作当如之何？然而，写作毕竟有其质的规定性，它不仅是功利的、实用的，还是审美的、诗意的、益智的、怡情的，是能抚慰心灵、滋润感情、提神振气、净化灵魂的。

何谓作文教学之根本？简言之就是以“语”为本，以“人”为本。以“语”为本，强调作文就是学习运用语言，是为交际的需要而运用语言，也是为运用语言的需要而积累语言；以“人”为本，突显学生是表达和发展的主体，是作文的主人。脱离根本去摆弄些枝枝叶叶、花花草草，虽然热热闹闹，但好景不长，秋霜冬雪之后，就叶落花谢了。

如何扎根固本？用语文教材的全覆盖带动学生写作的全覆盖，在学生写作的全覆盖中，落实学生写作能力的基础训练，促成写作的扎根固本。统编教材采用读写双线并进的方式，力求在理解和表达的相互转化中，实现读写结合，读写贯通，在该书的编写过程中尽量落实以读促写的指导理念。

写作能力强，学生个人的发展后劲就强。经过几十年的教学实践与反思总结，如今越发坚定地认为作文水平是学生语文核心素养最集中的体现。我始终坚信，孩子读过的书、走过的路、看过的风景、经历过的震撼与感悟，都将成为滋养他们未来成长的营养。百尺之木，万千根须，汲细纳微，而成梁材；傲雪寒梅，凌霜独擎，历压经摧，而欣妍开；向下扎根，叩问先贤，求是创新，似有了悟。学生的写作素养是一个由浅入深、循序渐进的过程，每一步都需迈得有声有色，稳健坚毅，才会浮舟沧海，立马昆仑。

《漫溯写作芳草地——基于语文核心素养下的创新写作》是以新时代的育人理念与审美要求为导向，以聚焦解决新课程语文写作教学问题为发展途径的一本写作指导书。该书以写作学科素养为经，以人文读写主题为纬，通过梳理、提炼、整合、深化、拓展、连接等编写策略，构建了指向学生成长的人文写作体系，让学生体验到作文成长过程的快乐和自信，提高写作素养，提升人文境界，肩担道义与责任，体验美好，表达美好，创造美好，以笔为歌，礼赞青春。

《漫溯写作芳草地——基于语文核心素养下的创新写作》依课标编写，关联教材，创新形式，有效服务“双减”，助力广大教师用好教材，提升课堂作文教学质量，充分发挥作文育人优势，以文载道、以文传声、以文化人，激发学生抒发家国情怀，抒写成长华章。

我是灵武市一名基层的初中语文教师，一路走来，关于这本作文书的命名，我前前后后想了很久，一个偶然的机会大脑突然闪过一代大家徐志摩《再别康桥》中的“寻梦？撑一支长篙，向青草更青处漫溯”的诗句，让学生在寻找梦想和追求理想的年纪，撑一支长篙，向写作更青处漫溯。

《漫溯写作芳草地——基于语文核心素养下的创新写作》的编辑出版，是我几十年作文教学经验的总结和分享。这本书内容丰富，类别齐全，书中整体内容分为三大部分，第一部分是基础篇；第二部分是升级篇；第三部分是创新篇。一脉贯通，直指写作要害。翻开这本充满书香的写作书，暖暖的温情会弥漫在你的心间，从写作方法到范文引航，再到赏析点评，对写作方法的分类解析，深入浅出，生动形象，让读者容易理解，更快地掌握作文的写作技法。

阅读一篇篇学生的习作会把你带入孩子们缤纷的内心世界。按照分类去细细品读，你会发现人物形象鲜活，记叙事件条理清晰，或引发深思，或趣而有益，指导孩子们在观察中感受生活，饱览美景，大自然让孩子们身心愉悦，文字灵动优美，每篇范文后面的专业赏析点评，也可以让学生更快地学习写作要点，掌握写作技巧。

怎样才能写好作文？这本书告诉我们，首先，要知道写作是一个循序渐进的过程，从最简单地写作基础开始，从身边的生活落笔，积少成多。还告诉我们，要读写结合，边学边练，从尝试写作到自由发挥，循序渐进，不间断坚持训练，不断加大力度，就能一步一步走上新的写作台阶。

阅读《漫溯写作芳草地——基于语文核心素养下的创新写作》，相信你一定会在书中找到快乐，发现文字的魅力，学会写作的思路和方法。盛开瑶同学在日记中写道：若文字构成一个世界，那么写作就是创造另一个世界。我不是擅长表达的那一类人，每当捕捉到情感时，可以触摸它，可以感受它，但就是无法表达它，甚至不知道该怎样把捕捉到的情感展示给他人，每走一步都像是需要冲破闭得严丝合缝的花苞，斟酌很久都没办法把情感在这个三维空间表达出来，我被困在花苞里了。

道家学说里讲："道生一，一生二，二生三，三生万物。"好的作文指导，应该给予学生"一"，鼓励学生由"二"探索出"三"，而"三"之后，学生就能自己创造出"万"来。这本写作指导书引导学生由生活中一片落叶思考起步，引申到落叶中蕴含的哲理，落叶中包含的文化，落叶带来的回忆，落叶与我们生活的变化，发散学生思维，鼓励学生探究落叶中蕴藏的深意。一叶知秋、一叶追忆、一叶看今、一叶悟理、一叶思辨，一叶一世界，叶叶皆关联。一片落叶，唤醒学生的思维，打开写作的思路。

写作素养提升需要写作技能、写作技巧、写作密码的可视化支撑，更需要思想、情感、感觉等不可量化的润泽与涵养。相信读完这本作文指导书，定会起到用思想启迪思想，用情感唤醒情感，学会关注身边的事物，学会寻找身边的作文素材。

借月色，蘸一身春光，书一纸幽梦，向青草更青处漫溯。

览此书以启心智，观此书以辨方向。向青草更青处漫溯，在星辉斑斓里放歌。

最后还要衷心感谢阳光出版社的编辑和各位工作人员，有了他们的热心帮助，本书才得以顺利出版。

热切期待各方专家和同行不吝赐教，真诚希望广大师生用阅读、对话和批评指正的方式与我互动交流，让我在语文教学这条路上走得更快、更远。

张　渊

2023 年 3 月 12 日

目录

contents

升级篇

创新篇

基础篇

以貌度人，形神毕现

外貌描写是对一个人的身材、相貌、表情、服饰等进行描述。既能使人物突显在读者眼前，还能让人从他的外在形象上看出他的思想、身份、地位、经历、遭遇、气质来，体现出性格特征。

文章如同一棵大树，生动的描写往往可以造就一棵枝繁叶茂、生机勃勃的树。如何做到使人物的外貌活灵活现？

写作支架 1 抓住特征

头发约莫一寸长，显然好久没剪了，却一根根精神抖擞地直竖着。胡须很打眼，好像浓墨写的隶体“一”字。（鲁迅先生的外貌描写）

写作支架 2 突显特征

描写 1：我的同学强强，他胖乎乎的圆脸上，长着一对调皮的大眼睛，眼珠忽闪忽闪的，好像两颗水灵发亮的黑宝石，只要他一眨巴眼儿，准出鬼点子。（滑稽、逗人）

描写 2：她叫小花，一头柔软的卷发，凸额头、塌鼻梁，穿件红底白点小罩衣，总是不声不响，像个静默的小哲学家似的。（文静）

写作支架 3 巧用写作手法

借用修辞，增强表达效果。

原句：你也带孩子，人家也带孩子，你带的孩子又脏又瘦，人家带的孩子又白又胖。

改句：你也带孩子，人家也带孩子，你带的孩子就跟才从垃圾堆捡出来的似的，又脏又瘦，人家带的孩子就像才剥壳的鸡蛋，又白又光鲜。

用他人来烘托，增强表达效果。

例文：

《陌上桑》

行者见罗敷，下担捋髭须。

少年见罗敷，脱帽着帩头。

耕者忘其犁，锄者忘其锄。

来归相怨怒，但坐观罗敷。

用人物对比来表现，使效果更明显。

例文：做了半天的作业，我头昏眼花，于是我下楼来到街上散步，好放松一下。街上人来人往，突然一个样子和城市中的红男绿女反差极大的人闯入我的视线。他头发蓬乱，穿着一身质地粗糙、皱巴巴的老式中山装，头发上、衣裤上，还有那双旧布鞋上都沾上了不少的白灰面子。显然，他是一个外地进京的打工者。

在具体环境中渲染，使表达效果更明显。

例文：在一个寒冷的清晨，这个小姑娘却坐在一个墙角里，她的双颊通红，嘴唇上带着微笑，她已经死了——在旧年的除夕。新年的太阳升起来了，照着她小小的尸体：她坐在那儿，手中还捏着火柴——其中有一束几乎都烧光了。

在动静变化中展示，使人物形象惟妙惟肖。

例文：脸上瘦削不堪，黄中带黑，而且消尽了先前悲哀的神色，仿佛是木刻似的；只有那眼珠间或一轮，还可以表示她是一个活物。

漫溯写作基础口诀：

写人其实并不难，只要记住抓特点。
外貌描写是关键，高矮胖瘦能看见。
五官仪表很重要，眼睛传神最可靠。
行动衣着和语言，写人样样是重点。
心理活动表思想，灵魂靠它指方向。
请你记住这些话，写好作文人人夸。

范文引航

哦，那朵纯洁的百合花

我讨厌我的姐姐，虽然她对我一直都非常和善宽容，甚至包容了我的一切缺点。但我仍然讨厌她，因为她所做的这一切只会让我更加自卑。

我的姐姐有一副天使般的面孔：小巧的瓜子脸，精致的鼻子，弯弯的眉毛，长长的睫毛，泉水般清澈的眼睛，还有红润柔嫩的嘴唇以及流苏般柔顺的黑发。活脱脱一个真人版的芭比娃娃。而且她还拥有令人艳羡的优秀成绩。相比之下，我就像一只丑陋的麻雀，卑微、平凡，普通得不会吸引别人一丝视线，平庸得让自己都觉得讨厌。

于是，我理所当然地怨恨她，想尽一切办法让她出丑，甚至捉弄她……可她对于我的所作所为只是淡然一笑，然后默默地去收拾我造成的烂摊子，并为我开脱，让我尴尬得无地自容。

但是有一天，我终于让她生气了，原因是我毁掉了她最心爱的雕塑——一只百合花的雕塑。姐姐最喜欢百合花，所以她便没缘由地同样喜欢那只雕塑——那只在我的眼里了无生趣的雕塑。我在找书的时候不小心碰到了它，它便从高高的书架上掉了下来，碎了一地，如同姐姐看到这番情景时从脸上滑落然后溅到地上的一滴滴眼泪。可我没有道歉，反而在一旁幸灾乐祸地说着风凉话。就这样，姐姐生气了，怒气犹如火山喷发般席卷了她平日里那如花的笑靥。她扬起手掌，狠狠地打了我一巴掌，疼痛如火舌般在我的脸上蔓延，我捂着脸，先是震惊，然后在愤怒、委屈等情绪的支配下扭头跑了出去。

第二天，当我从同学家里回来的时候，却听到了姐姐生病的消息。原来，昨晚姐姐出来找我时淋了雨，受了寒，发起了高烧。昏睡中的姐姐，嘴里还一直叫着我的名字，并喃喃地请求我原谅她……

我内心的委屈顷刻间烟消云散，取而代之的是揪心的愧疚与不安。风过无痕，可冲动过后，我的心中却储满了懊恼。我想起了以前在我偷吃姐姐的糖果时，她笑着嗔怪我说“你这小馋猫”时的情景；我想起了在我弄脏姐姐最喜欢的衣服时，她笑着说“你这调皮鬼”时的情景；我想起了在我让姐姐替我做这做那时，她笑着抱怨说“你这小懒虫”时的情景；我想起了……

我不能容许自己再想下去，我跑进了姐姐的房间，哭着说出了那句亏欠了姐姐好久的话：“姐姐，对不起……”

姐姐睁开疲惫的眼睛，苍白而憔悴的脸上绽放出了浅浅的微笑，我看到两行泪从姐姐的眼角滚落，就像纯洁的百合花上滴落的晶莹露珠。

赏析

本文是一篇非常成功的写人佳作。首先，作文的标题富有诗意，并且与内容巧妙结合。其次，传神的外貌描写突显出了人物的神韵，将细腻的情感表达得淋漓尽致。如“小巧的瓜子脸，精致的鼻子，弯弯的眉毛，长长的睫毛，泉水般清澈的眼睛……”形象细致的外貌描写，让读者如见其人；“怒气犹如火山喷发般席卷了她平日里那如花的笑靥”逼真地写出了一向宽容的姐姐忍无可忍时的怒容；“我看到两行泪从姐姐的眼角滚落，就像纯洁的百合花上滴落的晶莹露珠”，结尾处的细节描写更是画龙点睛，韵味无穷。

（文：赵欣悦　指导老师：张　渊）

语言描写，展现个性

语言是作品的基本材料，有意味的素材、有温度的感情、有深度的思想需要有准确而灵动的语言才能呈现出来。

古人创作时特别注意语言的锤炼，他们感慨说“两句三年得，一吟双泪流”“吟安一个字，捻断数茎须”！相传，北宋文学家苏东坡与他的妹妹苏小妹及诗友黄山谷一起论诗。小妹说出：“轻风细柳”和“淡月梅花”后，要哥哥从中各加一字，说出诗眼。苏东坡当即道：前者加“摇”，后句加“映”，即成为“轻风摇细柳，淡月映梅花”。不料苏小妹却评之为“下品”。苏东坡认真地思索后，得意地说：“有了，‘轻风舞细柳，淡月隐梅花’。”小妹微笑道：“好是好了，但仍不属上品。”一旁的黄山谷忍不住了，问道：“依小妹的高见呢？”苏小妹便念了起来：“轻风扶细柳，淡月失梅花。”苏东坡、黄山谷吟诵着，玩味着，不禁抚掌称妙。“扶”和“失”字，好在不仅抓住了景物特征，从根本上说，它创造了一种和谐朦胧的美妙意境。对话是两个人或几个人的谈话，独白是人物的自言自语，语言是人物内心世界的直接表露，对表现人物的思想性格起重要作用。有个性特点的语言可以起到“闻其言，见其人”的作用。语言是人物思想性格的直接透露，语言描写是打开人物心灵的钥匙，是表达人物思想感情的工具。“言语是心灵的镜子。一个人说出怎样的话，他就是怎样的人。”

语言是人物思想感情、心理活动、道德品质和性格特征的外在表现。鲁迅说“使读者由说话看出人来”。成功的语言能反映出人物的思想个性，揭示人物的精神面貌，言出而神现，使读者如临其境，如见其人。

写作支架 1 人物语言，构思在前

鲁迅的《故乡》，要表现杨二嫂的泼辣，就让她说话尖酸刻薄；要表现闰土的痛苦麻木，就让他说生活的境况和看法。要注意的是，在构思人物语言的内容时，人物说的内容一定要与人物的性格特点、身份地位、生活环境等一致，这样才会真实可信，具有表现力。如老杨的官职比村长大，所以敢说得罪村长的话，但该文中的老秦就说不出；他是农民出身，有和群众生活的经历，所以才会说出农民群众的心里话，反而村长就说不出这些话。杨二嫂是一个小市民，从小有较独立的生活，而且没有很好的教养，所以她不怕，所以她放肆，说话才不会有顾忌；闰土从小和“我家”交往，虽然没有读过书，但也受到封建礼教的影响，所以他的话中充满了对老主子的恭敬和卑下；又因为他从小生活在一个本分勤劳的农民家庭，所以他的话中充满了痛苦无奈，但又无法像“我”那样说出责怪社会的话来。所以，杨二嫂说不出闰土的话，闰土也说不出杨二嫂的话，是因为他们的身份地位和所处的人生环境不一样。我们在进行人物语言内容的构思时，必须明白这一点。

写作支架 2 人物语言，层次有序

一个人的语言，特别是长篇大论的语言描写更要注意层次感。

如《葫芦僧判断葫芦案》有两段写门子的长篇大论，怎样写来不同呢？一段让他大谈英莲的遭遇，一段让他详谈断案设想。谈英莲的遭遇又分作几层：门子和英莲的相识；英莲和拐子的关系；英莲被卖冯公子得到宽心；薛蟠打死冯公子及英莲的下落。该段层次清楚，也就在大段的讲述中把门子的冷酷势利见死不救表现了出来，也交代了案子双方的身份，为下文贾雨村枉

法提供了依据，也衬托出贾雨村的见利忘义。门子出谋划策的话也分作几层：虚张声势，作假；装神弄鬼，骗人；用钱收买，了事。这样把门子狡猾、世故，急于讨好主子，不惜把心肝掏出的奴才相写了出来。而且，通过门子的话，把审案过程说了出来，下文具体写审案就略了，使审案一场让人有了回味和猜想的空间，增强了文章的可读性。

写作支架 3 人物语言，体现职业

人物的语言体现他的职业特点是一种常识，否则就会驴唇不对马嘴，闹出许多笑话。

如《赶花》一课中，赶花人说："我们也和养蜂人一样，一年四季极少在窝里停，天南海北，哪里开花就往哪里赶。"这极精彩的比喻，符合养蜂人的职业特点，如果换成医生、教师、工人，或者其他行业的人，这么说就不行了。

在我们的日常生活中，人物的语言往往能透露出其从事的职业。如有家哥俩儿闹分家，分了几天也没分清，决定请裁缝、厨师、船老大、车把式四人来调和。这四人觉得事情棘手，于是相邀先到厨师家碰头，讨论一下。下面 A、B、C、D 分别对应的是谁呢？厨师的老婆是从事什么职业的？

A. 一个说："我看咱们去了要快刀斩乱麻，别锅啊碗啊分不清。"

B. 一个说："咱们办事不能太偏了，要针是针线是线才行。"

C. 一个接过话茬儿："嗨，咱原先也不是没有管过这号事，前有车，后有辙，别出格就行。"

D. 另一个听得不耐烦了："我看别在这里啰唆了，不如到他家再见风使舵。"

厨师的媳妇"扑哧"一声笑了："你们真是三句话不离本行，卖什么的吆喝什么。"

根据人物的语言，我们就可以很容易地判断出人物的职业。A 是厨师，B 是裁缝，C 是车把式，D 是船老大，而厨师的老婆是吆喝卖东西的小贩。

写作支架4 人物语言，体现性格

人物语言最能展示人物性格，最能表现人物内心世界。人物的性格千差万别，在语言上也能表现出来，语言要体现人物的性格。

例文："你不知道，"伯父摸了摸自己的鼻子，笑着说，"我小时候，鼻子和你爸爸的一样，也是又高又直的。""那怎么……""可是到了后来，碰了几次壁，把鼻子碰扁了。""碰壁？"我说，"你怎么能碰壁呢？是不是你走路不小心？""你想，四周黑洞洞的，还不容易碰壁吗？""哦，"我恍然大悟，"墙壁当然比鼻子硬多了，怪不得您把鼻子碰扁了。"在座的人都哈哈大笑起来。（《我的伯父鲁迅先生》）

赏析：这段对话，鲁迅先生的幽默，对黑暗势力的抨击，与"我"的幼稚可笑表现出来，符合各自的性格特点就是对人物的独白、对话及其说话时的神态、动作、语气等的描写，其主要作用是刻画人物性格。

再如《范进中举》描写范进的岳父胡屠户对范进中举前后截然不同的态度，就是一个很典型的例子。范进在中举前，穷困潦倒。有一次向他岳父借乡试盘费，胡屠户不但不借，还将范进骂了一个狗血喷头："像你这尖嘴猴腮，也该撒泡尿自己照照！不三不四就想天鹅屁吃！趁早收了这条心。"范进中举后，同是这个胡屠户，却换了一副嘴脸："我的这个贤婿，才学又高，品貌又好，就是城里头那张府、周府这些老爷，也没有我女婿这样一个体面的相貌。"

两处谈话，前倨后恭，反差极大，刻画出胡屠户这个势利小人的丑恶嘴脸。

写作支架5 人物语言，展示个性

这是语言描写最基本的也是最高的要求。所谓语言有个性，指描写人物的语言要看人物身份，不同身份说的话就不同，甚至连语气也不同，就是什么人说什么话。

要精选、提炼富有个性化的语言，恰当表现人物的身份、年龄、思想、品质、作风和性格特征。

如鲁迅《阿长与〈山海经〉》中有这样的描写：她穿着新的蓝布衫回来了，一见面，就将一包书递给我，高兴地说道："哥儿，有画儿的'三哼经'，我给你买来了！"

又如《水浒传》中描写众好汉议立梁山主一段。

同是拥立宋江为梁山之主，不赞成宋江的谦让，但几个人所说的话却大不相同。吴用、武松均从大局出发，以理服人。但吴用言辞委婉，武松则显露。李逵和鲁智深都对宋江的谦让表示强烈不满，但李逵言辞粗鲁，鲁智深则比较注意分寸。刘唐虽未能申之以理，但也不似李逵、鲁智深的火暴，言辞颇含怨意。

作者善于根据人物的出身、教养、经历和性格等的不同，注意从词语、语气等的相异去描写人物的对话，因而鲜明地表现了人物的性格，如同鲁迅所说："是能使读者由说话人看出人来的"。

写作支架 6 神态作伴，动作配合

语言、动作、神态的描写要紧密配合，相得益彰。写人物语言若能适当结合动作神态描写，便会使人物语言更加生动逼真。

如《军神》一文中，在描写主要人物刘伯承时，通过刘伯承与沃克医生的对话时重点写出了沃克医生的神态和情绪的变化，开始沃克是"冷冷"的，当发现伤情后，闪现出"惊疑的神情""目光柔和了"。病人拒用麻醉剂时，沃克"眉毛扬了起来"表示不理解，他听了病人一番话后，"再一次愣住了"。手术后，当病人说出刀数的时候，沃克"惊呆"且"大声嚷道"，"脸上浮出慈祥的神情"。当他知道病人是刘伯承时，沃克"肃然起敬"。沃克医生的这些变化，都是由刘伯承引起的。课文这样写，是以沃克医生神态、情绪的变化来衬托刘伯承的坚强意志品质。

范文引航

我的老师会“卖萌”

说起我的班主任张老师，他真是一个会“卖萌”的人啊！

每次开班会，他往往都会先讲一段好听的故事，吸引我们的注意力，接着呢，从中引申出一个道理。最后自然而然地对我们提出要求，不由得我们不接受。这样的“说理三部曲”杀伤力简直太大了，何况他还自创一些“张氏名言”，比如“失败是成功她老妈”“上课回答问题就应该不要脸”等等。关于时间，他会从初一就开始算起，三年是多少天，折算成小时是多少，我们已经用去了多少，吃饭睡觉又浪费了多少，算得我们心惊肉跳，感觉自己真是太混账，白白糟蹋了大好时光。关于金钱，他会从我们一天的伙食费算起，再到买衣服，买书，买零食，等等，这样算下来数目非常大啊，这还不算，他还反算，如果我们不读书，去挣钱，又会挣多少，两项相加，又会损失多少，最后算得我们人心惶惶。

张老师有时候也向我们抱怨，最常说的就是：“你们猜我一个月挣多少？”于是大家纷纷给出数字，最后在大家期待的目光下，他伸出一个手指说：“一万……”我们非常羡慕：“哇！当老师多好啊！”没等我们欢呼完毕，他接着说：“一万大毛！”于是大家又是一片唏嘘。张老师说：“唉，到工地去打工，怎么着也是三万大毛啊！我一天挣的钱还买不了几斤苹果呢。”接着，便是“你们不好好学习就对不起我的一万大毛的微薄工资”之类的话，这时候，我们都懂得了他的良苦用心，心里渐渐不怎么抵触他了。

张老师有时候会说自己谦虚，比如每次听写的时候，他都会说：“我英语不怎么好，听写时我就说汉语，专挑长的听写。（当时由于学校缺少英语教师，我曾担任一个班的英语教学工作）”此话一出，我们顿感无语，这哪里是谦虚呀，分明是故意“整”我们呢。有时候，他在黑板上板书时，会把一些字多写一笔或少写一笔，当我们发觉不对劲而哄堂大笑的时候，他却一本正经地说：“你们以为是我错了吗？我是故意这样的，这是警醒你们要好好写字，不要犯这样的低级错误！”于是，我们都笑了。

张老师会“卖萌”，逗我们开心，而在这开心的背后，是他对我们的爱和鼓励。

赏析

这篇以“我的老师”为描写对象的习作，不仅视角独特，构思新颖，而且语言表达绘声绘色，更见功力。文章先以间接的语言描写，让读者未见其人先闻其声，既领教张老师的“说理三部曲”的杀伤力，又品味到“张氏名言”的幽默内涵。然后让张老师现身说法，从“一万大毛”的无奈到“我英语不怎么好”的“谦虚”话语，无不充满个性色彩，表现出他独特的教育方式。由此可见，在张老师“卖萌”的背后，是对学生的爱和鼓励。可以说，文中张老师这一人物形象之所以能够栩栩如生、跃然纸上，完全是因为作者巧妙地使用了个性化和形象化的语言描写的缘故。

（文：郑　云　指导教师：张　渊）

举手投足，彰显个性

什么是动作描写呢？是指描写人物富有特征性的动作，以表现人物的性格、品质、身份、地位、处境、状态等。动作描写是刻画人物的重要方法之一。成功的动作描写，不但可以反映人物心理活动的进程，而且可以表现人物的性格特征，有时候还能推动情节的发展。老舍说过：“行动描写可以使人物站起来。”成功的动作描写能使读者感到作者笔下一个一个栩栩如生的人，人物的精神世界才能充分展示，人物的形象才能真正站起来。

例如施耐庵要塑造武松的性格，就安排了一回“景阳冈武松打虎”，全是写武松怎样“打”，从行动上描写出武松英雄的本色和武艺的高强。书中写他采取先防御、后进攻的策略，又显示出他的谋略与机智。作者正是通过对武松打虎全过程的生动细致描写，表现了他多方面的性格特征。所以，茅盾说：“人物的性格必须通过行动来表现。”

写作支架1 给动作“化功大法”

所谓“化功大法”，就是要把一个很笼统的大动作，分解成若干个连贯的小动作，给大动作一个“过程”。

例文：“李老师停止了讲课，目光一瞟，伸过右手凑近杯子，然后轻松地拿起杯子，拧开杯盖，把杯子举到嘴边，噘起嘴唇，轻轻歪斜杯身，让水滋润了一下嘴唇，大概是在试探杯子中的水烫不烫吧。然后，就大口大口地猛喝起来，只听到‘咕嘟咕嘟’的声音，他的喉结也上下不停地抽动。眨眼工夫，一杯水就见底了。他咂吧咂吧着嘴唇，好像还很不解渴呢。”

赏析：这一段描写，把李老师喝水这一过程，分解成“拿起杯子—试探温度—大口猛喝—咂吧嘴唇”这样一连贯的小动作，是不是把“大动作”写成“小动作”了？有的同学经常抱怨自己的作文写不具体，在写动作的时候，采用把“大动作”写成“小动作”就是一个可以使用的方法。

写作支架 2 给动作“涂脂抹粉”

所谓“涂脂抹粉”，就是在动词前面加上适当的修饰语，就会使动作的幅度、速度、力度等比较细致地表达出来，人物形象就会更具活力，就能更好地表现人物的个性与思想。

例文：“来到爬杆的场地，张小虎一只手摇了摇爬杆，一只手搭在额前，抬头仰望一下杆顶。朝手上吐了口口水，搓了搓，两脚微微张开，身体慢慢往下蹲。忽然，张小虎猛地往上一蹿，两只手一上一下紧紧地握着爬杆，两腿交叉，用脚背死死地‘咬’住爬杆，居然一下子就让我们要抬着头仰望他。紧接着，张小虎轮流交换着双手，每换一次，都靠着手臂的力量把他的身子往上挪动，双腿也不闲着，一松一紧地配合……在我们的欢呼声中，张小虎已经触摸到了杆顶的横梁，朝我们频频挥手呢。”

赏析：上面的片段中，运用“化功大法”把张小虎爬杆的动作进行了分解，然后给部分动作“涂脂抹粉”，文章就显得活灵活现，就真的给人身临其境的感觉了。

写作支架 3 观察仔细，动词传神

例文：扫开一块雪，露出地面，用一枝短棒支起一面大的竹筛来，下面撒些秕谷，棒上系一条长绳，人远远地牵着，看鸟雀下来啄食，走到竹筛底下的时候，将绳子一拉。便罩住了。（鲁迅《从百草园到三味书屋》）

赏析：动作描写细致，将捕鸟的过程形象地展现在了读者的面前，引人

入胜，使平白无味的百草园也显得生机盎然，欢快喜人，表现了儿童热爱大自然，喜欢自由欢快生活的性格特征。

写作支架 4 联想想象，比喻造境

例文：此刻，我正用欣赏的心态谛听同舍生奇妙的鼾声。有时平缓，如风过林梢；有时湍急，如流击巨石。有时不只是鼻翼翕动，口舌也加入进来，发出摩托车启动的啪啪声，最有趣的是或恐他进入忘我境界，嘴里发出的呜呜声，既像单口口哨，又像众口应和，让我一下想到木兰围场狩猎的盛大场面。不同的是前几天都是伦敦时间夜间两三点钟就悠悠醒来，静静品味，现在精力不济，只能四五点之间观望与聆听了。

赏析：通过以上细致的动作描写我们可以看出：选择有代表性的动作，体现观察的仔细；注意观察的角度，选择妥帖的动词写出动态；适当运用想象和修辞等。

写作支架 5 给动作“配上声音”

在写动作的时候，如果仅仅是动作描写，也很单调的，在动作中载入声音，就会让你笔下的动作活灵活现。这里说的“配上声音”可以有两种声音，一是配上人物的语言描写，二是配上适当的拟声词。

例文：刘老师把试卷摊开，平铺在讲桌上，食指往嘴巴里一舔，蘸了点唾沫，随即两个指头一翻，抽出了一张试卷：“这是张悦同学的试卷，你们瞧瞧，书写得多工整……”边说还边在试卷上用手指敲了敲，仿佛我们看不见他的动作似的。接着，刘老师又抽出了一张：“而王磊呢？我都不想看他的试卷，不管你会不会，你把字给我写好啊！连自己的名字都写得七倒八歪的！你给我上来！”说完，手指直指王磊，似乎要把王磊给戳穿了……

赏析：这是一段老师点评试卷的过程，同学们在平时的学习中也经常看到类似情景，简单的几个动作，经过小作者“化功大法”“涂脂抹粉”，加上人物的语言描写，就变成了近 200 个字的小片段。

“配上声音”除了人物的语言描写外，还可以配上适当的拟声词。比如

小猫叫的声音“喵喵”、北风刮的声音“呼呼”、汽车的喇叭声“嘟嘟”、爆竹发出的声响“噼里啪啦”等，这些就是拟声词。

写作支架6 给动作“加上表情”

在动作描写的时候，我们不仅仅要写清人物做了什么动作，还要思考此项动作是在什么情况下做的，是怎么做的，这就要让动作与表情、神态结合起来，从而更好地表现人物。

例文：只见罗丹一会儿上前，一会儿后退，嘴里叽里咕噜的，好像跟谁在说悄悄话；忽然眼睛闪着异样的光，似乎在跟谁激烈地争吵。他把地板踩得吱吱响，手不停地挥动……一刻钟过去了，半小时过去了，罗丹越干越起劲，情绪更加激动了。他像喝醉了酒一样，整个世界对他来讲好像已经消失了——大约过了一个小时，罗丹才停下来，对着女像痴痴微笑，然后轻轻地吁了口气，重新把湿布披在塑像上。（《全神贯注》）

赏析：这段文字通过描写罗丹的动作和神态表情，让我们看到了一个工作一丝不苟、对艺术执着追求的罗丹，看到了一个如痴如醉、忘我工作的全神贯注的艺术家形象。

写作支架7 给动作“融入心理”

在动作描写时加入“心理活动”描写，所写的动作就更加“有血有肉”，特别是动作的动机将更加突出，人物行动将更加明晰。

例文：我飞快地从地上抓了一把雪，使劲地捏了捏，感觉雪球还是太小，想想不解恨：刚才你王刚也太不够哥们儿义气了，竟然敢袭击我？看我这次怎么收拾你！又迅速抓了一把，这样两把雪糅在一起，我搓了搓，磨平了雪球的表面，嘿嘿，王刚，你给我小心啊！

我瞅了瞅对面的王刚，他正在搓雪球，大概还想再给我一个“炮弹”吧。这正是个机会，趁着他还没有准备好，我抡起手臂，甩了两圈，看准王刚的方向，把雪球使劲抛了过去。“嗖”的一声，雪球划了个美丽的弧线，不偏不倚正好打在王刚搓雪球的手上，“嘭”地炸开了，溅得王刚满脸都是雪片。

“哈哈哈……”王刚还没缓过神来，我转身跑开了，不能再战了，他被激怒了可不好惹。

赏析：这是《雪战》作文中的一个片段，小作者打雪仗的情形写得栩栩如生。我们也看得出在“反攻”时小作者内心是怎么想的，就知道这个“雪球”抛出去的力量是何等之大，这样的片段描写，就比没有心理活动的强多啦。

范文引航

校门口的风景

小学门口的大道是很宽阔的，三辆车并行也完全没有问题。一年半前，我就迈进了中学大门，校门口的路比原来狭窄了不少，而风景却依旧迷人。

那是去年期末考试刚结束后，虽然外面寒风呼啸，但每个同学都高兴得上蹿下跳，身体似乎舒展到说不出的大。可没想到，放学时却迎来了一项巨大的挑战——搬箱子。一学期的书是很多的，不费点劲儿是很难搬动的。“原来知识不光有力量，还有重量呢！”我开玩笑道。我终于拿到了箱子，并推到了楼梯口，站在一边，既是为迎接这项挑战而养精蓄锐，也是在等我的老同学邓俊晰与我同行。

终于，他走来了，艰难地推着箱子走来了。他拎着一个小包，还有一个满身“伤痕”的垃圾袋，里头装着的垃圾似乎随时都会溜出来。我很不情愿地抱起了那个笨重的箱子，小心翼翼地，沿着台阶一级一级地向下挪，邓俊晰也紧随其后。我们不敢说笑，因为只要稍不留神，就会“人仰箱翻”……

费了九牛二虎之力，终于，搬到了楼下。前面便是校门口，可是他的垃圾袋像搞恶作剧一样，突然炸裂开来，垃圾“吐”了满地。我顿时放下箱子，却不知双手已被箱子压出两道血红的凹痕，脑门也满是汗水。我顾不得疼痛与劳累，赶忙帮他把垃圾捡起，并决定先去把垃圾扔了，而他在原地等候。合作愉快达成，我接过垃圾袋，向垃圾房飞奔，不久，即返，却不见人。他去哪里了？

满头大汗的我寻人心切，站在那里正如迷路的羔羊。终于我透过窗户望见了他，已将箱子搬到校门口前张望。我火速赶往，可算与他“会师”，而他在这么短的时间内，却将箱子，两个笨重的大箱子，搬了这么远，我着实为此感到惊叹！

出了校门，我已无气力，箱子愈发沉重。虽凛冽寒冬，却汗如雨下；虽道路平坦，却如坎坷山路。邓俊晰也走得踉跄。突然，他放在箱子上的包来了个助跑加大跳，十分不听话地蹦到了地上。这下我俩可慌了神，在这人来人往的小路上，黑压压的一片尽是行人。想要停下放下箱子，捡起包，再艰难地搬起箱子，也是很困难的。这时，迎面而来的是一位陌生的阿姨，她默默地帮我们捡起了包，并放回了箱子上，却也没说什么。“谢谢阿姨！”她对我们笑了笑，似乎在说“不用谢”，随即便快步向校门口走去，也许她要去接她的孩子？

夕阳西斜，寒风似乎停了，感觉没有那么冷了。筋疲力尽的我，也已忘却了刚才的疲惫，脑海中，不时闪现出同学们互帮互助的忙碌身影，以及那个陌生阿姨的微笑。他们正如一道美丽的风景线，在校门口绽放光彩，使道路也似乎开阔了不少，也成为了我心中永恒的记忆。

赏析

作者从生活中选材，叙述期末考试结束后，同学和“我”相互帮助，共同搬走沉重的书箱，并得到一位陌生阿姨的援助。记叙、描写、议论与抒情相结合，让人感动。

开头，作者巧用对比，写小学校门口与初中不同，但“风景依旧迷人”，紧扣题目，设置悬念，引人入胜。

中间，作者先写“我终于拿到了箱子，并推到了楼梯口”，等同学来。再写“我们”把箱子搬到楼下，到了校门口，垃圾袋却裂开了。“我”去倒垃圾，没想到同学竟然独自搬走箱子。“我们”好不容易走出校门，包却从箱子上掉下来，幸亏一位陌生的阿姨伸出援手。情节一波三折，读来饶有趣味。形象的动作和心理描写，为文章增色不少。

结尾，总结全文，突出主题，虚实结合，让人回味。

（文：王　硕　指导老师：张　渊）

画人画心，心真文远

心理描写是指在文章中，对人物在一定的环境中的心理状态、精神面貌和内心活动进行的描写。

最常用的心理描写是描写人物的内心独白，写出人物的所思所想，让人物毫无遮掩地吐露自己的心声，说出他的欢乐和悲伤、矛盾和愁郁、忧虑和希望，使读者穿透人物外表，看到人物的内心世界。

通过对人物心理的描写，能够直接深入人物心灵，揭示人物的内心世界，表现人物丰富而复杂的思想感情，也可以让文章更生动、有新意，并且能写出自己的看法和感受，让文章更充实。

写作支架 1 内心独白

就是自己对自己讲的无声的话，人在不同的心理状态下会对自己讲不同的话，这不同的话就能反映人物不同的心理状态。把特定状态下自己对自己讲的话详尽地描写下来就能生动地表现出人物的心理。——注意在内心独白之前应加上“想”“心说”等提示语。犹如电影中人物思考时的画外音，是倾诉衷肠、透露心曲的一个重要手段。

例文：我不停地在心里念叨：“上帝啊，保佑我吧！我再也不玩手机游戏，不看电视，不看网络小说。唉！都怪我自己，老想着玩、玩，考试前一天还趁父母不在家偷看了一个小时的电视。老师啊，发发慈悲，手下留情，我以后上课一定好好听讲，千万别让我不及格啊！”

写作支架 2 用动作衬心理

人的动作、行为总是受心理活动的支配，从行动中刻画人物的心理活动，揭示人物在特定环境下的内心世界，是心理描写的又一表现形式。

例文：气得直跺脚，脸上暴起了青筋……

写作支架 3 用景物自然地折射内心的感受

一个人在不同的心情时看相同的景物，会产生不同的感受，因为人对使自己心灵产生感应的事物特别敏感，因此人的眼睛能根据自己的心情选择景物，并伴随着强烈的主观感受。人物的性格、情绪一般都可以通过景物描写来反映。古诗中就常有“采菊东篱下，悠然见南山”的闲适之心，也常有“感时花溅泪，恨别鸟惊心”的悲伤之感，这种寄情于景、借景抒情的写法，能够收到“状难写之景于眼前，含不尽之溢于言外”的效果。这种写法也称为景物烘托，即绘景而显情，作品中出现的景物，往往是“人化的自然”，渗透了人物的特定心情。

景物烘托也分两种，一种是正衬，如乐景写乐情；另一种是反衬，如乐景写哀情，这两种方法都能起到较好的表达效果。

例文：一场春雨之后，坪里的小草长得愈发茂盛了，那一大片的翠绿简直就是一块碧玉，绿得发疯，绿得逼你的眼睛。在他眼中，那滋生的不是一种植物，而是一种叫“幸福”的种子。

赏析：这段景物描写很好地写出了主人公喜悦和幸福的感受。

例文：虞美人【李煜】

春花秋月何时了？往事知多少。小楼昨夜又东风，故国不堪回首月明中。

雕栏玉砌应犹在，只是朱颜改。问君能有几多愁？恰似一江春水向东流。（李煜《虞美人》）

赏析：作者采用了心境结合。“春花秋月”，描绘出了一幅美丽的景色，但词人心中只有亡国的无尽悲痛和感伤，一江春水有多么绵延不绝，我的愁就多么绵延不绝，这就是以乐景衬哀情。

写作支架 4 心灵外化

人的想法、情绪、情感甚至性格，统称心灵。它们在我们的作文中，有种种外化形式，具体为：表情、神态、动作、语言、外貌。心灵外化适用于各类记叙文，尤其是写人的文章。这样用外在的描写可以表现人物的内心世界，避免出现直白的语句，可以从不同的方面塑造人物，显得人物形象更加丰满。

写作支架 5 用幻境巧妙地发出心灵的呼唤

幻境是反映人物心理的一种特殊而又新颖的表现方式。它常常是一种尚未有过，却可能出现的生活现象的形象表现。

例文：我好像看见满试卷鲜红的叉组成一张巨大的网向我卷来，使我不得动弹，不能呼吸。我又仿佛看到了老师满面的怒容，仿佛听到了父母悲伤的叹息声和旁人的嘲笑声。

范文引航

走过，才明白

“全力以赴！你已经没有任何退路了！”赛场上，我对自己说道。望着自己手中的篮球，我想起了几个月前，那个漆黑的夜晚和那一条清晰且孤单的路。

起步，运球，转身，跳投……一个个看似简单的动作，实则正极大地消耗着我的体力和毅力。抬手看表，已近晚上九点，我独自训练了快四个小时。有风刮过，吹在我流满汗水的身上格外地冷，我打了个寒战，简单收拾了一下，离开。

“你一个女生，打什么篮球啊？”“菜鸟，还是放弃吧！”“这个不适合你……”风在耳边呼呼地刮过，变成了一声声刺耳的嘲笑和讥讽。为什么？我只是热爱篮球，我有什么错？在昏黄的灯光下，我无助地抬起头，分不清脸上的是汗水，还是泪水。

许久，我缓过神来，发现两手空空，篮球在地上滚动着。我无力地坐在地上，周围是无尽的黑暗，我恐惧着。突然，我的脚边好像触到了一个什么东西，一惊，低头一看，是刚才掉落的篮球。它轻轻碰触着我的脚，又缓缓滚到了我的手边，停了下来。

我犹豫了一下，抱起篮球，那一刻，仿佛胸腔中涌动的无数情绪，激动，愤怒，不甘……我开始在路上奔跑，“我不会放弃——”我呐喊着，“不会放弃——”远处传来回声，黑夜在回应我。

那一晚，很黑，但自那以后，我再也没有惧怕过黑暗。

清晨，我在训练室追逐第一缕阳光，傍晚，我在篮球场亲吻最后一抹夕阳。我不再理会那些故意嘲笑我的声音，忘我地投入到训练中，虽然真的很累，但我很快乐。也是在这过程中，我才知道，原来痛，可以转化为热血与快乐。

两个月后，我收到了参加省级比赛的通知。

我收回了思绪。裁判开球，比赛已经到了最关键的赛点，只要赢下这一个球，我们队就赢了。

我灵活地穿梭在对方球员之间，耐心与其周旋，找准时机，劈手夺球，然后，起步，运球，转身，跳投……进球了！

我成功了？耳边，是一声声欢呼与喝彩，我真的成功了！队员围绕着我，把我高高地举起，我激动得无法言语。抬起头，我已分不清脸上是汗水，还是泪水。

后来，有人问我，你是如何做到的？我微微一笑：“你，独自走过夜路吗？”

是啊，独自从黑夜中走过，才明白黑暗本来就没有什么可怕！

赏析

本文写打篮球过程中经历的曲折，展现了战胜自我进而战胜困难的主题。文章写得生动具体，一波三折，而且内心独白式的心理描写与动作、语言，甚至诸如“低头一看，是刚才掉落的篮球。它轻轻碰触着我的脚，又缓缓滚到了我的手边，停了下来”这样的细节结合在一起，既有正面描述，又有侧面烘托，笔触伸向人物内心深处，很容易唤起读者的共鸣，给人以深刻的启发。

（文：马文龙　指导老师：张　渊）

抓住特征，性显情达

什么才能称得上景物的“特征”？“特征”是指人或事物可供识别的特殊的象征或标志。景物的特征，就是这种景物区别于其他景物的标志。

统编教材七年级上册第3课刘湛秋《雨的四季》一文中作者用“明亮”“娇媚”来形容春雨，用“热烈”“粗犷”来形容夏雨，用“高邈”“深远”来形容秋雨，用“自然”“平静”来形容冬雨，并选取了相应的景物进行描写，这就写出了每个季节的雨不同于其他季节的特征。

写作支架1 从视觉、听觉、味觉、触觉等多角度入手观察

比如朱自清先生写春，从触觉角度写春风“像母亲的手抚摸着你”，从嗅觉角度写“风里带来些新翻的泥土的气息，混着青草味儿”，从听觉角度写鸟儿“呼朋引伴地卖弄清脆的喉咙”，从味觉角度写“花里带着甜味儿”，把春天新鲜明媚的特点写得具体生动。

写作支架2 在辨析和比较中细微体察

例文：在夏天，我又眼看见绿叶成阴的光景。那些团扇大的叶片，长得密密层层，望去不留一线空隙，好像一个大绿幛，又好像图案画中的一座青山。在我所常见的庭院植物中，叶子之大，除了芭蕉以外，恐怕无过于梧桐了。芭蕉叶形状虽大，数目不多，那丁香结要过好几天才展开一张叶子来，全树的叶子寥寥可数。梧桐叶虽不及它大，可是数目繁多。（丰子恺《梧桐树》）

写作支架 3 以情遣文，托物言志，写出你眼中的“这一个”

例文：天已近傍晚，四野的阴影逐渐加深，可是那一棵金黄色的树却好像反而更发出一种神秘的光芒。和它后面好几百棵同样形状、同样大小，但是却青翠逼人的树木比较起来，这一棵金色的树似乎更适合生长在这片山坡上，可是，因为自己的与众不同使它觉得很困窘，只好披着一身温暖细致而又有光泽的叶子，孤独地站在那里，带着一种不被了解的忧伤。（席慕蓉《孤独的树》）

范文引航

我的偶像

我的偶像就是我的妈妈，她是一位普通的小学教师，虽然身份平凡、貌不出众，但为人正直善良，处事机敏果断，总能在一些小事里给予我正能量的导引。

一次，我和妈妈上了一辆拥挤的公交车。从一开始，妈妈就有些不对劲，似乎在寻找着什么。她先是焦急地在人缝中挤来挤去，像一条无尾的鱼，一会又喊道：“谁的钱包掉了？”听到妈妈的动静，周围的乘客都努力地给她闪开了一条通道。突然，妈妈走到了一个中年女人身旁，语气和缓地说：“这是你的钱包吧？我刚上车就看见你掉东西了，赶紧收好吧。”中年女人先是一愣，然后，她一边忙不迭地接过自己的钱包，一边连声地感谢妈妈，夸妈妈是一个大好人。听到别人一个劲儿地表扬妈妈，我也跟着脸上沾光，不由得在心里为善良的妈妈悄悄点赞。可不承想，妈妈突然又开口了：“既然你的钱包失而复得，那你是不是应该小小地表示一下谢意呢？我不多要，二十元钱就够了。”

妈妈这句突兀的话让身边的人都愣住了，包括我，我刚刚还为妈妈点赞的心在其他乘客的白眼中倏然凝固了。妈妈的“要钱之举”似乎惹恼了那个中年女人，她眼看着自己就要到站了，只能气愤地从钱包中掏出二十元钱，很不情愿地甩给了妈妈。

妈妈不紧不慢地拿着钱，她再一次从人缝中挤来挤去，像一条无尾的鱼。她所经之处的乘客不知何时都纷纷背过身去，先前的那条“通道”早已消失得无影无踪。

已是满头大汗的妈妈终于挤到了一个年迈的老大爷跟前。“大爷，这是您的二十元钱。”妈妈的这句话立刻引来了周围乘客“异样”的眼光。我也是丈二和尚摸不着头脑，僵在原地，等着妈妈的解释。

原来，我们刚上车不久，细心的妈妈就发现那个老大爷掏钱时掉了二十元钱，可隔着好几个人，妈妈还没来得及提醒老大爷拾钱，那个中年女人已眼疾手快地捡起钱装进了自己的衣兜里。但巧合的是，中年女子捡起老人掉的二十元钱时，却把自己的钱包掏掉了。这一切都被妈妈看在了眼里，于是就有了刚才妈妈还钱、要钱和再还钱的一幕。

听完她的解释，我彻底地被妈妈的细心和机智折服了，更钦佩妈妈那份执着的善良。

车窗外，依然春寒料峭，但我的心里暖意融融。我的偶像——妈妈的榜样力量，像一轮红日，照亮了我的心坎。

赏析

以事写人，人因事显。本文小作者通过对自己所目睹的一件事的描述，具体生动地表现出我的偶像——妈妈身上虽然平凡但却充满正能量的闪光点，让人读后，既觉真实，又深受感动。

多种手法，突显特征。文章通过一系列动作、语言、神态、心理的刻画，不仅将一个虽然普通平凡但却机智善良的妈妈形象栩栩如生地突显了出来，而且还把乘客的情绪转变也描绘得活灵活现。

情节起伏，引人入胜。本文中，作者围绕着“妈妈”的举动，相继写了她捡钱包、还钱包时他人的赞扬，索要报酬时他人的惊讶，二次还钱时乘客的恍然大悟，情节一波三折，引人入胜。

（文：王　丽　指导老师：张　渊）

按照顺序，条理清晰

所谓“写作顺序”，指的是把计划要写的事，有条理、有层次，并且合情合理地完成。一篇文章，当确立中心主旨之后，接下来就要对所选取的材料进行有秩序的整理，按照主要、次要的顺序，一步一步地写作。文章是靠具体的层次来表现中心思想的。所以，写文章有没有条理，就要看写作层次的安排，有没有合理的秩序。

记叙一件事，就要考虑哪些先写，哪些后写；哪些需要详细写，哪些可以轻轻带过；前面的内容和后面的内容要怎样衔接，段落与段落之间又要怎么过渡和呼应？这些都包括在写作顺序的范畴之中，下笔之前如果能把材料想清楚，那么写作层次的安排就会妥当，文章内容就会清晰明白，思路文情就能流畅自然了。

写作支架 1 依照事物发展的自然顺序来进行叙述

一般不外乎依时间先后为次序，以及依空间远近的变化为次序。

写作支架 2 依照事物内容的发展关系来进行叙述

假如主题的材料丰富，那就以内容主轴做贯穿全篇的线索，规划合理的步骤，一个段落接着一个段落、一个层次延续一个层次写下来。

写作支架 3 前因后果法

就是依照事件前因后果的顺序来安排故事情节，也就是按照事物发展的来龙去脉进行记叙，完全依照事情的开始、发展和结果写作，这是写作顺序最基本的方法。要运用前因后果法进行叙写，最关键的是要懂得分析自己所写的这件事是如何发生的？过程是如何发展的？最后的结果又是如何？接着要合情合理地安排好你的写作步骤，一般常用的就是这种“顺叙法”：就是先写事件的发生，交代原因；接着再写事件的发展，交代过程细节；最后写事件的结尾，交代事件的结果。

写作支架 4 前果后因法

就是先写发生的事件的结果，后写发生事件的起因，依照前果后因的顺序来安排故事情节的手法。这种方法可以避免文章过分平铺直叙，使内容变化曲折，引人入胜，给人以强烈印象。这种“倒叙”的写作顺序，要注意前后衔接是否自然，上下照应是否紧密。

写作支架 5 插入回忆法

就是指在记叙事件的过程中，由于情节发展的需要，暂时停止主要叙述的线索，穿插其他回忆的内容，这种写法也叫“插叙法”，使文章的内容更丰富，故事更曲折。对全篇来说，主体的叙述顺序并没有改变，插入的只是附加的枝节而已。所以，这种手法不能喧宾夺主，加入的情节穿插结束后，仍然需要回到原来的主体叙述，不可以干扰原本的写作顺序。

写作支架 6 多重叙述法

就是指记叙的事件有两种或者多种以上的线索，事件的发展比较复杂，需要运用多种线索交叉叙写的发展手法。这种题目往往有一条主线，其他都是副线。所以在进行交叉叙写时，要分清主要与次要，处理有先有后。在各个线索交叉转换之处，脉络要清楚，主线要一脉相承，次线穿插不要错乱，这样叙述才会条理分明。多重叙述法可以产生衬托、对比的效果，使事件情节更为曲折生动，可以拓宽作品表现的空间。

写作支架 7 多维度表现法

一般叙事必须包括时间、人物、事件（开始、经过、发展、高潮、结局）三个要素。

首先顺叙与插叙是一个范畴的，都是中心叙事，它们是构成一个叙事的。而补叙与插叙属于另外一个范畴，它们是补充或扩展一个叙事的。

例文：今天傍晚（时间），我家的狗被自行车撞死了，我（人物）很伤心（事件）。

赏析：顺叙，简单来说就是记“流水账”，按照一定的顺序（时间、空间），把事情从头到尾说出来。倒叙就是为了吸引眼球，先把故事的结果，或造成的影响，或事件中最突出的部分放置在开头。如：“我今天很伤心，因为傍晚时候我家的狗被自行车撞死了”。插叙，就是插入中心事件之外的相关情节，如一些回忆或典故等，如在该例中“狗被撞，很伤心”这个基本事件中插入你买狗或养狗的情节，又或别人的狗被撞等，这一部分的叙事方式就属于插叙。补叙，是补充对中心事件或人物的说明与交代。如在本例中，你补充自己忘了关门让狗跑了出来，或最后把骑自行车的人打了一顿等，就属于补叙的范畴，它的作用是使得文章的情节更完整或逻辑更缜密。

顺叙和倒叙的差别是一眼便能看出来的，但插叙与补叙的区分则比较难，但其根本的区别在于：在事件组成上，插叙插入的是基本事件之外的有关情况，去掉它并不影响事件本身的完整性；补叙补入的则是基本事件发展之中的有机环节，去掉它会影响事件本身的完整性。此外，从在文章位置上看，补叙可以在篇中，也可以在篇末，而插叙只能在篇中，不能在篇末。

范文引航

最好的礼物

仰望星空，地球是宇宙给人类的礼物；低头凝望，一花一叶，是大自然给世界的礼物；而父母的爱，是给我的最好的礼物，永远那么无私。

没错，新学期开始了，第一次的月考成绩出来了。也许你猜对了，我考得并不是很理想。放学后，我背上沉重的书包，迈着沉重的步伐，心情很郁闷，向家的方向走去。

终于，我看到我家，还亮着灯，心里忐忑不安。怎么办呀？我如何跟爸爸妈妈交差呀？电梯门开了，走到那扇熟悉的门前，徘徊了许久。正当我鼓起勇气准备按门铃时，门居然先打开了，开门的是爸爸，爸爸说：“你站在这边做什么？”我颤抖着说：“我刚准备按门铃的。”爸爸点点头，熟悉的感觉，让我预感到一丝不祥的感觉！

我放下书包，换上拖鞋，准备面对“暴风雨”的到来。“今天有没有公布成绩啊？”面对这个灵魂拷问，我心里一个激灵，不说吧，肯定瞒不住，迟早会被知道，说吧，又考得不理想。算了算了，老师不是教育我们要诚实吗？“嗯，成绩公布了。”我闷着头，小心翼翼地挤出几个字，仿佛只有我自己听见，爸爸似乎看穿了我的心思，从我的书包里翻出那几张皱巴巴的试卷，眼看他的神情越来越凝重，眉头紧锁，我的心里十分不安，感觉爸爸快要大发雷霆了！

然而，爸爸把试卷全部看了一遍，说：“先吃饭吧，今天在学校也累坏了吧？”嗯？怎么回事？爸爸居然连骂都没骂我，我感到很是出乎意料！平时连一点小错误都容不下的爸爸，今天这是怎么了？

我心事重重地吃着饭，对这饭菜完全没有胃口，味同嚼蜡。吃完饭，爸爸把我喊到书房，打开试卷，把错题一道一道地给我讲解，分析原因，举一反三。在灯光下，爸爸的两鬓似乎又增添了几根银丝，手上的老茧又多了一些。

以前我一直以为爸爸是一个不近人情、沉默寡言的人，很少能感受到他给我带来多少欢笑。直到现在，我渐渐长大，似乎才慢慢感受到父亲的爱，其实一直都在，一直是给我最好的礼物！最后一户人家的灯光熄灭了，我躺在床上，辗转反侧，眼泪湿了枕头。

赏析

作者从生活中选材，叙述自己月考之后，因为成绩不理想，忐忑不安地回到家，以为会被爸爸责备，没有想到爸爸却平静地为“我”讲解，表达自己的感动和愧疚之情。注意了谋篇布局，结构完整。在细节描写和详略安排上，还要细细研究和慢慢思考，不断训练，逐步提高。

（文：王　凯　指导老师：张　渊）

适度想象，推陈出新

有位作家曾经说过：“一个会回忆、会联想、会想象的人，才是会构思的人。”因此，写好想象作文，会提高同学们的想象能力，为同学们在未来进行创造性劳动打下基础，而且对提高写作能力也是大有益处的，想象就是在头脑中勾画新事物。《西游记》就是作者吴承恩依据唐朝玄奘取经的故事想象出来的，他在书中塑造了孙悟空、猪八戒、沙僧、唐僧这四个人物形象，还有惊险、怪异的“八十一难”。那么，怎样才能写好想象作文？

写作支架 1 写想象作文，一定要展开想象的翅膀，大胆想象

想象是以生活为基础的，因此我们写想象作文，一定要从实际生活出发，展开合理的想象。那种脱离实际的胡思乱想是不可取的。想象作文要做到内容具体，切忌说空话。你想象未来是什么样子的，就要把你头脑中勾画的那个新事物具体描绘出来；你想象未来你在做什么，就要具体描写你的言行。

总之，要言之有物，让事实说话。想象作文是自己对未来的幻想，饱含着自己对美好生活的热爱和向往，因此，我们在写想象作文时也应该在描写未来的同时表达自己的真情实感。

写作支架 2 想象作文可分为两类

一是写自己的设想、追求、愿望、梦境的习作，这类习作往往和科幻结合在一起。另一类是童话，运用“拟人”手法，把各种动植物、物品想象成

“人”，通过有趣的故事，告诉读者某个道理。

写作支架3 联想和想象的角度

视觉角度

例文：等到快日落的时候，微黄的阳光斜射在山腰上，那点儿薄雪好像忽然害了羞，微微露出点儿粉色。就是下小雪吧，济南是受不住大雪的，那些小山太秀气！（老舍《济南的冬天》）

听觉角度

例文：那柔曼如提琴者，是草丛中淌过的小溪；那清脆如弹拨者，是石缝间漏下的滴泉；那厚重如倍司轰响者，应为万道细流汇于空谷；那雄浑如铜管齐鸣者，定是激流直下陡壁，飞瀑落下深潭。（谢大光《鼎湖山听泉》）

嗅觉角度

例文：微风过处，送来缕缕清香，仿佛远处高楼上渺茫的歌声似的。（朱自清《荷塘月色》）

写作支架4 展开联想和想象的途径

由物及人，物我两忘

例文：我迫不及待地走近它，我抬起头来正视着它，现在，我的眼中满满的全是海棠，不知不觉地，我仿佛忘记了自己身置于何处，只是像个孩子一样，痴情地望着这挂满天空的海棠，我好似也是其中的一朵了。

时空穿越，忆旧幻新

例文：居京的月夜，于我它是散文化的时光，我在键盘上演绎着一个个的梦，情至深处，会忽然在某一段落，浮起一片蛙声，是南国的春宵里那天真烂漫的蛙鸣，初是浅浅低低的几声，孤独而悠远，渐渐地汇合起蛙的合唱，且愈来愈临近我的窗，仿佛就在那一簇柳下。此时人便恍惚地进入以往的时光，一颗羁旅中的心，忽然的一热，为之深深的感动。（古清生《总有那一片蛙声》）

由点到面，由静到动

例文：青海湖穿行在草原上，闪着碧绿的光彩。她微微地漾溢着，闪动着，好像草原上升起了一支碧绿的竖琴。那一个接一个的纤细的波纹，不是竖琴上的弦丝吗？她伴随着微风，又好像送过来了一阵抒情的动人心怀的乐曲。

这时候，青海湖在高原上欢腾着。看看吧！青海湖脚立在草原上，扬头吻着蔚蓝的天，显出一种多么豪放美丽的风姿。她好像伸出了强大的手臂，一只手托起蓝天、白云、高山；一只手牵着草原和牛儿、马儿、羊儿。（李若冰《山湖草原》）

即景联诗，诗文相映

例文：于是又记起《西洲曲》里的句子：采莲南塘秋，莲花过人头；低头弄莲子，莲子清如水。今晚若有采莲人，这儿的莲花也算得“过人头”了；只不见一些流水的影子，是不行的。这令我到底惦着江南了。（朱自清《荷塘月色》）

写作支架 5 想象联想可以运用的连接语

例文：我“仿佛看到了（听到了、闻到了）”“突然想起”“难以想象”“于是又记起”。

范文引航

2119 年的呼吸节

眼前顿时一片漆黑。睁开眼，已是 2119 年。走在路上，看见高大的建筑直入云霄，宽阔的道路上人来人往。只见每个行人都穿着厚厚的衣服，头上戴着一个巨大的面罩，身后背着一个大罐子，上面写着大大的一个化学符号“O_2”。我感到好奇，这些人的装束，简直像极了我小时候曾梦想成为的

宇航员。【正在发生的想象事件】

路上的电视屏幕中出现了许多化工厂一样的画面。一个身穿短袖的主持人兴奋地说道："明天就是大家期待已久的呼吸节了！"原来，2119年的地球上，氧气含量已经少之又少，取而代之的可吸入颗粒物含量却越来越多，所以人们只能依靠呼吸机来保证自己的生命。而科学家们也一直试着改善这一问题。在他们多年的努力下，也只制造了供应整个地球使用几天的氧气。在联合国以及政府请求下。开设了五年一度的呼吸节。在这天，科学家们将释放制造好的氧气，人们可以摘下头套尽情呼吸……【想象事件发生的原因】

第二天，我也迫不及待地摘下了头套，脱去了厚重的衣服，享受充足的氧气，大街上沸腾了！人们都跑出来，唱歌，跳舞，尽情地狂欢……

面对此情此景，我甚至不敢相信，随之而来的是一种恐惧。【想象事件的发展和结果】

眼前再次一片漆黑。过了一会儿，我就感觉到了光明。我醒了，打开电脑，看新闻报道："酷暑炎炎，南极气温超过30℃，冰川融化，多种海洋生物面临灭亡。全球气候变暖，科学家预测不久以后……"我担忧，我害怕，我关闭了电视，出门散步。看不到晴空万里，看到的只是雾霾纵横，好像"仙境"。面对此情此景，我不愿意接受。

而你们愿意接受吗？【现实情景，揭示主题】

我不想过呼吸节，我愿用自己的一份力量来改变现状，为不过呼吸节而狂欢。

赏析

作者以丰富的想象力、极具新意的构思，大胆想象，对环境保护有着新的思考，内容富有新意，向我们描绘了几十年后的地球生态环境遭到严重破坏，氧气含量极低，已经不能满足人类呼吸的需要，暗示大家要爱护我们的地球，保护我们的生存环境。小作者有很强的危机意识，文章虽是想象，但值得每一位读者深思。

（文：刘 迪　指导老师：张 渊）

多样修辞，文采飞扬

俗话说：“三分姿色，七分打扮。”写作文也是如此，只要经过“事事四五通”的装扮，何愁它不“精妙世无双”？装扮的手段很多，而最重要、最有效的手段就是使用辞格。好作文都有一个共同点——运用了大量的修辞手法，使作文生动形象。修辞手法的作用就是修饰文字词句，使语言表达得准确、鲜明而生动有力。一篇作文缺少了这部分，就会变得干巴巴的，让读者失去读下去的欲望。巧妙运用各种修辞，会使你的作文语言文采焕然，瑰丽多姿。作文中常用的修辞有比喻、对偶、拟人、夸张、排比、反问、引用等。

写作支架 1 修辞运用重在自然、得体

例文：夏天的花里最为幽静的是珠兰。

牵牛花短命。早晨沾露才开，午时即已萎谢。

秋葵也命薄。瓣淡黄，白心，心外有紫晕。风吹薄瓣，楚楚可怜。

……

淡竹叶开浅蓝色小花，如小蝴蝶，很好看。叶片微似竹叶而较柔软。

……

我们那里有一种“巴根草”，贴地而长，见缝扎根，一棵草蔓延开来，长了很多根，横的，竖的，一大片。而且非常顽强，拉扯不断。很小的孩子就会唱：

“巴根草，绿茵茵，唱个唱，把狗听。”（汪曾祺《夏天》）

写作支架2 修辞运用的目的不仅在于修饰词采，更在于表情达意

例文：这平铺着，厚积着的绿，着实可爱。她松松的皱缬着，像少妇拖着的裙幅；她轻轻的摆弄着，像跳动的初恋的处女的心；她滑滑的明亮着，像涂了“明油”一般，有鸡蛋清那样软，那样嫩，令人想着所曾触过的最嫩的皮肤；她又不杂些儿尘滓，宛然一块温润的碧玉，只清清的一色，但你却看不透她！（朱自清《绿》）

写作支架3 修辞使用要有整体意识，注意多样修辞格调的前后一致

例文：夏天的色彩是金黄的。按绘画的观点，这大约有其中的道理。春之色为冷的绿，如碧波，如嫩竹，贮满希望之情；秋之色为热的赤，如夕阳，如红叶，标志着事物的终极。夏正当春华秋实之间，自然应了这中性的黄色——收获之已有而希望还未尽，正是一个承前启后、生命交替的旺季。

你看，麦子刚刚割过，田间那挑着七八片绿叶的棉苗，那朝天举着喇叭筒的高粱、玉米，那在地上匍匐前进的瓜秧，无不迸发出旺盛的活力。（梁衡《夏》）

写作支架4 通过仿写形式来训练运用修辞的能力

这是浓荫遮蔽下的青苔路，离开了那森森万树，离开了那浓浓团阴，决计长不出这么密、这么厚的青苔。它真像一条条绿地毯，紧紧地贴在地表上、台阶上，甚或依附在树干上。（吴功正《阿里山纪行》）

范文引航

这边风景独美

家乡四季平凡，却魅力无限。

这边的风景不像江南水乡那样，到处桃花灼灼，杨柳依依。这边的风景也不像珠穆朗玛峰那样，千年积雪，气势磅礴。这边的风景更不像云南大理那样，花开四季，芳香迷人。这边的风景只是普普通通的，但是普普通通中却蕴含着独美。

春风·交响曲

柔和的春风轻轻拂醒大地，你看，徐徐的春风吹化了残雪，吹得河水也泛起了笑靥。春风像一个心灵手巧的少女，用她那灵巧的双手染绿了柳枝，染红了桃杏枝头，染黄了簇簇的迎春花。春风的颜色，是小草的嫩绿，梨花的雪白，蝴蝶的粉红，蜜蜂的鲜黄。春风的味道，是春泥的清新，鲜花的芳香，花粉的甜蜜。

春风不同于夏风的炎热，怎么扇，都扇不去热气；春风不同于秋风的悲凉，风声铮铮，枯叶飘絮；春风不同于冬风的刺骨冰凉，搜刮着可怜的温暖，碰一下，都瑟瑟发抖。

家乡的春风，温柔，婉约，像一个艺术家，奏出美妙的春之交响曲。

夏雨·变奏曲

当倾盆大雨送走毛毛细雨时，她穿着拖地的长裙，来到人间。夏天的雨，时而声势浩大，时而平缓低沉；时而激昂，时而舒缓，如同领着千军万马奔腾而来，骑着一匹矫健之马匆匆而去。

夏天的雨，娇柔妩媚、清新脱俗，有时像一个初恋中的少女，欲说还羞，丝丝点点儿沁人心脾，当小雨凝成水滴，流到你的眼睛里、颈子上，凉凉的、痒痒的，你会情不自禁地笑起来，呀！调皮的雨点，让我们狂躁炽热的心在她的轻吟低诵中渐渐恢复往日的平静。

家乡的夏雨，活力，娇柔，像一位大师，奏出美妙的夏之变奏曲。

秋叶·协奏曲

秋之落叶于他人或许就如过眼云烟，可以漠然视之，然而我却视之为冬夜之篝火，寒夜之曙光。在故乡的秋韵里，满地的落叶，却并不怎么忧伤，反而增添了几分敬意。

枯黄的落叶，一片、两片，轻悠悠地飘落在水面上，像无数只小船，顺风慢慢地荡走。有的像滑翔机平平地兜着圈子盘旋而下。大有“无边落木萧萧下，不尽长江滚滚来”之势。

“落红不是无情物，化作春泥更护花”。落叶一点点地走完自己的旅程，它最后将深入泥土，化为淤肥，滋养另一个新的生命，是落叶美丽的瞬间的永恒。

家乡的秋叶，风韵，无私，像一位钢琴家，奏出美妙的秋叶协奏曲。

冬雪·咏叹调

“忽如一夜春风来，千树万树梨花开”。嗬！好大的雪啊！一夜之间，山川、树木、房屋，全部罩上了一层厚厚的雪，万里江山变成了粉妆玉砌的世界。落光叶子的柳树上，挂满了毛茸茸、亮晶晶的银条儿；冬夏常青的松树和柏树，堆满了蓬松松、沉甸甸的雪球。一阵风吹来，树枝轻轻地摇晃，银条儿和雪球儿簌簌地落下来，玉屑似的雪末儿随风飘扬，映着清晨的阳光，显出一道道五光十色的彩虹。

一群孩子，不顾父母的呼唤，在雪地里跑来跑去，堆雪人、打雪仗，是那么兴致勃勃，天真可爱的他们在接受冬雪的洗礼。

家乡的冬雪，冰洁，剔透，像一位歌唱家，唱出美妙冬雪的咏叹调。

家乡美景真可爱。风，是春之韵，奏出春风之交响曲；雨，是夏之魂，演出夏雨之变奏曲；落叶，是秋之果，弹奏秋叶协奏曲；雪，是冬的灵气，唱出冬雪的咏叹调；沐浴春风，倾听夏雨，享受落叶，拥抱冬雪，一切都那么惬意。

这边风景独美！

赏析

调动多种感官，需观察精细。善于通过眼、耳、鼻、舌、身等感官去观察、体会。调动多种感官，抓住特征描写景物，体现景物的“活”。

不能静止地孤立地写，紧扣特征。抓住不同季节、不同时间、不同地区中景物呈现出的颜色、形态、声响、气味等方面特有的变化加以描写。抓住家乡不同季节不同事物的春风、夏雨、秋叶、冬雪来写家乡的独特美。

动静结合，情景相生。只写静景，很容易使文章呆滞，而只写动景，又可能失去稳定。只有将静态描写景物形态特征和动态描写利于传神的长处结合起来，所绘景物才会具体、生动，给读者留下深刻的印象。

富有真情，写出独特感受。在描绘客观景物的同时，要把自己的喜怒哀乐等思想感情融注到作品中去，使读者产生共鸣，进而给读者带来愉悦之情，陶醉之情。《这边风景独美》小标题的拟定犹如神来之笔，富有真情，写出作者的独特感受。

运用多种修辞。如比喻使语言生动形象，富有表现力；拟人，赋予物以人的情感。

（文：王昱珩　指导老师：张　渊）

巧用要素，突出重点

我们都知道记叙文六要素是指：时间、地点、人物、事情的起因、经过和结果。其实，记叙文还分很多种，有描写人的，有记录事的，有描写景的，等等。所以，六要素并非都是机械地呈现，而是要恰到好处地出现。行文时要在巧妙交代要素的基础上突出重点，而不是面面俱到。

有个我们从小就熟知的故事：从前有座山，山里有座庙，庙里有个老和尚和一个小和尚。有一天老和尚对小和尚说："从前有座山，山里有座庙，庙里有个老和尚和一个小和尚，有一天老和尚对小和尚说：'从前有座山，山里有座庙，庙里有个老和尚和一个小和尚……'"这个可以循环下去的故事虽短，却巧妙地包含了时间、地点、人物等诸要素。

写作支架 1 巧用方法，交代时间

交代时间，一般有两种方法：直陈和暗示。

直陈

例文：那天我又独自坐在屋里，看着窗外的树叶"唰唰啦啦"地飘落。母亲进来了。（史铁生《秋天的怀念》）

暗示

例文：不必说碧绿的菜畦，光滑的石井栏，高大的皂荚树，紫红的桑椹；

也不必说鸣蝉在树叶里长吟，肥胖的黄蜂伏在菜花上，轻捷的叫天子（云雀）忽然从草间直窜向云霄里去了……（鲁迅《从百草园到三味书屋》）

写作支架 2 详细描写，交代地点人物

首先，作者用一句话交代清楚地点、人物和事情起因这三个要素；其次将时间要素放在写景中。

如莫怀戚《散步》“这南方的初春的田野……”使得故事地点变化自然而不呆板；经过部分作者用“分歧”一词让事件既符合生活真实又呈现出情节波折：出现矛盾—解决矛盾，过程变得具体完整；结果部分，问题解决，一家人和美幸福地走在小路上。文章的每个要素都在作者的掌控之中，每个要素都在为把事情写生动、具体、清晰而服务。这就是谋篇布局的叙事意识。

写作支架 3 巧设顺序，交代起因、经过、结果

记叙文的常用叙述顺序有顺叙、倒叙和插叙。

倒叙，把情节发展的结果或发展过程中的某一环节（如矛盾冲突最尖锐、最突出的部分）先行叙述，然后再回转来从头叙述先前的情节。插叙，在叙述中心事件的过程中，暂时中断原来的叙述，插入一段与主要情节相关的内容叙述，以对中心事件做必要的补充或说明。

范文引航

亲情的力量

二月下旬以后，家乡的疫情渐渐得到了控制，一切正在向好的方向发展。二月的最后一个星期六，当爸爸看到社区卡口撤除以后，立即开车带我到乡下去看望爷爷奶奶以及年迈的曾祖父母。

下了车，第一件事便是去看望曾祖父母。曾祖父坐在屋子正中央，一动

不动，目光呆滞。我向他问好，他似乎没听到。曾祖母对他讲：“孩子喊你呢！”他抬头朝我看了一眼，这才沙哑地回了一句：“噢！”似乎并未认出我是谁。

年前就听爷爷讲曾祖父身体出问题了，但却没想到是这个样子，这与之前精神矍铄的他判若两人。

这时，奶奶问：“你个晓得是谁来看你了啊？”曾祖父又用他浑浊的眼睛扫了我一眼，低声说：“想不出来了。”奶奶大声对他说：“你重孙来看你了！”只见曾祖父猛地抬起头，一只枯瘦的手牢牢地握住了我的手，眼睛紧紧地盯着我的脸，嘴里哽咽着。我有点不知所措，只见他布满皱纹和斑点的脸上老泪纵横，泣不成声。我不知道这是因为对我的思念，还是未认出我的愧疚。他将我紧紧抱在怀中，啜泣着。这时姑姑说：“他已经近乎谁都不认得了，谁来都没有反应，唯独就对你有反应。看来，他还是最疼你这个重孙啊。”

记得上小学时，曾祖父总是盼着我回家，每次见到我，他总要紧紧地抱住我，那时的他眼里充满了疼爱和关怀。有一回下午没事干，我到他们的小屋里玩，他和曾祖母拿出一副扑克和我打，我其实不怎么懂规则，为了让老人开心，也和他们玩了小半天，他们总是“输”，却一个劲地夸我聪明，小屋里经常荡漾着曾祖父爽朗的笑声。

曾祖父哭了一阵后，紧锁的眉头渐渐松开，便开始问我问题：“你上几年级了啊？”……曾祖父问的净是些他曾知道的事，我摘下口罩，耐心回答。没几分钟，他突然抬头，盯着我看了一会，又流起眼泪——他似乎认出我了……

我不曾想到曾祖父已经这样子，也未曾想到已经这样的他还对我有着印象，像往常一样思念着我、疼爱着我。岁月在他脸上刻下了不可磨灭的痕迹，抹去了他的大部分记忆，但为什么他还会思念我、疼爱我？我想，这应该就是亲情的力量吧。

尽管疫情还未散去，也许还不能像以往那样随意出门，但是我一定要珍惜能够陪伴老人的时间，我希望我可以让他在最后的时光里过得快乐，正如曾经的他对待我一样，珍惜我们之间的暖暖亲情。

赏析

这篇习作的成功之处不仅在于作者清楚地交代了记叙文的六要素，让整篇文章叙事具体完整，而且作者在落实这些要素的时候，还颇具匠心。譬如文章开头对时间的交代，把事情置于一个特定的时间背景下，就让文末立意的深化有了支撑。当然最精彩的还是作者对人物的刻画，尤其是对主要人物曾祖父浓墨重彩的描写，让这个生了重病却依然心系重孙的老人形象跃然纸上，《亲情的力量》在对人物的刻画过程中慢慢呈现，最后水到渠成地点明了文章主题。中间一段的插叙也体现了小作者在处理“事情的经过”这一要素上的独到之处。

（文：乔林源　指导老师：张　渊）

叙事的详略安排

详略是文章谋篇布局的基础。“详”，就是用笔多，写得细，全面深刻地表现写作对象的内涵、精神。“略”，就是用笔少，写得粗。只是简要地勾勒出写作对象的概貌、神态。从内容上讲，就是分清主次，突出主旨。换句话说，详略得当在行文中的表现就是疏密有致。

那我们应该怎样处理文章的详略呢？

写作支架 1 要根据主旨的需要来安排详略

能表现文章主旨的材料应详写，与主旨有关但只起到辅助、陪衬作用的材料则应略写。

写作支架 2 要根据体裁的需要来安排详略

一般情况下，写人记叙文，凡是能表现人物性格的行为、动作、心理、语言等要详写，有人物参与的事件过程则要略写。写事记叙文，凡是表现重要意义或启示的事件要详写，事件的发展过程则要略写。写场景记叙文，“点”要详写，“面”要略写。小说中情节的高潮部分要详写，情节的发生、发展、结局部分要略写。议论文中的说理要详写，证明论点的论据要略号。

写作支架 3 要根据读者理解程度的需要来安排详略

凡是读者熟悉的、易懂的就略写，反之就详写。

详写：就是对能突出中心的事件或环节进行具体的描写和叙述，要敢于放手写，细致刻画，充分表现作者所观所想。略写：就是对次要的、与中心有关但联系不是特别紧密的内容，进行概括式的描述。

篇目	详写内容	中心
《秋天的怀念》	母亲的动作、语言、神情、心理等句子	母爱的伟大
《走一步，再走一步》	我在父亲的指引下一步一步走下悬崖	困难并不可怕，只要一步一步将它分解开就可以了
《木兰诗》	木兰代父从军和辞官归乡	展现木兰的深明大义、忠孝两全、不慕名利

详略安排是根据文章中心的需要进行处理的，详写的内容，是与文章的中心关联最密切的。因此，我们在写作时，对于最能表现中心的人物、事件、景物等要进行详写，与中心关系不大的其他内容可以略写，甚至不写。这样，文章的重点就会更加突出，中心就会更加明确。

写作支架 4 浓墨重彩，刻画主要人物

记叙文一般都离不开写人记事，以写人为主的记叙文，如果文中不止一个人物，我们在记叙的时候，就可以对文中的主要人物进行详写。那么如何对主要人物进行详细刻画呢？这就需要我们集中笔力，运用各种描写方法，对主要人物进行浓墨重彩的刻画。譬如同学们小学时候学过的《大江保卫战》这篇通讯，背景广阔，人物众多。作者在刻画人物时进行了非常合理的详略处理，略写子弟兵群体人物，重点刻画黄晓文连长这个人物。作者除了运用“来不及了”的语言描写，更主要通过“拔铁钉”“扛麻包”“上大堤”这一系列动作描写，来刻画黄连长一心为公、不顾个人安危、英勇无畏的感人形象。黄连长就是人民子弟兵的典型代表，课文通过详写这一形象，突显了文章主题。

写作支架 5 细节描写突出主要事件

写人离不开记事，记事可以记一件事也可以记几件事。如果一篇文章主要通过记叙一件事来表现主题，我们在写作的时候可以详写事情的经过，因为事情的经过是最能突出文章中心的，譬如《散步》。如果一篇记叙文需要通过几件事或几个片段来刻画人物、表现主题，我们就必须对这几件事进行合理的详略安排。对其中最能突出人物形象和文章中心的事件进行详写，其

他材料可以略写。

以《老王》这篇课文为例，杨绛先生在处理详略时为我们做了极好的示范：略写了与老王交往的三个片段，详写了老王临终前赠送香油和鸡蛋这件事。作者之所以这样处理，就是因为最后那件事最能表现老王的善良和他身上知恩图报的高尚品质。

那么，怎样对主要事件进行详写呢？其实就是需要我们对事件的过程或人物的刻画细致些，再细致些，这就是我们通常所说的细节描写。

如《走一步，再走一步》中作者就是通过“满头大汗”“浑身发抖”“心在瘦弱的胸腔中怦怦地跳动”“尽可能贴近里侧，紧紧地趴在岩石的表面”这些细腻的神态和动作描写详细刻画“我”爬下悬崖的全过程，有力地突出了文章的主题。

范文引航

清明记事

“清明时节雨纷纷，路上行人欲断魂。”2019 年的那个清明节，我和爸爸成为了络绎不绝的祭祀人群中虔诚的随行者。

在小摊上买了两个又大又红的挂青灯笼后，我们走山路、砍荆棘、蹚小溪……才终于爬上了那陡峭的山坡。

山坡上，有两座墓碑直直地屹立着。爸爸告诉我，这便是曾祖母和曾祖父的安息之地。

我拿起一个挂青灯笼，把它整理顺当，挂在木条上，再用红绳牢牢地缠绕、固定，最后，把木条插在曾祖母的坟头上，挂青灯笼在微风的吹拂下左右摇摆，似乎在欢迎我们的到来。

爸爸拿起扫帚，将墓台仔仔细细地打扫了一遍，又将坟头的杂草清除掉。然后，爸爸教我行跪拜礼。只见爸爸双膝跪在曾祖母坟前，身板挺直，两眼微闭，双手先在胸前合“十”，向下弯腰时，双手左右分开撑地，头轻轻地磕在拜台上。按照爸爸的做法，我也行了三个跪拜礼。随即，爸爸站在拜台前深情地给我讲了他小时候受到曾祖母关爱的事情。

爸爸小时候学习勤奋，在曾祖母众多的孙子里成绩最为优异，可曾祖母不能当着十七个孙子的面只疼爱爸爸一个人，便找了个让爸爸给她插秧苗的借口请爸爸吃了顿饭。爸爸在水田里插秧苗还不到十分钟，就被曾祖父叫回家吃午饭。

那天，曾祖母炒了七盘菜，煎了六个鸡蛋，炖了一锅腊猪蹄。十三岁的爸爸在曾祖母和曾祖父的鼓励下敞开肚皮使劲儿吃着、喝着。直到现在回忆起来，爸爸还时不时地用舌头舔舔嘴唇，好像还在品味着当时的美餐。

说话间，我们也给曾祖父的坟头插上了挂青灯笼，并将墓台打扫干净。我凝望着这两座墓碑，在心中努力寻着我并未见过，但可亲可敬的两位祖辈的模样。对着墓碑，我和爸爸深深地鞠了三躬后踏上了回家的路。

我远远地回望曾祖母和曾祖父的墓碑。微风中，只见围石旁的大柏树的树枝正牵着小柏树的树叶，在灿烂的阳光里茁壮地成长！

赏析

清明节是中华民族的一个传统的春祭节日，小作者通过叙述跟爸爸祭奠曾祖辈的经历，表达了要孝敬祖先、弘扬孝道的思想感情。

作者按照事件发展的先后顺序，叙述了买挂青灯笼、挂挂青灯笼、扫墓、拜礼、回忆往事、鞠躬返程等祭拜过程；同时，根据读者理解程度的需要来安排详略，详写了祭拜曾祖母的全过程，略写了祭拜曾祖父的过程，疏密有致地展现了江南地区独特的清明祭祖仪式。

（文：高佳伟　指导老师：张　渊）

叙述的角度设定

相传宋代画院招募画师的一道考题题目叫“深山藏古寺”。当时参赛者如云，有的画家画了金碧辉煌的寺庙，有的画家画了香烟缭绕、善男信女的虔诚参拜的场景，还有一些画家在卷面上借用山坡、山峰、树林、云雾等来遮挡古寺，仅露出古寺一角以此来吻合考题。唯独一位画家没有画庙，只画一个老和尚在深山的泉边提水，最终这位画家取得了第一名，他的成功之处就在于他选择了一个巧妙的角度，把握了题目的意思，让人拍案叫绝！

记叙文写作角度的选择也十分重要，切入角度得当，入题就快，将自己独特的感悟转化为具体可感的生动的文字，有利于挖掘题材，抒发情感，突出中心，以便更好地写人或记事。

写作支架1 以小见大，言近意远

例文：其实妈妈喜欢吃葱的对不对？只是那么多年来，我们家的菜中一直没有葱。仅仅是因为我不喜欢吃葱啊。原来小小的一点习惯在爸爸妈妈眼里却放大了十倍甚至一百倍。原来小小的一点习惯在爸爸妈妈的生活里可以是那么多年的割舍。原来小小的一点习惯在爸爸妈妈眼里可以是永远的付出与爱。

……看见妈妈在厨房烧菜，我走过去，对妈妈说：“妈，今天我们菜里放点葱吧。”妈回过头吃惊地望着我，我笑着说：“好久没有闻到葱的味道了呢，怪想它的。”妈妈笑了，虽然一如既往地，我对葱还是很反感，我还是一根都不会吃，但是葱的味道在我眼里却不一样了，我的鼻尖满是葱的香味萦绕，不会远去。那浓浓的葱香，已满是家的味道。

赏析：从不吃葱这样一件小小的事情，写出了父母对女儿浓浓的爱和女儿对父母的理解，亲情就在这件小事中体现得淋漓尽致。这篇文章选择的角度虽然小，却很好地表现了主题。

再如，爱国主题的作文很多同学认为很难写，如果从大话题、大视角来写，最容易写空，泛泛而谈，达不到预期的效果。我们应该在“爱国”这一大方向上，寻找一个小的切入口，依据各自的生活阅历、文化积淀，关注社会现实，捕捉、提炼和加工生活中的所见所闻，从自己的独特视角写出自己的情感与见解，来抒发自己的爱国情感。这里列举几个通过小口径展现爱国大主题的例子：爱国情可以体现在……

爱国——一个退伍老兵冒着雨降下的红旗。

爱国——清明节向烈士墓前献出的一束野菊花。

爱国——表哥出国时临时带走的故乡的一抔土和一瓶水。

爱国——皑皑白雪下巡逻的边防战士那双生满冻疮的手。

爱国——战士们用弹孔累累的躯体垒起不倒的红旗。

写作支架 2　“巧”出意料之外，“巧”在情理之中

《三国演义》中“草船借箭”的故事历来为人称道。诸葛亮解决无箭的困扰，就贵在一个“巧”字。作文角度“巧”也是如此，要“巧”出意料之外，“巧”在情理之中。

彭荆风写的《驿路梨花》一文，切入的角度也选得很巧，作者以“小茅屋的主人是谁”这个问题切入，将故事情节展开，主人公名字“梨花”选得更巧，与小屋出现的环境相合，也与最后引用的“驿路梨花处处开”诗句中的意象相合。文章刻画了梨花、梨花的妹妹、瑶族老大爷、解放军战士、过路的人、“我”和老余等一组人物，表现了“梨花”一家助人为乐的美好心灵。

值得注意的是，我们鼓励文章要巧选角度，但巧要有基础，不可脱离自己的实际，不可矫揉造作。

写作支架3 推陈出新，要新出自己的风采

“新”是指有自己的特点，不与别人雷同。学生平时的作文，较多的是写亲身经历的事，而现实生活中我们所经历的，往往是一些平常事，接触的往往是一些平常人。假如写文章没有独到的视角，写人都是大眼睛，小嘴巴，写语言都是一个腔调，写心理都是“两个小人打架”，那么作文就会千篇一律，千人一面了。对这些平常的人，平常的事如果能变换一下角度，可能就会有“柳暗花明又一村”的喜人发现。

同样，我们要留心生活中不引人注意，但实际上又含义深邃的素材，抓住其最有“新”意的方面，来展示特点。

范文引航

“完全正确”的胡老师
（写作片段）

我们的数学老师姓胡，开学第一天，他走进教室，大家立马被吸引了。他的前额有些凸，而且光亮光亮的，穿着笔挺的西装，双手背在身后，沉稳、庄重，很有老师的风范，再看他灿如阳光的笑容，便知道是位和蔼又可亲的老师。

几天的相处后，几乎所有的同学都喜欢上了胡老师，更喜欢上了他那句口头禅——“完全正确”。上课的时候他很喜欢说“完全正确”，特别是同学答对了问题之后，他很高兴，说这句话的时候他的语音语调十分有特色。有同学曾一边听课一边画“正”来计算胡老师说“完全正确”的次数。一节

课就有好几个“正”，几天下来，一张纸上已经是繁星满天了。有的同学在下课时还模仿胡老师，一时间，“完全正确”成了我们班的流行语，其红火程度可与当初周杰伦的“双节棍”相比……

赏析

作者的立意之新就在于她没有从大众化的角度去写“胡老师”，而是选择了“胡老师”具有代表性的一句口头禅来写。这样选择角度小、构思巧、立意也新，把数学老师可爱可敬的形象描绘得惟妙惟肖。

（文：胡欣然　指导老师：张　渊）

叙事的推进技巧

北宋时期，有一个酸秀才，自信自己才高八斗，诗文盖世，听闻欧阳修的名气，颇不服气，便去找欧阳修一决高下。途中秀才碰到欧阳修，但他并不认识欧阳修。秀才看见面前一棵大槐树，高声吟诗一句："一棵大槐树，两枝大丫杈。"可后面两句怎么也无法接上。得知秀才的目的后，欧阳修没亮明身份但轻笑续上："未结黄金果，先开白玉花。"两人登船过河，秀才豪情满怀，对着欧阳修说："诗人同登舟，去访欧阳修。"然后绞尽脑汁找后两句。欧阳修实在忍不住了，大笑道："修已知道你，你却不知修（羞）。"秀才得知眼前就是欧阳修后羞愧难当，掩面而去。

看完这则小故事后有怎样的感觉呢？有没有发现在叙事方面有哪些特点呢？这则故事虽然短小，但由于巧用了叙事技巧，情节却非常引人入胜，真是一波三折、跌宕生姿。我们写人记事时，可以通过哪些技巧来让叙事波澜起伏、一波三折、引人入胜呢？这就是我们要和同学们一起探讨的话题。

写作支架 1 设置悬念，让情节引人入胜

悬念，又称为"卖关子"。通常是在文中设置一个个悬而未决的"疑问"，将这些疑问藏在叙述中，让读者去猜测，去关切，去担忧，以引起读者浓烈的兴趣和急切期盼的心理，在对情节的叙写中，逐步将这些"疑问"解开，

产生让人恍然大悟的艺术效果。

《驿路梨花》主要通过设计三次悬念，来推动情节发展：第一次悬念是“我”和老余发现小茅屋，产生“这是什么人的房子呢”这样的疑问，从而领起全文。第二次悬念是发现瑶族老人不是主人，那“主人家是谁呢”？第三次悬念是发现哈尼小姑娘也不是小茅屋主人，又得知小茅屋是解放军叔叔盖的后，解放军战士为什么盖房子呢？到小说的最后，悬念解开，原来前面出现的那些人物，都是小茅屋的主人！这样就让课文的主题“雷锋精神处处在”更加深刻感人。

运用悬念法应注意以下几点：

（1）设置悬念要巧妙，以引起阅读期待；

（2）要对悬念加以必要的强化，以激发阅读兴趣；

（3）解开悬念要巧妙，以产生出乎意料的效果。

写作支架 2 运用抑扬，让形象鲜明突出

要赞扬某人，落笔却先贬抑他；要贬抑某人，落笔却先赞扬他。前者叫“欲扬先抑”，后者叫“欲抑先扬”。抑扬转换，能在记叙的过程中掀起波澜，形成跌宕起伏之势，避免了行文的平庸呆板、单调乏味。

《阿长与〈山海经〉》可谓运用抑扬转换手法的典范。文章的字里行间涌动的是“我”对长妈妈深深的敬爱与怀念之情，但作者并没有一味地歌颂或赞美，而是将抑扬褒贬结合起来，写出对阿长的深挚感情。文章先写对阿长的“憎恶”“讨厌”，写她“常喜欢切切察察”，睡觉时“挤得我没有余地翻身”，“满肚子是麻烦的礼节”等，然后写她“常常对我讲‘长毛’”，写“我”对她“伟大的神力”的“惊异”，“讨厌”之情渐渐为“特别的敬意”所取代。接下来，因她“谋害了我的隐鼠”，“我”对她的“敬意”又变成了满含怨恨的“诘问”，而正当想“复仇”时，阿长又为“我”买来渴慕已久的《山海经》，“怨恨”骤然化为“新的敬意”。抑扬转换、错落跌宕的行文如九曲回肠的江水奔腾入海，作者对长妈妈的敬爱与怀念也得到了尽情

的宣泄，让人不由得潸然落泪。

运用抑扬法应注意以下几点：

（1）厘清“抑”和“扬”的关系；

（2）运用抑扬交错法，特别要把握好对人物褒贬的“度”，这样才能产生真实有效的表达效果。

写作支架3 巧设突转，让行文波澜起伏

突转法是指记叙事件时，顺着一个方向铺陈渲染，把读者的注意力和情感愿望吸引到向这个方向发展的一种可能性上去，层层推向高潮，达到顶点时，笔锋陡然一转，通过另一种结局的突然揭晓，掀起波澜。

《赫尔墨斯和雕像者》的结尾巧妙地运用了“反转”的技巧，起到了出人意料的艺术效果。赫耳墨斯首先问宙斯雕像的价钱，大有跟最高的神一比高低之意。知道价钱不高，他很满意，因而又“笑着”问赫拉雕像的价钱。两问之后，他似乎已经有把握胜过所有的神了，最后才问到自己的雕像，谁知结果却完全出乎他的预料：他的雕像一文不值，可以“白送”。这样的情节突转，增强了寓言的讽刺力量，让行文波澜起伏。《蚊子和狮子》结尾的反转也是如此。由此可见，我们在写人叙事的时候，如果巧妙设计一些“反转”，就可以增加文章的波澜，让情节更加曲折多姿。

运用突转法应注意以下几点：

（1）突转的重要前提是人物形象鲜明，性格鲜明且独立；

（2）突转离不开铺垫，前面的铺垫越充分，后面发生情节转折时，读者会越觉得合理；

（3）突转发生的情节一定要精彩，能够让读者情不自禁地被故事后续的发展牵着走，而不是停在突转处琢磨事情的合理程度。

总之，我们在运用“突转”这种技巧时，一定要转得自然，转得合理，这样能产生“看似出人意料，实则合乎情理”的惊艳效果。

范文引航

深夜，那盏灯

那一年的春天，我出了一场车祸，轧断了腿，造成粉碎性骨折。医生说，治愈的希望很渺茫。除了整天瞪着天花板挨着日子以泪洗面，我还能做什么？

在小学教音乐的姐姐给我抱来高中课本，默默地放在我枕边。我怒气冲冲，一股脑儿地将它们撒了一地。姐姐弯下腰一本一本拾起来，大滴大滴的泪水从她眼睛里涌出来，我忍不住失声痛哭。

一天夜里，姐姐突然推门进来，把我扶起，指着对面那栋黑黢黢的楼房激动地说："弟弟，瞧见那扇窗子吗？三楼，从左边数第二扇窗户。"她告诉我里面住着一个全身瘫痪的姑娘。姑娘和自己的盲人母亲相依为命。她白天给一家工厂糊鞋盒，晚上拼命地读书和写作，才 17 岁。已发表了十几万字的作品……看着那扇窗子的灯光，我脸红了。

"弟弟，拿出勇气来呀！"

打那时起，那扇窗户的灯光时时陪伴着我。只要看到那束柔和的灯光，我就不由自主地拿起身边的课本。

在一个大雨滂沱的下午，姐姐为了抢救一名落水的儿童，竟不幸牺牲了！噩耗传来，全家人悲痛欲绝。

夜幕降临，凉风习习，我躺在床上，辗转反侧，泪流满面。突然，一束灯光柔和地射到我脸上，我心里倏地起了个念头：我想见见那姑娘，把姐姐的故事讲给她听，还要……还要感谢她夜晚的灯光，伴我渡过了这个难熬的季节。我拄着双拐，跌跌撞撞地爬上那栋楼，轻轻叩响了门。

没有回音，我使劲敲它，对面的房门打开了，一位慈眉善目的老太太上下打量着我说："小伙子，别敲了，那是间空房。"

我呆住了。

“以前我儿子住在这儿，后来他调走了，这间房一直空着。两个月前，一个长辫姑娘租下了，可说也奇怪，她并不在这儿住，只是吩咐我晚上把电灯拉亮，第二天早上再把灯关掉……”

我突然扔了双拐，跌倒在那扇门前，失声痛哭起来。

赏析

全文叙事情节曲折，如到文章最后才叙述“我”去寻找那位姑娘。与老太太的那番对话，揭开了所有的“谜”。这一结果是读者万万料想不到的。这篇文章的情节就非常富有变化，引人入胜，美不胜收。

（文：盛开瑶　指导老师：张　渊）

快速、精准审题

命题作文就是指命题者直接拟出作文题目，由我们通过审题来决定写作内容的一种传统样式的题型。命题作文很大程度上带有命题人的目的性、指向性，往往给题目增加一定的限制，给我们规定一个写作范围。

审题，是作文的第一步，同是叙述一件事，《一件有意义的事》和《一件难忘的趣事》这两个文题的写作重点是不同的：《一件有意义的事》的写作重点是突出这件事的“意义”所在，把这件事“有意义的”地方描绘出来；而《一件难忘的趣事》的写作重点是所叙之事之所以难忘是因为它有趣，要把趣之所在描绘出来，以突出其难忘。因此，找准了文题所要写的重点，也就把握住了文章所要表达的中心，选材也就有了范围，组材也就有了目标。可以说，审好题，作文就成功了一半。那么，怎样才能做到正确审题呢？

一般来说，我们在审题时，要认真细致地通读全题，首先记准题目内容，以免在写作时添字、丢字、改字，甚至另起题目。接着要分析题目中的每个字、每个词的意义和作用，还要把握它们相互间的联系。对有提示语的，还要字斟句酌地研究提示语，用心领悟。最后还要看清写作要求共有几点，分别从哪些方面提出了限制。这样才能为写出符合题意的文章奠定基础。

写作支架1 推敲题眼，明确主旨

认真寻找例句之间的关系以期总结出共性规律。题目中的关键词就是命题作文的“题眼”。找到了题眼，就抓住了重点，抓住了中心。

文题是句子的，句中的动词往往是“题眼”。如：《我最喜欢的一个人》，题眼是“喜欢”。

文题是一个短语的，在短语中起形容修饰作用的词语，就是“题眼”。如《暑假里的一天》，题眼是“暑假里”，限制了所写事件的大的时间范围。

文题是一个词的，这个词本身就是“题眼”，如《心声》《惜》。

如《我们班的牛人》《难忘那一幕》《这样做值得》《陪伴》。题目里就可以明确文章的主旨，紧扣关键词，如“牛”“难忘”“值得”“陪伴”，写作时就紧紧围绕以上内容展开，细推敲，精作文。

写作支架2 知晓范围，确定内容

命题作文题目本身就从不同方面对写作进行了限制。如《记住这一天》中“这一天”限制了时间，我们可以写“这一天”从清晨到日暮的活动，也可以写“这一天”的某个时刻，如果所写内容超出“这一天”就不切题了。还有的题目限制了人称，如《下雨天真好》中的“下雨天”限制了环境，《大自然，我们的朋友》中“大自然”限制了朋友的范围，等等。所以，审题目中的限定词也是审题的重要一步。

弄清文题的时间限制。有的作文题目在时间上有一定的限制，审题时要把握住这时间上的限制。比如《元旦纪事》。这道题选材时间限定为1月1日，所写的事要能够和“新年”这样一个节日的特定背景、特定含义发生某种联系。

弄清文题的处所限制。有的作文题目规定了处所范围，审题时要明确其中处所的限制。如《放学路上》这个题目，就限制了所写的人、事、物、景必须是在“放学”之后的“路上”的所见所闻，只有把握准了这个处所，所写的内容才有依托和基础。

弄清文题的数量限制。有些作文题目出现数量词，审题时要明确数量上的限制。如《记我学作文中的一件事》和《记我学作文中的二三事》。两个题目写作的要求上只有数量上的区别：前一个题目是通过记叙一件完整的事来说明我学作文的过程，后一个题目是通过记叙二三事或二三片段来说明我学作文的过程，稍有不慎，将一件事写成二三事或将二三事写成一件事都属于文不对题。

弄清人称的限制。有些作文题目在人称上规定，审题时要明确它在人称上的限制。例如《老师，我要告诉您》这个题目，就限制了行文要用第一人称，要从“我”的角度写自己要向教师讲述的内容。《雷锋就在我身边》这个题目，可用第一人称写，也可用第三人称写，下笔写就要定好用第几人称写。再如《奶奶的微笑》这个题目，审题时就要注意，文题本身就限制了写作此文要用第三人称，间或使用“我”也是作为陪衬出现，贯穿全文的人称应是“奶奶”或“她”。

写作支架 3 转换虚实，挖掘深意

有些命题题目带有比喻或象征意味，就不能就题论题，要透过字面上的具体事物，抓住事物的本质特征，去揭示题目包含的象征意，文章主题才会有深度。我们要注意分析，既要研究文题字面的具体意义，又要领会其中的深刻含义。

如《带着微笑出发》这一命题中，微笑不仅指外在的一种面部表情，更是指内在的一种心态、一种信念、一种涵养、一种品性，因此，在写作时，就应由内见外，由表及里，把其中蕴含的诸如乐观、信念、友善、从容等精神特质表现出来。

如《脚印》《春风》《我也是富翁》。写作中，我们可以运用虚实结合的手法，它不仅在于内容，而且可以是作文标题。上述题目中，“脚印”“春风”“富翁”都可以先实写，再循序渐进转为虚写，以此既能拓宽文章的写作思路，又能丰富写作内容，深化主题，审题精准到位，可谓两全其美。

总之，对于这类题目，抓住象征义、比喻义来写，更合乎命题者的意图，

写出的文章也更有深度。

写作支架4 审读导语，明晰要求

现在的命题作文往往带有导语或提示语，我们一定要重视这些内容，仔细推敲，充分利用，如题目《责任》。提示：做一个有责任心的人，是时代的需要。有人把“天下兴亡，匹夫有责”改为“天下兴亡，我的责任”。意思是说，“我”应当义不容辞地担负起对国家、对社会的责任。的确，我们每一个人都应当做一个有责任心的人，都应当承担起自己的责任。国家遇到了困难、学校出现了问题、家庭发生了矛盾、同学违反了纪律、自己成绩不理想……都应当问一问“我应当承担什么责任？”

这个命题作文中的提示，循循善诱，既给人以思想上的教育，又启示写作者如何把“责任”这一抽象概念具体化，应当围绕怎样的中心来写，可以选取哪方面的材料等。因此，你可以叙述自己在面对“国家遇到困难、学校出现问题、家庭发生矛盾、同学违反纪律、自己成绩不理想……”时是如何承担起自己的责任的，体现“做一个有责任心的人这一中心。你也可以议论说理，用事实或道理来论证“应当勇于承担责任”等论点。有时候作文题目会给我们一段导语，让我们以此展开思考，自由写作。此时务必读懂导语，明晰导语要求，抓住关键字词，看清写作要求，再进行写作，确保不偏题离题。

如：补全题目：__________也是爱

《这样的沉默也是爱》《痴迷看书也是爱》

《老师的吼声也是爱》《旅游也是爱》

《同桌的拒绝也是爱》《互相帮助也是爱》

《爸爸的谎言也是爱》《家乡的美食也是爱》

范文引航

我心中的宝藏

在每个人的心里，都埋藏着一份宝藏。这份宝藏也许是一句改变你人生的语句；也许是在你无助时那个温暖的眼神；也许是你伤心流泪时，一个简单到再也简单不了的动作……我的呢？

在我的记忆长河里有位非常重要的人物，他给我人生最重要的宝藏——书。他，我的舅舅。从小他就有意无意地买书给我，是他给了我“爱读书”这份宝藏。数不清，他到底买了多少书给我：《安徒生童话》《格林童话》《爱丽丝历险记》《朝花夕拾》《鲁滨逊漂流记》，还有四大名著等等。

小时候，父母外出打工，没有人陪我，是他送的童话陪我走过了多少个春秋。在我迷失了人生的方向，对生活失去信心时，是他的《鲁滨逊漂流记》给我支持，给我力量，让我有勇气重拾信心，做回自己。

记得那年夏天，我没有考好，怕父母骂，一个人走在路上不愿回家。天空飘着细雨，身旁是匆匆忙忙跑去躲雨的人们，不知不觉天黑了，我毫无意识地走到了舅舅家门口，不敢敲门，呆呆地坐在门口。“吱”，门开了，他看见我马上叫我进去，对我嘘寒问暖的。我一句话不说。他起来走到书架前拿了本《红楼梦》给我说：“看完这本书，你就赶快回去免得你爸妈担心。”

我捧着书，小心翼翼地翻开，我被书中的内容吸引住了。在书中我认识了体弱多病却美若天仙的林妹妹——林黛玉；有着一双丹凤眼，性格泼辣的凤姐——王熙凤；集千宠万爱于一身的生得英俊的宝哥哥贾宝玉，还有生性温柔体贴的薛宝钗。

我落泪于黛玉葬花。从小和宝玉青梅竹马两情相悦，可无奈宝玉有许多喜欢他的“姐姐”。当黛玉看到宝玉和别人谈笑生风而忘记自己时，两行清泪缓缓直流，满地的落花引起她无限悲情，拿起扫把把花瓣扫起葬掉。我认识到了黛玉的痴情和宝玉的多情。

我还知道宝玉其实不多情，反而很专情。当他知道黛玉已死时，哭得天昏地暗，死去活来的，可见他对黛玉用情之深。

我认识到这世上有至死不渝的爱情，还有血浓于水的亲情。

在我看得入迷时，爸妈找来了。见到我的第一句话就是："回家吧，家里炒了你爱吃的菜。"

感谢他送给我这份珍贵的宝藏，让我遨游在知识的海洋中，让我在失去方向时有个永远的指明灯。

赏析

审题可知，题目简单易懂，没有审题障碍。这里的"宝藏"前面因为有"心中"这一定语，所以当然指的不是本义上的财宝。而是其比喻义。比如，某一份真挚的情感，给自己带来积极向上的影响的人或物，某一段难忘的记忆，等等。题目规定了写作内容，要从生活中选取写作对象，以自己对于这一"宝藏"的某种感情为表现的主旨，写出真情实感。

文体选择记叙文，把心中的宝藏限定为书。首段点明每个人心中都有一份宝藏，而我心中的宝藏是书。首段按时间顺序，记叙自己第一次接触书，然后读书，最终爱上书，从书中得到道理与启示等。最后一段直接抒情，表达自己对这一份"宝藏"的珍惜与赞美之情。语言需质朴，需注意细节描写在表现人物心理、刻画人物形象上的作用。首尾呼应是必须要用到的写作手法，要有两到四次的点题。

（文：马伊娜　指导老师：张　渊）

准确、深刻的立意

立意简单地说，就是一篇文章的主题，也就是我们为什么要写这篇文章，写这篇文章的目的。

“意犹帅也，无帅之兵，谓之乌合。”“意”即文章的主题，这一表述形象地表明了千古文章意为高的观点。

一般来说，初中生的记叙文大都是表现出赞同、赞美、欣赏、歌颂什么，或者是反对、批判、揭露、讽刺什么，当然也有表达自己的怀念、感叹、倾诉、情趣，等等。

符合当今社会公德和时代精神。如：歌颂真、善、美，抨击假、丑、恶，提倡以人为本、爱国守法、诚信、环境保护、无私奉献、敬业、自强、与时俱进，等等。

表达个人感情。如：爱戴、崇敬、怀念、赞美、爱好、情趣、愿望、讽刺、批判、抨击，等等。

思考生活内涵，主要是指对某人或某事的感悟与启迪。

追求个性表达，主要是表达个人独特见解的。立意特别要注意的是不要盲目跟别人的风，无论是怎样的主题，选择立意时，一定要选自己熟悉的平时训练过的内容从小处切入。切忌一时心血来潮写一些不熟悉的东西，勉为其难，这是写不出优秀作文的。

常见的立意失误：一是人云亦云显陈旧。平时人家怎么说，他就怎么说；过去怎么说，现在还是这么说；题目中的导语有个什么观点，他绝对不敢提出异议来的。这样的作文，可以说是老生常谈，人云亦云，了无新意。比如，以“沟通”为话题写作，很多同学不约而同地以“我们要和父母多多沟通”为中心，选取一两个故事来表达。这些文章，立意一般，得分都较低。

二是浅尝辄止显肤浅。不能由表及里、由浅入深、由果推因、由形观神地审察事物，不能透过现象深入本质，透过表象看到真相，经由问题揭示原因，经由形式洞察内涵。这样一来，看问题就只能停留在表面了。具体地说，他们的文章只能回答“是什么”“有什么”这一类的问题，而不能涉及“为什么”“怎么办”一类较深入的问题。

三是剑走偏锋显消极。不遵从社会公认、服从真善美的标准，不遵从国家的法律法规精神，只想着一鸣惊人，提出危言耸听的观点。比如，有人讲诚信吃大亏，还是虚伪一些、实际一些好；有人认为牺牲自己去救人是犯傻，不如明哲保身；有人提出应该尊重个人自由，允许中学生谈恋爱；等等。这种思想认识上的偏差如果出现在考场作文上，即使文章结构完整、语言生动，也不会得到高分。

四是贪多求全显盲目。不集中在某一个主题上，中途转向另一个主题，从而使得已确立的中心不能贯穿始终，读者也理不出头绪。结果让人读后如在云里雾里，不知所云。

写作支架 1　留心生活，由小见大法

在作文时，我们常常选取的是小角度，叙述的是小事情，描写的是小场景，刻画的是小人物，但这些日常生活中的小事，有时却能表现出大的思想、意义。借小角度、小事情、小场景、小人物来反映丰富的社会内容，揭示深刻的社会主题。

写作支架 2　善于类推，由此及彼法

由此及彼，即运用发散思维，由此物联想到彼物。针对此类立意的文章，

作者可以通过横向、纵向组合的方式展开笔墨，在横纵对比中表达主旨；也可用板块式行文，一般有两个或两个以上的“点”，从不同角度、不同层面支撑文章的主旨，从而使文章的主旨更为丰厚，更为深刻。

写作支架 3 关注热点，由浅入深法

作文时，聚焦生活热点，揭示生活中具有普遍性及时代性的社会问题，由浅入深地探求问题产生的原因，从现象出发预测事物发展的趋向或结果。此类立意的文章，不仅要回答“是什么”“有什么”的问题，而且要回答“为什么”“怎么办”的问题。

写作支架 4 展开联想，由实到虚法

由实到虚，是指从眼前实在的事物、景象或具体的事情写起，水到渠成地揭示其寓意。此类立意的文章不仅要描述所选对象的表象，而且要揭示其蕴含的精神实质，即由对现实中某一事物的描述联想到与之相关的虚拟内容。

范文引航

多一点情怀

夜映阑干，独倚江楼，远眺苍穹。汉霄苍茫。牵住繁华哀伤，命中注定，成为过往。

可那天地日月，恒静无言，青山长河，世代绵延，就像我心中那些文人墨客的情怀，给予我坚定的力量，从未离去，从未改变，美好如初。

灯火星星，人声杳杳，歌不尽乱世烽火。

翻开历史的书卷，范仲淹，作为一名战士，他可以金戈铁马，血战疆场。但他作为一位词人竟如此多愁善感。羌管悠悠霜满地，人不寐，将军白发征夫泪。当悠悠月光铺满边塞，这月光似乎都成了寒霜，成了思乡的清酒，折

磨着远在他乡的征夫的心。

悠悠乡愁，让他涕泪沾襟。可他明白自己身上的重任，社稷为重，燕然未勒，谈归从何？于是，他挂帅上阵，提着宝剑，冲入到与敌人新一轮的厮杀中。

透过千年的时光，我看到了范仲淹那渴望杀敌报国、建功立业的情怀与抱负。感受到了他无穷的力量。

月光如瀑，人迹踪绝，说不出如斯寂寞。

又是一年中秋佳节，丹桂飘香，琼楼玉宇今安在？

在这个本应家人团聚的日子，苏轼依然孑然一身，孤鸿飘零，一句简单的祝福，对于一个落魄的词人来说已成奢望，和苏轼望月怀人仰天大笑：人有悲欢离合，月有阴晴圆缺，此事古难全。金钱荣华非吾所慕，玉壶冰心，苏轼有一颗澄澈而明净宁静的心，使他笑对人生百态，纵论古今成败，浮世又何足畏哉！

品味这映满月光的宋词，我感受到了苏轼那旷达乐观的情怀与力量，体会到了他执着的坚定与担当。

让他循规蹈矩的瘦金体，沧桑得只剩下轮廓，宋词那薄薄的稿纸却依然掷地有声。词人将自己或坚忍或正直的情怀寄寓其中，成为一种年年相传、代代相守的精神力量。风雨能侵蚀的只有物质，而情怀的力量却源远流长，芳香恒久。

回顾历史，千年古韵，道不完的情怀，说不尽的力量，成为华夏儿女心中最美丽的风景，绚烂无比。

赏析

审题：本题目是一篇半命题作文。多一点什么呢？根据题目提供的四个分句，“兴趣”“欣赏”“执着”“担当”，都是正能量的东西，似乎这是对填补词语的一个隐形要求。如果这样想，就局限了，可以大胆突围的。没有谁规定那个空只能填两个字的词或句式。例如：“多一点卧薪尝胆，让我们生活更加绚烂精彩”如何？“多一点磨难，让我生于忧患”怎样？“多一点山重水复，让我们充分享受那柳暗花明的快慰”又如何？“多一点异想天开，让我们飞向外太空”又怎样？所以，我们既可以从生活中、学习上的一些小角度出发，多一点勤奋、多一点情趣、多一点积极；也可以从人生、社会、国家等大层面考虑，多一点情商、多一点底蕴、多一点胸怀、多一点视野等。考生确定立意之后，补充题目，言之有物，言之有理。

立意：写作时在选取例子上一定要注意既要真实典型，最好也要新颖。人事景物皆可入文，可以往情感道德、成长励志和审美鉴赏的任何一个方向思考，选择最熟悉最擅长的角度来写作。比如说多一点善良，多一点担当，就可从生活当中出发，多增加环境、心理描写，运用一些我们平时积累过的典型素材，把这些典型素材转化成考场作文，提高写作效率，突出写作对象的特点，多去运用细节描写将文章变得更充实饱满。

（文：张　硕　指导老师：张　渊）

典型鲜活的亮点选材

一篇文章，立意和结构再好，如果没有内容去体现，也是水中月、镜中花。所以说文章的立意、结构和内容三者之间的关系好比人的灵魂、骨架和肌肉。

巧妇难为无米之炊，笨妇难为劣米之炊。陈旧材料暗淡无光，亮点材料熠熠生辉。

作文的材料一定要有亮点，那么，作文时就要在大脑这个资料库里寻找有价值、有影响力、有代表性、有权威性、有时代性的材料，这样的材料写进作文才有“分量”，才有说服力，写出的作文才有内涵，才会受到阅卷者的青睐。

古人说：“千兵易得，一将难求。”《增广贤文》里有一句话：“公星朗朗，不如孤月独明。”如果把这句话比作写材料的话，那么，“千兵”“众星”就是指平凡材料，而“将”和“孤月”则是指亮点材料。

所谓亮点材料，就是指新颖的、有趣的、感人的材料。亮点材料入文，可使文章大大增色，所得分数也会大幅度飙升。

选择亮点材料，有方可寻。为什么许多学生找不到亮点材料呢？一方面是因为积累不够，另一方面是因为缺乏寻找亮点材料的方法。如果把大脑中积累的一点点材料比作铁屑的话，那么亮点材料寻求法就是一块磁铁，磁铁一进去，铁屑就被吸引过来了。如果把亮点材料寻求法比作一把手电筒的话，那么相关的材料都会被照亮。如果把亮点材料寻求法比作一根红线的话，那么相关的材料就是一颗颗珠子，它能把珠子串成项链。任何一种方法都有一定的指向，有了这种方法后，你的思维自然而然地就会这样延伸，你就自然能想起相关材料。

写作支架 1 新近材料

刚发生不久的材料，鲜活、水灵、温热，还带着泥土的芳香，散发着时代的气息。这样的材料一旦进入读者的视野，就会引起强烈的反响。

例如：2022 年 8 月 8 日上午，陕西省西安市阎良区二龙口水库发生一起意外事故，一辆白色轿车撞坏路边护栏后落入水库。事故发生后，途经此处的重庆、四川籍务工人员——蒋正全、秦建平、程心灿听到呼救后，不顾个人安危，纵身跳入水中，在村民帮助下成功救出 5 人。蒋正全因体力不支沉入水下，不幸遇难，留下七十多岁的年迈双亲和年仅 7 岁的儿子。

8 月 10 日，为了弘扬见义勇为精神，倡导正能量，保障蒋正全一家人生活，西安市阎良区武屯街道办事处于 8 月 9 日晚向社会发起捐款倡议书。武屯街道办工作人员透露，目前捐款人数较多，正在做汇总相关的工作，收到的社会爱心人士捐款将会直接交到蒋正全的家属手中。“很多人捐款，有人一次性捐了 1000 块。”

适用话题：见义勇为、勇者精神、人间自有真情在、帮助、牺牲、同情。

再如：神舟十三号载人飞船于 2021 年 10 月 16 日从酒泉卫星发射中心发射升空，随后与天和核心舱对接形成组合体，3 名航天员进驻核心舱，进行了为期 6 个月的驻留，创造了中国航天员连续在轨飞行时长新纪录。航天员在轨飞行期间，先后进行了 2 次出舱活动，开展了手遥控操作交会对接、机械臂辅助舱段转位等多项科学技术实（试）验，验证了航天员长期驻留保障、再生生保、空间物资补给、出舱活动、舱外操作、在轨维修等关键技术。利用任务间隙，航天员还进行了 2 次“天宫课堂”太空授课，以及一系列别具特色的科普教育和文化传播活动。

如：2022 年 4 月 16 日上午，被称作“感觉良好”乘组的神舟十三号航天员翟志刚、王亚平和叶光富顺利结束“太空出差”，回到阔别半年之久的地球，为中国航天迄今最长一次太空载人飞行画上一个圆满句号。

神舟十三号载人飞行任务的圆满成功，标志着空间站关键技术验证阶段任务圆满完成，中国空间站即将进入建造阶段。

适用话题：爱国奉献中国形象；创新探索终点起点；青年偶像人生价值；科学精神航天之路；和平发展开放自信；民族复兴铭记历史；不负使命永葆热情。

如：近年来，按照党中央、国务院决策部署，各地深入开展减轻义务教育阶段学生作业负担和校外培训负担（以下简称“双减”）工作，取得了积极成效。党中央站在实现中华民族伟大复兴的战略高度，对“双减”工作做出了重要决策部署，要求从政治高度来认识和对待，从体制机制入手深化改革，全面贯彻党的教育方针，落实立德树人根本任务，促进学生全面发展和健康成长。“双减”工作是党中央、国务院做的一项重大决策部署，事关国家发展和民族未来，关系着人民群众小康生活的质量和成色，决定着基础教育生态的进化，对促进学生全面发展、健康成长、有效缓解家长焦虑情绪、构建良好教育生态具有重大意义。

适用话题：立德树人、生态教育、教育公平、学生全面发展、学生健康成长。

写作支架 2 久远新材

新鲜材料中的“新鲜”二字，不是就时间而言，而是从读者的感觉说的，时间久远但有趣的材料一样能引起读者的新鲜感，因此这样的材料也可称为新鲜材料。

例如：屠格涅夫是俄国 19 世纪批判现实主义作家。一年冬天，一个衰弱不堪、嘴唇冻得发青的乞丐在街上拦住了匆匆经过的屠格涅夫。乞丐伸出一只通红的、肿胀的、肮脏的手，向屠格涅夫乞讨。屠格涅夫掏遍了身上所有的口袋，但什么都没找到。他窘极了，便紧紧地握住乞丐颤抖的手："别见怪，兄弟，我身上一无所有。"乞丐也紧紧地握了握屠格涅夫的手。"哪里的话，兄弟，"乞丐口齿不清地慢慢说道，"就这也该谢谢您啊。这也是周济啊，老弟。"

适用话题：温暖、救助、感动、精神周济与物质周济。

再如：鳄鱼面目狰狞，样子丑陋，性情凶恶，专门捕食鱼、蛙和小鸟，甚至敢于袭击家畜。但是，在非洲尼罗河，鳄鱼和燕千鸟却能和谐相处，淘气的燕千鸟甚至能钻到鳄鱼的血盆大口里，鳄鱼也不伤害它。

原来，燕千鸟不但能清除鳄鱼牙缝中的腐肉，而且还能在鳄鱼身上找到小虫吃，在鳄鱼嘴里找到水蛭吃，免除了鳄鱼受小虫、水蛭叮咬之苦。燕千鸟非常机灵，只要听到异常动静，便喧噪个不停，这样便惊醒了睡梦中的鳄鱼，使鳄鱼立刻沉到水下去，避免了意外伤害。鳄鱼很喜欢在河滩上睡觉，有了燕千鸟做警卫，对鳄鱼当然有益；而燕千鸟也可以从鳄鱼身上很容易找到可口的食物。因为燕千鸟对鳄鱼有利，所以鳄鱼才不去伤害它。

适用话题：互助合作、和谐发展、双赢的智慧。

写作支架 3 冷僻新材

对于众所周知的名人故事，写进作文，阅卷者不会有新鲜感，但如果是写名人的不为一般人所知道的冷僻故事，读起来就有新颖感了。

例文：英国著名诗人拜伦从小跛足，身体虚弱，体格健壮的顽皮学生印司当众羞辱他，强迫他把一只脚放进竹篮绕操场走一圈。拜伦很想揍他，又因身单力薄，只好忍气吞声，一瘸一拐地绕操场走起来。事后，他想，自己受印司羞辱，就是因为体弱，从第二天起，他开始参加各种运动，锻炼身体。为了减肥，他还节制饮食。不久，学校举办运动会，他参加了拳击比赛，恰好跟印司分在一个组。人们都认为跛足拜伦注定要输，可是结果恰好相反，健壮的印司被拜伦一拳击倒在台上。

适用话题：忍、克制、能屈能伸、转折、羞辱、好强、超越。

例文：刘谦无师自通很少有人知道，这位已经名闻天下的魔术师，从没有正式拜师学魔术，而且一直“不务正业”：中学时他好玩电脑，上大学时则报了日语专业，毕业出来后却又爱上了唱歌，但绕了十几年，刘谦终于还是当上了职业魔术师、星空卫视《魔星高照》的节目主持人。

适用话题：学习、成才、目标、理想、追求、转折。

例文：郁达夫侨居日本期间，每月平均读书 20 部。四年时间总共读了俄、德、英、日、法等国的小说达 1000 部左右。易卜生小时候当童工，白天干活，晚间读书。仅短短的三四年间，他竟然读了上千本文学名著。被称为“发明王”的爱迪生给自己规定的定额是，每天必读三本书。斯大林每天必读 500 页书。

适用话题：读书、充电、成才、追求、理想、目标、智慧。

例文：马克思年轻时曾想做一个诗人，也努力写过一些诗，但他很快就发现自己的长处不在这里，便毅然放弃，转到社会科学研究上去了。如果他不能认识自己，那么德国至多不过会增加一位蹩脚的诗人。

适用话题：长与短、扬长避短、人生的转弯、自知之明。

写作支架 4　材料要新，紧贴时代，有典型性

指导学生要及时捕捉那些新生事物，敏锐地撷取时代的“浪花”，选择鲜活典型的素材。根据对社会的观察，选取具有时代特点的人物事迹，选取人们关注的热点话题，选取不为人知的新鲜事物，选取引人深思的社会现象，使文章内容能牢牢吸引读者的眼球。

写作支架 5　材料要新，紧贴时代，有典型性

真实的人物、真实的故事、真实的情感，最能拨动读者感情的弦，引起读者的共鸣。指导学生在写作时，要根据写作需要，认真选择那些能震撼人心的精彩瞬间、动人镜头和感人画面。

写作支架 6　大胆转换视角，选材新颖别致

“干花不如鲜花美。”选材要与时俱进，具有时代气息。由于学生生活阅历浅，不是每个学生都能捕捉到新的信息。这时，可以大胆转换视角，弃故纳新。有些内涵丰富的材料，即使不是新的，若能巧妙地转换视角，从新的角度来挖掘，必定出奇制胜，给人耳目一新的感觉。

写作支架7 发挥逆向思维，选材独具匠心

要放弃那些“你有我有大家有”的材料，选择突出自己体验的材料，经过几轮精心地筛选，留下那些典型独特的材料，则能使文章在选材上“以一当十”，收到震撼读者的效果。

写作支架8 材料真实，不落俗套

真实，就是说选择的材料应是实实在在的真事，而不是道听途说甚至无中生有地编造，最好要选择自己亲眼看到的、亲耳听到的、亲身经历过的事情。选材要坚持从生活实际出发，选取自己最熟悉、感受最深、能反映事物本质意义的材料。只有真实的材料才能被读者接受和认可，才能使文章具有说服力和感染力。

所谓新颖，就是说选择的材料要新颖别致，不落俗套，要反映具有时代特色的精神风貌，要能代表时代精神。但要注意，选择新颖的材料并不是追求稀奇古怪的事情和曲折离奇的情节，而是要选择那些有特色的材料，能表现出新的认识、新的感受。

典型材料是指那些最能反映事物本质的、最能打动人心的、最能表现文章中心的、具有广泛代表性和强大说服力的材料。在选材时，要从可以表现中心思想的大量材料中进行选择和提炼，力争做到少而精，材料要以一当十、以质取胜，而不是以多求胜。魏巍说《谁是最可爱的人》之所以成功，原因之一就是从大量的生动事例中选择了三个“最能代表一般的典型例子来说明本质的东西”。

选材具体就是说选择的材料要具体，要让事实说话，用真实说服人、打动人。如果一篇文章只有空洞的说教而缺少具体的事例，或者大发议论，文章就会有骨架而没有血肉，是不可能具有表现力的。材料是作文的核心，选

材时一定要精心挑选、严格选择，确保材料的真实、新颖、典型、具体。

范文引航

美的瞬间

匆匆而过的流年里，有多少瞬间让我刻骨铭心？

我永远忘不了，那年的夏天，那年的樱花，那年的画面……

“爷爷！奶奶！你们快来，我给你们照相！”我蹦蹦跳跳地来到一棵樱花树下，回头一看，爷爷正轻轻地搀扶着奶奶走来，眼里含满了浓浓的爱意。

似水晶般澄澈的天空中飘浮着几只云朵，时不时吹来一缕清风。

爷爷搀着奶奶站在樱花树下说：“孙女，照吧！”说完，他含情脉脉地注视着奶奶，奶奶柔美地笑着。我正准备举起相机时，一缕清风拂过，漫天的樱花纷纷扬扬地撒落，飘舞到地上，留下一地的粉色。阳光为樱花镀上温柔的金色。

爷爷眼角带笑，脸上的皱纹欢快地跳着，告诉人们，岁月的车轮在这里碾过一次又一次。爷爷拉着奶奶的手，默默地注视着同是满眼笑意的奶奶，两束目光交融着，变成一道即使搁置千年也不变的光束。

这一瞬间，我愣住了。我静静看着这个画面，美得动人心弦，美得醉人心脾，美得刻骨铭心……

时间流逝，风停，花落。不知何时我的眼眶早已润湿。一声蝉鸣，打碎了这份静谧。我一边感受如此美的瞬间，一边感动着两位近百的人还能如此相濡以沫。

“孙女，你照了吗？”爷爷奶奶不知何时走到我身旁问道。

“抱歉……我走神了。”我垂着头，愧疚之色浮在脸上。

“没事，时间不早了，回家我给你煮你最喜欢的糖醋排骨。”爷爷一手牵着奶奶，一手轻拍着我的头，眼角满是暖暖的笑意。

此时日影西斜，大地沐浴在余晖的彩霞中，散发着柔美的光芒。风儿徐徐吹来一阵阵樱花的幽香。一抹余晖洒落在爷爷奶奶离去的背影，影子拉得好长好长……

我伫立在余晖中，仿佛经历了一次洗礼。我将刚刚的画面深深地埋进我的脑海里，将爷爷奶奶已历半世的幸福融进我的心里……

赏析

根据题目的形式，立意上，一定要写与“美”有关的内容；选材上，可以写自然界的各种美，可以写民风民俗之美，可以写新闻中、现实生活中某种精神之美、意志之美……作文时写出“瞬间”的内涵，是文章成功的关键，在那个“瞬间”里发生的事情对我们有什么触动，对我们的成长有什么积极的意义。行文中要挖掘“美”的深层含义，展现出我们对身边事物或现象独特的关注与思考。

（文：赵晨旭　指导老师：张　渊）

贴切、灵动的语言

“言为心声”，不同思想、不同经历、不同地位、不同性格的人，其语言也是不同的。关键是，我们平时细致观察了吗？对于描写语言，我们在学习写作知识和经典作品时，有意识地“转化”为自己的写作能力了吗？并且在写作序列中，有计划、有步骤地强化训练了吗？如果没有，从现在开始，我们要重视起来，正确处理写作知识、经典作品和写作实践的关系。俗话说“文似看山不喜平”，一篇作文要想“点亮”读者的眼睛，除了精心选材、深刻立意外，必须在语言上多下功夫，正如孔子所说“言之无文，行而不远”，意思是写文章如果不讲究文采，就不能流传很远。

写作支架 1 巧用修辞，增添神韵

例文：不必说碧绿的菜畦，光滑的石井栏，高大的皂荚树，紫红的桑葚；也不必说鸣蝉在树叶里长吟，肥胖的黄蜂伏在菜花上，轻捷的叫天子（云雀）忽然从草间直窜向云霄里去了。单是周围的短短的泥墙根一带，就有无限趣味。油蛉在这里低唱，蟋蟀们在这里弹琴。（鲁迅《从百草园到三味书屋》）

写作支架 2 恰当修饰，细腻可感

例文：一个小姑娘站在花树下，纤细的小手慢慢地伸向那朵她能够得着的灿烂绽放的梅花，指尖刚碰到梅花花瓣，忽然又缩了回去，她小心翼翼地

向四周望了望，然后又怯怯地伸出小手在梅花旁停了一下，接着她深深地吸了一口气，再把小手一点点摸过去，掐断了梅花花茎，然后两只手半合着那朵小花飞一般地跑开了。（学生习作片段）

写作支架 3 妙用雅词，诗意盎然

例文：日子在发霉。

天气像感冒了。

阳光很活泼。

热气腾腾的生活。

梦想的枝头缀满星空。

乡村的上空摇荡着清秋的月亮。

写作支架 4 幽默风趣，灵动传神

例文：尤其糟的是，做母亲的水鸭子得时刻不停地叫唤，只要有半分钟的时间忘了“呱格格格、呱格格格”地唱着，小凫的颈子就拉长了，和小孩子拉长了脸一样。要是这时我不继续叫唤，它们就要尖声地哭了。好像只要我不出声，它们就以为我死了，或者以为我不再爱它们了。这真是值得大哭特哭的理由呢。（康拉德·劳伦兹《动物笑谈》）

写作支架 5 语言要显示人物身份经历，反映心理活动

俗话说：“三句话不离本行。”行话运用适当，人物的身份便自然而然得到了介绍。老舍先生说过，对话是人物性格的索引，也就是什么样的人说什么样的话。

例如欧阳修的《卖油翁》中，人物对话生动形象，发人深思。陈尧咨“善射，当世无双”，但卖油翁“见其发矢十中八九”，却“但微颔之”为什么呢？下面的一段对话，为读者解开悬念。陈尧咨“吾射不亦精乎”“尔安敢轻吾射”，表现“康肃公”的心情急躁和愤然不平；而卖油翁的“无他，但手熟尔”“以我酌油知之”“我亦无他，惟手熟尔”，表现他的举重若轻，镇定自若。最后，康肃“笑而遣之”，这里的“笑”，既是有所领悟，也是

自我解嘲，真是“神来之笔”。这样，在对话描写中，不但交代了人物身份、地位等，还让读者明白了熟能生巧、“说起来容易做起来难”的道理。

写作支架6 语言要表达人物思想感情，展现性格特征

语言是思想的直接体现，读者应该从人物独白中，清楚地看到人物内心深处的真情实感，行为的动机，追求的目的，将要采取的措施，等等。而人物之间的对话，则应该随着情节的开展，逐步表现不同性格。

例如《变色龙》中，契诃夫描写奥楚蔑洛夫的语言，完全是个性化的，充分体现了“变色龙”的个性。奥楚蔑洛夫的语言多变：有骂人语言，如“猪崽子”“你这混蛋”“你们这些鬼东西”等。有训问语言，如“这儿到底出了什么事？”“谁在嚷？”“你在这儿干什么？”等，这些审问似的语言往往连用，让他的身份与性格得到充分展示。命令的语言，如“把手放下来！”“马上去办，别拖！”“把狗带到将军家里去，问问清楚。就说这狗是我找着，叫人送上的”等。有恐吓语言，如“我要好好地教训他一顿”。这些语言描写，可以揭示出他官架子和官腔的特点，也表现他庸俗、空虚的心灵。其随心所欲、见风使舵的技巧可说是纯熟无比，显示出官场“老油子”的心态，更表现出他是沙皇忠实走狗。

写作支架7 语言要推动情节的发展，交代来龙去脉

我们要通过语言描写，介绍环境或时代背景，预示或推动情节发展，或借人物之口作议论以深化主题，使之和动作、心理等描写相结合，成为作品的有机组成部分。

例如《西游记》中《三调芭蕉扇》中写孙悟空第一次借扇，作者把他和罗刹女的对话写得活灵活现，栩栩如生，巧妙推动情节发展。“行者上前，躬身施礼道：‘嫂嫂，老孙在此奉揖。’罗刹咄的一声道：‘谁是你的嫂嫂！那个要你奉揖！’行者道：‘尊府牛魔王，当初曾与老孙结义，乃七兄弟之亲。今闻公主是牛大哥令正，安得不以嫂嫂称之！’罗刹道：‘你这泼猴！既有兄弟之亲，如何坑陷我子？’行者佯问道：‘令郎是谁？’罗刹道：‘我儿

是号山枯松涧火云洞圣婴大王红孩儿，被你擒了。我们正没处寻你报仇，你今上门纳命，我肯饶你！’”——通过语言描写，我们可以看出，孙悟空碰上了罗刹女这样一个刁蛮无礼、凶狠毒辣的死对头，要想弄到扇子，灭火西行，只好力夺和智取。这样，作者前面勾连牛魔王结义、大闹天宫、大战红孩儿的故事，后面引出降服牛魔王、乱石山碧波潭万圣老龙盗宝的故事，前有伏笔，后有照应，全书没有别的故事能像三调芭蕉扇这样，前后呼应关联到如此多事件和情节，极大地拓展了时空的幅度和容量，令人叫绝！

范文引航

我没错

我叫小白，是一部手机。

如今，几乎家家都有互联网，我和我的族人们被人类使用。我的大脑有许多知识，人类会开发我的大脑，下载 APP 等。但如果开发过多，我的行动会迟缓，人类就会换一部手机。

我就是一部刚换的手机。当我睁开眼睛时，我面前是一个穿着黑 T 恤，头发蓬松，目中满是智慧的男孩——这就是我的主人，他爸爸以 3299 的价格，将我带回人类所说的家。

小主人上初二，学习很好，在班级里一直都名列前茅。因此，他只用我来查英语单词，看作业解析，找作文素材等，我的速度也让他很满意。

那是个盛夏的早晨，炎热的阳光透过窗户倾洒在床板上，我躺在小主人的手边，吹着空调，吃着饭——充电。忽然，“叮咚”一声，门铃响了，主人起身去开门，原来是主人的朋友小刘来了。

小刘带他的手机——小黑来了。小主人就先放下笔，招待他进门坐下来。

“好兄弟，你可真勤奋！不像我，我作业一字没动！”小刘说道。

“你怎么能不写作业呢？你干吗去了？”小主人疑惑且无奈地问。

“兄弟，我跟你讲哦！咱们班里的人，都在玩这个叫作青铜荣耀的游戏，我玩了一下，真的很好玩！”小刘指着手机激动地说。

“你知道的，我不能打游戏。”

“没关系，你可以试玩一下，也不耗你多长时间。”

小主人将信将疑，拿过小黑，开始进入新手教程。

不知不觉20分钟过去了，小主人终于放下手机，说道：“还可以，但是操作太难了！”

“什么？”小刘惊讶地叫道，“我们班最聪明的人，竟然觉得一个小学生都超神的游戏难？我的天啊！一个初中生，连小学生不如？！”

这句话刺激到小主人了，他不服气地拔掉充电线，在应用商店里下载青铜荣耀。

“你等着，我一定会操作给你看，让你见识一下什么叫作高端操作！”

一旦立了这个flag，主人便开始日日夜夜打排位，冲段位，甚至氪金。作业呢？哪里还管什么作业呢？打游戏就是一切！

中午，小主人才睡到自然醒，就开始打游戏。母亲喊他吃饭，他也不下去。

……

马路边，小主人也不忘打游戏，他眼睛紧紧盯着手机屏幕，忘记了一切。卡车来了，“咔嚓——”

我睁开眼睛，发现我正在医院，旁边躺着小主人。小主人出车祸了，我也飞出去，幸好只摔坏了屏幕，还能开机。

“我儿子怎么样了？医生让我进去，可以吗？”是主人母亲焦急的声音。

“现在的手机，真是祸害呀！孩子不是熬夜就是白天呼呼大睡，不得了！这可怎么办呢？”旁边一位卖菜的大婶道。她满脸愁容，来医院看病，想找医生也治一治他儿子的手机瘾。

“我女儿还偷偷在网上谈恋爱呢！要不是我发现得早，她还得了？”一名穿着皮草大衣的中年妇女，看着那位买菜大婶，也眉头紧锁地感叹道。

我有错吗？我没错！我为什么要背负这个骂名呢？

点评

作者从生活中选材，视角独特，从一部手机的角度，叙述一位成绩好的学生，在不经意间迷上游戏，导致悲剧的事情，突出学生迷恋游戏的危害性，发人深省。语言描写，为全文增色不少。

开头，从一部手机小白写起，小主人成绩名列前茅，只用手机来学习，为下文埋下伏笔。

中间，先写一位同学小刘出现，他运用激将法，让小主人对游戏产生兴趣；接着写小主人沉迷游戏，日夜不止，荒废学业；最后写小主人出了车祸，医院里，家长们表达对于痴迷游戏的孩子们的深深担忧。对话、心理和动作描写，塑造了鲜明的人物形象，突出主旨。

最后，通过手机的自我独白，向读者质疑：“我没错！”这一切，错的是谁呢？首尾呼应，点明中心，意味深长，发人深思。

（文：马　瑞　指导老师：张　渊）

环境描写，身临其境

环境描写是指对人物所处的具体的社会环境和自然环境的描写。其中，社会环境是指能反映社会、时代特征的建筑、场所、陈设等景物以及民俗民风等。自然环境是指自然界的景物，如季节变化、风霜雨雪、山川湖海、森林原野等。

在记叙文写作中，无论叙事，还是写人，都离不开环境描写，因为环境描写不仅有助于交代事件发生的时间、地点、背景，而且还有助于通过对人物心理、性格和命运的烘托和映衬来塑造人物形象。借助环境描写，塑造人物形象。

写作支架1 将人物的活动局限于某个固定的场所加以表现

将人物的活动局限于某个固定的场所加以表现，有助于人物形象在一定层面上得以由面到点地塑造。

例文：鲁镇的酒店的格局，是和别处不同的：都是当街一个曲尺形的大柜台……做工的人，傍午傍晚散了工，每每花四文铜钱，买一碗酒，靠柜外站着，热热地喝了休息……如果出到十几文，那就能买一样荤菜，但这些顾客，多是短衣帮，大抵没有这样阔绰。只有穿长衫的，才踱进店面隔壁的房子里，要酒要菜，慢慢地坐喝。（鲁迅《孔乙己》）

赏析：作者将人物活动的场所固定在酒店里。小小一个酒店，几乎囊括了社会上三六九等的人，各种角色的人物纷纷登场亮相，既折射出整个社会的世态人情，又为主要人物的出场做好了铺垫。

写作支架 2 借自然景物的渲染衬托或暗示人物的心理或命运

借自然景物描写既可衬托人物的心理活动，也可暗示人物命运将发生的变化。

例文：当我抬起头来的时候，万芳已经不见了，她不会再跟我好了……我一个人慢慢地走在路上。月亮出来了，冷冷的，我不禁打了个寒战。（张之路《羚羊木雕》）

赏析："冷冷的"月光与"我"的伤心的色调是一致的，恰当地从正面衬托出"我"的心情。不仅如此，依托与人物的某种结果相似、相同的景物，还可暗示人物命运将发生的变化。

例文：旁边的夹竹桃不知什么时候垂下了好几个枝子，散散落落得很不像样，是因为爸爸今年没有收拾它们——修剪、捆扎和施肥。（《爸爸的花儿落了》）

赏析：句中描写夹竹桃"垂下""散散落落"的两个词语所表现出的生命状态，与生命的消失相似，预示了"爸爸"已经辞世，引发读者对"爸爸"命运的关注。

写作支架 3 置人物性格于某个特定的社会环境下予以揭示

人物的性格是在他生活的那个特定环境中形成和发展的，而要揭示人物的某种性格，就应选取与其相关的某个特定的环境加以描写，方能给读者留下鲜明而深刻的印象。

例文：旁人便又问道，"孔乙己，你当真认识字么？"孔乙己看着问他的人，显出不屑置辩的神气。他们便接着说道，"你怎的连半个秀才也捞不到呢？"孔乙己立刻显出颓唐不安模样，脸上笼上了一层灰色，嘴里说些话；这回可是全是之乎者也之类，一些不懂了。（鲁迅《孔乙己》）

赏析：孔乙己生活在一个冷酷无情的社会环境之中，短衣帮经常对他进行嘲讽和侮辱，他的所作所为得不到人们的理解和同情。作者选取这一特定的社会环境，鲜明地揭示了其性格形成的社会基础。

写作支架 4 交代事情发生的时间、地点、背景，渲染文章的气氛

例文：我冒着严寒，回到相隔二千余里，别了二十余年的故乡去。时候既然是深冬，渐近故乡时，天气又阴晦了，冷风吹进船舱中，呜呜地响，从缝隙向外一望，苍黄的天底下，远近横着几个萧索的荒村，没有一些活气。我的心禁不住悲凉起来了。（鲁迅《故乡》）

赏析：开篇写出了故乡的萧瑟与凄凉，为全文奠定了情感基调，反映出了当时统治下社会的黑暗与人民困苦的生活。

写作支架 5 烘托人物此时此刻的心情

例文：我再次踏上这条通往荒原的路，我完全认不出这条我曾经走过的路了，一切都变了，连空气也不一样了。以前那种猛烈而干燥的风，变成了飘着香气的微风，高处传来流水般的声音，那是风穿过树林的响声。

昔日的荒地如今生机勃勃，成了一片沃土。1913 年我来时见到的废墟上建起了干净的农舍，看得出人们生活得幸福、舒适。树林留住了雨水和雪水，干涸已久的地里又冒出了泉水。人们挖了水渠，农场边上，枫树林里，流淌着源源不断的泉水，浇灌着长在周围的新鲜薄荷。（让·乔诺《植树的牧羊人》）

赏析：当作者看到原来荒凉的地方变得如此美丽，作者此时的心情万分激动，对植树的牧羊人充满敬意。

写作支架 6 表现人物的性格特点

例文：老余打着电筒走过去，发现门是从外扣着的。白木门板上用黑炭写着两个字："请进！"

我们推开门进去。火塘里的灰是冷的，显然，好多天没人住过了。一张简陋的大竹床铺着厚厚的稻草。倚在墙边的大竹筒里装满了水，我尝了一口，水清凉可口。我们走累了，决定在这里过夜。

老余用电筒在屋里上上下下扫射了一圈，又发现墙上写着几行粗大的字："屋后边有干柴，梁上竹筒里有米，有盐巴，有辣子。"（彭荆风《驿路梨花》）

赏析：这段对小茅屋的环境描写，表现出小屋主人的热情周到，为他人着想的美好品质。

写作支架 7 推动情节的发展，为下文做铺垫

例文：中秋过后，秋风是一天凉比一天，看看将近初冬；我整天的靠着火，也须穿上棉袄了。一天的下半天，没有一个顾客。（鲁迅《孔乙己》）

赏析：这段环境描写，写出了天气越来越寒冷了，孔乙己只会越来越悲惨。为下文孔乙己的最后一次出场做铺垫。

写作支架 8 象征和暗示，深化文章的主题，寄托了作者的思想感情

例文：这些字帖挂在我们课桌的铁杆上，就好像许多面小国旗在教室里飘扬。个个都那么专心，教室里那么安静！只听见钢笔在纸上沙沙地响。有时候一些金甲虫飞进来，但是谁都不注意，连最小的孩子也不分心，他们正在专心画“杠子”，好像那也算是法国字。（都德《最后一课》）

赏析：字帖比喻成国旗，孩子们专心上最后一课的情景，都体现了强烈的爱国精神。

写作支架 9 连串式描写，展开故事的情节

在文章中，多次使用景物描写，不仅可以使情节显得更加真实、更加引人，还能自然地展开情节。

在一篇题以《关心》为题的满分作文中就三次出现了景物描写。开头是这样描写的：“细雨绵绵，如同那扯不断剪不断的线，我的烦恼就像这绵绵的雨丝，没有尽头。”中间接着说：“放眼望去，那一片片的竹林在雨中显得更加娇美了，那一簇簇的绿叶，经过雨水的洗刷之后，更加绿了，更加亮了。”结尾的时候，作者再次写到了景物：“我呆呆地伫立雨中，望着父女俩消失在茫茫的雨雾中，心中忽然静静地淌过一阵热流。”“雨依然飘洒，不过，雨丝却成了母亲的双手，在轻抚着奔跑的我。”同样写雨，却用了三段情感不同的文字，情节自然。用这种方法写出来的文章，脉络分明，极富情感。

写作支架 10 情景式描写，揭示人物的情感

把内心的“情”，自然地渗透到外物之中，这就是“情积于内而发之于景”。在写作中，真正做到了景中有情、情中有景，才会情景合一、水乳交融。

孙犁的《荷花淀》一文，开头的环境描写“月亮升起来，院子里凉爽得很，干净得很，白天破好的苇眉子潮润润的，正好编席。月亮升起来，院子里凉爽得很，干净得很，白天破好的苇眉子潮润润的，正好编席。”将夜写得充满诗情画意，只是为了揭示水生嫂那恬静、安乐的心境。由于景物描写的恰当运用，于是就有了“采菊东篱下，悠然见南山”的那份高雅志趣，有了“感时花溅泪，恨别鸟惊心”的那份伤感悲凉。

一位学生在《茵草坪上的故事》中有这样一段描写，作者不直接写内心滋生的思念之情，只说：“一场雨之后那一遍茵草地更绿了，那一株株的绿草一下子似乎长了一大截，让这片小小的草地变成了一张厚厚的绒毯，我感到，那正在滋生的不是小草，而是自己无法阻止的思念。”这样的句子含蓄有情，与一般的景物描写就有了不同。

写作支架 11 梦幻式描写，反映人物的期待

在文章中，我们还可以采用“以虚衬实”的写法，就是用虚幻的景物来衬出现实社会，折射出人物内心的感受或期待。

如彭荆风的《驿路梨花》，文中三次出现描写梨花的句子，开头和结尾都是实写，中间写梦境中的梨花是虚写：“梦中恍惚在那香气四溢的梨花林里漫步，还看见一个身穿花衫的哈尼小姑娘在梨花丛中歌唱。”美好的环境烘托出美丽的梨花姑娘。情深才会成梦，这看到梨花姑娘的梦境描写，表现了“我”对她的衷心赞美。

范文引航

画面

人生就像是用一张张画面堆砌而成的，有意思的是当你把它从中抽离出来，看到的将是相似而又不同的画面，这是行走，亦是成长。

第一张画面是张风景画，我忆起了，这是那次登山时留下的。

山之林，青木为魂，溪涧潺潺，繁鸟啁啾。景虽美，却显空洞，仿佛失了灵气。登山之累为的是赏景之美，美景映在眼前，可疲惫却丝毫没有减缓。

正待我休息时，不远处忽然飘来悠扬的歌声，循声而望，那是一队老年人正从远处走来，他们的脸上洋溢着青春笑容，口中唱着山歌，身子也随着明亮的歌声摆动，脚下踏着不慌不忙的步伐。橙黄色的阳光透过叶隙，笼罩在他们身上，充满了朝气。他们走近，飘散着令人舒心的气息，又走远。他们那透着朝气的背影印在我的脑海中，凝成了第二张充满灵气的画面。

我追上他们，随着他们踩着不急不缓的步伐，口中也哼唱着那蕴藏着魔力的曲调，心绪渐渐放平缓，先前的劳累似乎也神奇般地随着歌声与美景散去了。我侧耳聆听美丽画卷的歌声——蝴蝶扇动着翅膀，松鼠敲击着松果，树上的鸟儿也一下下地啄着甘甜的果子。

在第三张画面中，一个女孩蹦跳着，大声地欢笑，像是一团跃动的火焰，燃烧着青春与激情。然而她又是那么祥和自然，似与山林融为一体，成为这张画面中最美的一笔。

层层林海随着风儿涌动，在阳光下泛着雾气，好似瑶台仙境。如此美景装饰了女孩的心，而那女孩又装饰了谁的画卷？

人生大抵如此，从空洞的美景到自身的融入，从看风景的人到成为他人心中的风景，画面依旧，改变的不过是自己的心罢了。

我们的相册里就这样嵌上了一张张画面，在画面中，我们寻找美丽，寻求改变，最终走在自己的画面里，自己的人生里，自己的心里。

漫漫人生，铭记的正是如斯画面。

赏析

本文以“画面”为题，开门见山将“人生”比喻为“画面”，将画面与人生结合。全文围绕题目“画面”描绘三幅图景，以自然风景为开端，描写山林之美，作者于细微之处见不同，山林虽美却缺少灵气。以此作为开头既奠定了全文唯美的基调，又为下面两幅画面的描写做铺垫，顺势就引出了第二幅、第三幅画面，“橙黄色的阳光透过叶隙，笼罩在他们身上，充满了朝气”。将人的灵气注入画面，人景合一。“层层林海随着风儿涌动，在阳光下泛着雾气”“一个女孩蹦跳着，大声地欢笑，像是一团跃动的火焰，燃烧着青春与激情”，使第三幅画面在灵气之外更具激情，三幅画面层层递进，景中含情，意味隽永。

（文：杨梦媛　指导老师：张　渊）

场面描写，情节逼真

场面描写，就是对一个特定的时间与地点内许多人物活动的总体情况的描写。它往往是叙述、描写、抒情等表述方法的综合运用，是自然景色、社会环境、人物活动等描写对象的集中表现。常见的有劳动场面、战斗场面、运动场面以及各种会议场面等。场面描写要表现出一种特定的气氛，单一的表达方式和写作手法是不够的，要综合运用记叙、描写、抒情、议论等表达手段，以及映衬、象征等多种手法，这样才能使场面变成一幅生动而充满感染力的图画。场面描写要传达出一种特定的气氛，如激烈、紧张、欢愉、温情等。

在进行场面描写时，单一的表达方式和写作手法是远远不够的，要综合运用记叙、描写、抒情、议论等表达方式，以及运用修辞、点面结合、正侧互补、想象联想、映衬、象征等多种手法，这样才能使所描写的场面变成一幅生动而充满感染力的图画。精彩的场面描写不仅可以起到渲染气氛、衬托或表现人物形象的作用，还可以起到推动事件发展、突出文章中心、流露作者情感的作用。

写作支架 1 描写人物活动的场景

首先要对众多人物共同活动的特定环境进行交代，对自然环境（场所及风光）或社会环境（历史渊源或人文背景）进行描写。

对众多人物活动的描写，要有中心，即有一个确定的活动主旨和共性。

写作支架 2 描写要有层次

虽然是写众多人物的共同活动，但要有层次，要点面结合，不仅有整体活动的鸟瞰，还要有典型人物的特写。

对于人物的特写，要遵循人物描写的一般方法，要形象鲜明，形神兼备，要有其特有的精神风貌。

写作支架 3 要围绕主旨

首先应确定所描写的场面要表现一个什么中心，然后围绕中心准备写哪些内容，这样写出的场面才会生动具体，让人看后有身临其境的感觉。

例文：满天都是星光，火把也亮起来了。从山脚向上望，只见火把排成许多“之”字形，一直连到天上，跟星光接起来，分不出是火把还是星星。这真是我生平没见过的奇观。

大家都知道这座山是怎样地陡了，不由浑身紧张，前后呼喊起来，都想努一把力，好快些翻过山去。

“不要掉队呀！”

“不要落后做乌龟呀！”

“我们顶着天啦！”

大家听了，哈哈地笑起来。

在“之”字拐的路上一步一步地上去。向上看，火把在头顶上一点点排到天空；向下看，简直是绝壁，火把照着人的脸，就在脚底下。（陆定一《老山界》）

赏析：文段通过描写“之”字形火把来写夜行军场面，是围绕表现红军不畏艰险、坚强勇敢的豪迈气概这一中心来写的，给读者留下了深刻印象。

写作支架 4 要渗透感情

场面描写是为了刻画人物和表现主题的，自然带有作者强烈的情感。

例文：鲁镇的酒店的格局，是和别处不同的：都是当街一个曲尺形的大柜台，柜里面预备着热水，可以随时温酒。做工的人，傍午傍晚散了工，每每花四文铜钱，买一碗酒，——这是二十多年前的事，现在每碗要涨到十文，——靠柜外站着，热热地喝了休息；倘肯多花一文，便可以买一碟盐煮笋，或者茴香豆，做下酒物了，如果出到十几文，那就能买一样荤菜，但这些顾客，多是短衣帮，大抵没有这样阔绰。只有穿长衫的，才踱进店面隔壁的房子里，要酒要菜，慢慢地坐喝。（鲁迅《孔乙己》）

赏析：文段中的场面描写刻画了等级森严的社会环境，为孔乙己这个悲剧人物提供了活动环境，亦充满了作者的情感。

写作支架 5 要写出气氛

无论什么场面，都会有气氛，庆祝场面有欢乐的气氛，比赛场面有紧张的气氛，送别场面有难舍难分的气氛。因此，场面描写应该使用多种方法创造出气氛来感染读者。

例文：后生们的胳膊、腿、全身，有力地搏击着，疾速地搏击着，大起大落地搏击着。它震撼着你，烧灼着你，威逼着你。它使你从来没有如此鲜明地感受到生命的存在、活跃和强盛。它使你惊异于那农民衣着包裹着的躯体，那消化着红豆角角老南瓜的躯体，居然可以释放出那么奇伟磅礴的能量！（刘成章《安塞腰鼓》）

赏析：文段运用修辞（排比、夸张等）、联想、虚实结合等手法，刻画出一种气势磅礴的特定氛围，令读者无比震撼。

写作支架 6 场面描写与环境描写的区别

环境描写是指对人物所处的具体的社会环境和自然环境的描写。其中，社会环境是指能反映社会、时代特征的建筑、场所、陈设等景物以及民俗民风等。自然环境是指自然界的景物，如季节变化、风霜雨雪、山川湖海、森林原野等。

如何写好场面？要把观察的视线向横的方向展开，要看到整个场面在同一个时间里所发生的事，不能只集中看一点；要运用点面结合的方法写出整个场面的状况。就是要有整体的概括，又有重点的具体描写，一般采用先总述再分述的方法；要把人物的活动交织在一起写，这偏重动态描写。

范文引航

精彩的拔河比赛

“嘀——”随着一声哨响，整个操场沸腾了！

那天下午，初二年级拔河决赛正在举行，我们初二（6）班和初二（2）班进行对决。对手个个体壮腰圆，一看便知非等闲之辈，好在我们的队员也人高马大。

只见我们班的队员牙关紧咬，双目圆睁，手上青筋绽出，身子后倾，一脚挨着一脚，鼓足了劲，用力地往后拉。对方也不是好惹的，绑在绳索中点的红布条忽左忽右。最终，红布条被拉到我们这边的底线。旗开得胜，我们赢了！

紧接着，第二局开始了。这一回，对方绷着脸、瞪着眼，铆足了劲把绳子往那边拽。他们班的啦啦队在班长的带领下很有节奏地齐喊：“加油！加油！”红布条慢慢地移向对方的领地，我们班围观的同学也自发地大声喊着：“加油！加油！”可是，红布条徘徊了一会儿，突然飘向他们那边，我们队就这样败下阵来。

决胜局开始了！班主任谢老师撸起袖子跟我们班的啦啦队队员说：“大家听我口令喊加油。”又对队员说：“听我们口令，一齐用力！”哨声响起，两边啦啦队的加油声震耳欲聋，此起彼伏。谢老师挥舞拳头带着节奏喊道：“一，二，加油！一，二，加油！”我们班的啦啦队员也有节奏地高喊：“一，二，加油！”我们班的队员个个脸颊通红，额头上豆粒大的汗珠直往下掉，身子随着喊声一起一伏地往后挪，红布条慢慢向我们这边移动……对方也不甘示弱，迸发出一股巨大的力量。只见红布条不动了，决赛进入了僵持阶段。谢老师高喊：“胜利就在眼前！”又领着大家齐喊：“一，二，加油！”我们班的队员，一下子又来了劲儿，猛地将绳索拉了过来，红布条一下子过了中点，过了这边的底线。随着“嘀”的一声哨响，队员们扔下了绳子，全都跳了起来：“我们赢了！”啦啦队队员也跑过来，大家抱在一起，又喊又跳……

是的，团结就是力量，坚持就是胜利！

赏析

全文写了一次拔河决赛，按照时间先后顺序描写了三个场面，运用多种描写手法，使语言生动形象，让读者如临其境；又有点面结合，表现了异常激烈的气氛，让读者的心一直悬着。最后，升华主旨：“团结就是力量，坚持就是胜利！”使习作避免就比赛写比赛，给人以有益的启发。

（文：张世冉　指导老师：张　渊）

细节描写，写出神韵

“没有细节就不可能有艺术作品。真实的细节描写是塑造人物，达到典型化的重要手段。”作家李准这样说细节。巴尔扎克也强调：“唯有细节能组成作品的价值”。

那么，什么是细节描写呢？就是指抓住生活中细微又具体的典型情节，或一些富有艺术表现力的细小事物、人物的某些细微的举止行动，以及景物片段等，加以生动细致的描绘的一种描写方法，它具体渗透在对人物、景物或场面描写之中。细节描写，能让你的作文更有感染力，更能博得阅读者的青睐。细节描写是对事件发展和人物的性格、肖像、心理、动作等一些细微而又有典型意义的情节所做的细腻、具体的描写。

写作支架 1 细致观察事物

要使细节描写生动形象，就要调动自己的各种感官，对事物做细致的观察，善于捕捉人物细小的言行举止和生活中细微的事件。

生活中，我们应该学会观察，善于捕捉生活中的小细节。一两个好的细节，就能使人物形神兼备。

例文：我走出门，就惊呆了，天啊，父亲只穿着一双破旧不堪的解放鞋，而且连袜子也没穿，那露出的脚趾不住地往里缩。

赏析：这个小细节就是作者在认真观察父亲当时的穿鞋情况下，捕捉到的一个细节，它使父亲的形象更加真实、高大。

写作支架2 要选取真实、典型的细节

真实是细节的生命。细节只有真实地再现生活，文章才能生动逼真。同时，细节贵在精而不在多，要善于抓住最能反映人物性格特征的细节来写。如杨绛《老王》中对老王来送香油和鸡蛋时的细节描写，“直僵僵地镶嵌在门框里”，“简直像棺材里倒出来的”，这些描写可能会令人觉得害怕，但是它真实而又典型地写出了老王生命垂危的样子，表现作者当时那种真切的感觉，让人难忘。

写作支架3 精心刻画，使细节描写生动、逼真

简墨白描画细节。用白描的手法描摹细节，是最基本最常见的细节描写方法。其关键是抓住事物的特征，以简练的笔触勾勒出事物的动态和风貌，使其不仅逼真而且传神，有意蕴。如鲁迅《故乡》中对少年闰土有这样的描写：“一个十一二岁的少年项带银圈，手捏一柄钢叉，尽力向一匹猹刺去。”简单几笔就勾勒出一位勇敢、富有活力的少年英雄形象。

个性动作显细节。富有个性的动作描写也是细节描写的主要方法。如鲁迅的《从百草园到三味书屋》中写寿镜吾先生读书入神时的动作：“我疑心这是极好的文章，因为读到这里，他总是微笑起来，而且将头仰起，摇着，向后拗过去，拗过去。”寥寥几笔，一个可爱的“宿儒”形象跃然纸上。

特色语言现细节。细节描写还可以重点描述人物具有特色的语言，以其语言细节反映人物性格。如朱自清在《背影》中对他的父亲有这样的描写：“他和我走到车上，将橘子一股脑儿放在我的皮大衣上。于是扑扑身上的泥土，心里很轻松似的，过一会说：‘我走了，到那边来信！’我望着他走出去。他走了几步，回头看见我，说：‘进去吧，里边没人。’”父亲的话语很平常，却渗透了对儿子无微不至的关爱。

外貌特点刻细节。细致刻画人物外貌神态的细微变化，也能很好地表现人物的性格特点。如：《台阶》中：“父亲头发上像是飘了一层细雨，每一根细发都艰难地挑着一颗乃至数颗小水珠，随着父亲踏黄泥的节奏一起一伏。”通过细致描绘父亲的头发，生动形象地突出了父亲的形象。

巧借道具写细节。这里所说的道具，不是指“舞台道具”，而是指能烘托渲染气氛、刻画人物性格和精神面貌的细小的景或物。

例文：“父亲坐在绿荫里，能看见别人家高高的台阶，那里栽着几棵柳树，柳树枝老是摇来摇去，却摇不散父亲那专注的目光。这时，一片片旱烟雾在父亲头上飘来飘去。”（李森祥《台阶》）

赏析：这里借助周围的“道具”景物来刻画父亲，形神兼备。

妙用修辞绘细节。描写细节时，要适当运用比喻、拟人、夸张等修辞手法，增强语言的生动性，变抽象为具体，变无形为有形，使细节更生动。例如：“那愁苦的脸就像树皮一样枯干”不仅写活了人物，还反映出了人物苦难的生活，更推动了情节，让读者找到了愁苦的根源。

当然，运用细节描写还应注意以下几点：一要真实，要符合生活实际，细节要准确可信，经得起推敲；二要有选择，细节要为表现中心服务，要服从人物刻画的需要，巧妙安排，切忌烦琐的自然主义的描写；三要新颖，切忌一般化。另外，为了强调某一细节的重要作用，可对此进行反复多次的描写。

写作支架 4 选用典型细节

细节是展示文章主旨思想、灵魂的关键处，所以一定要选好。

例文：他身材很高大；青白脸色，皱纹间时常夹些伤痕；一部乱蓬蓬的花白的胡子。穿的虽然是长衫，可是又脏又破，似乎十多年没有补，也没有洗。（鲁迅《孔乙己》）

赏析：这一段抓住的是“长衫”这一典型细节，穿长衫是科举时代读书人的象征，而孔乙己的长衫却是“又脏又破”，表现了他的穷困潦倒，突出了孔乙已的迂腐、麻木的特点。

写作支架 5 精心锤炼词语

细节描写中，要选择恰当的词语，精心锤炼，做到以少胜多，乃至一字传神。

如下列句中的词语就用得非常恰当：

他轻手轻脚地拉开门，眯着眼，透过门缝看我做什么。

一阵风扫来。

树上叶子飘了一地，一片叶子在雨中打了个旋涡落在地上。

写作支架6 巧妙运用修辞

巧妙运用比喻、拟人、排比、夸张等修辞方法，可增强语言的生动性，变抽象为具体，使无形变为有形。

如：朱自清的《春》中对春雨的描写：看，像牛毛，像花针，像细丝，密密地斜织着，人家屋顶上全笼着一层薄烟。

又如写母亲端详孩子睡觉：母亲愣愣地看着我，那是什么样的眼神啊！那是第一缕晨曦对娇花的抚弄，那是三月里的春风对碧水的温柔，那是夏日晚霞对嫩柳的辉映，那是秋夜月色对修竹的依恋，那是冬日里的朝霞与小草的交谈！

写作支架7 变换不同角度

对同一细节，可以从不同角度、多个层面来考虑。

还是写母亲端详孩子睡觉，上例是从母亲的眼神这一角度来写的，我们还可以变换角度，从“我”的角度来写，如：我微微睁眼，妈妈果然站在我床前，她就那么站着，手里抱着毛毯，眼睛愣愣地看着我，那是什么样的眼神啊！我在这眼神的普照下，顿时有种异样的感觉，我好像成为了一个襁褓中的婴儿，在酣然入眠，感动得母亲满脸都是幸福；一会儿，我好像又变成了一朵俏丽的月季花，激动得母亲绽开了笑颜；一会儿，我好像又变成了一幅五彩的画，陶醉得母亲在那儿欣赏啊欣赏！

我们还可以运用联想来写细节。如还是写母亲端详孩子睡觉，可以联想史铁生、屠格涅夫、毕淑敏等人的作品来写，如：我微微睁眼，妈妈果然站在我床前，她就那么站着，手里抱着毛毯，眼睛愣愣地看着我，那是什么样的眼神啊！我曾在史铁生的《我与地坛》里见过，那母亲的眼神是一种无言的祝福；我曾在屠格涅夫的《呱……呱……》里见过，那母亲的眼神是一种幸福的安详；我曾在毕淑敏的《我的五样》中见过，那母亲的眼神里是一种不能割舍的珍爱！

变换不同角度还可以通过环境来写细节。因为人物活动、情节的展开必然是在一定环境下，必要时的环境描写，也是细节。如：飞飞扬扬的雪飘了一夜，刺骨的寒风丝毫不给人们驻足的机会，折断的枯枝插进雪中咯吱咯吱作响。乡村的早晨，是如此的冷清、静寂。

作文即生活。观察，就是要关注生活细节；思考，就是从生活细节中得到启发。只要学会以敏锐的感受力去观察生活，再借助上述方法，作文的细节描写不再是难题！

穿越细节描写丛林秘境口诀：

细化动作，延长过程。

运用修辞，画其神韵。

交换角度，增加层次。

类比联想，添其内涵。

范文引航

妈妈的爱

放学回家，妈妈对我说："我们一起去碾米房里把米抬回来吧，你爸爸在田里劳动还没回来呢。"我说："妈妈，还要两个人？我一个人去挑回来吧。"妈妈说："傻丫头，120 多斤，你挑得动？我们分两次抬回来吧。"

我随手拿着一根扁担，和妈妈一起走到碾米房。

我的个头比妈妈高，抬的时候自然要走在后面。本来箩绳放在扁担的中间，我趁妈妈弯腰上肩的时候，偷偷把绳子往后移了一点。结果，没走几步，就被妈妈发觉了，她停下转身抓住绳子往前移，不满地说：“傻丫头，你以为我也傻呀，我抬着就感觉不对了！”

“妈，我年轻，身体好，这边稍重些没关系。”我把绳子又移回来了。

“你是欺负我背对着你，看不见。”妈妈双手抓住绳子又往前移了，“咱俩加起来50多岁，我就占了三分之二还多，应该靠我这边。”不由分说，妈妈一手反过来抓住绳子，说了一声“起”，抬起就走。

一天上学，我发现书包里面有一个塑料盒子，里面装了一个鸡蛋，还有一张纸条。我展开看：“丫头，昨天参加家长会，我知道你们班上的舒心同学家庭困难，她看起来个子有点小，我估计她营养不良。我就想着每天给她煮一个鸡蛋，又怕人家误以为我们是施舍。你给她的时候就说自己不喜欢吃鸡蛋，但妈妈每天要你吃，实在没办法，请她帮忙吃了吧。”看着妈妈这娟秀的字，我内心一暖，妈妈真的很细心，又能为别人着想。

我不记得是哪位名人说过：“疼爱自己的孩子是本能，而疼爱别人的孩子是神圣！”妈妈是一个普通人，也是这样一位神圣的人。

赏析

这篇习作将日常生活中看似不起眼的事情娓娓道来，如母女抬米、妈妈煮鸡蛋给同学吃，并通过人物的对话、传神的动作将母女之间的亲情展示得淋漓尽致。真实生动的细节描写，较好地表达了文章的中心。

（文：王欣然　指导老师：张　渊）

升级篇

铺垫陡转，一波三折

总是平铺直叙，平淡如水，作文不能得到高分。是的，我们需要观察生活，积累素材，不断培养较强的叙事和描写能力，这对于初中生非常重要。《新课标义务教育语文课程标准（2023年版）》对于第四段“写作”中要求：“多角度观察生活，发现生活的丰富多彩，能抓住事物特征，有自己的感受和认识，表达力求有创意”“写记叙性文章，表达意图明确，内容具体充实”。

如何避免叙事平铺直叙，平淡无味呢？现代著名作家王鼎钧在《记叙的技巧：直叙》中说：“直叙并不是恶评，‘平铺直叙’才是。”他认为叙述最要紧的，也许只有三项，就是：起落、详略、表里。

平铺就是没有起落、曲折，读者反应一直很弱。因为读者反应的强弱取决于文章的起落，我们要学会“曲说”。什么叫“曲说”？很简单，这是相对于“直说”而言。本来曲折的生活你只要平实说出来，就是变化多端的。但生活和事件并不都是曲折的，多变的，有的本身就很平实。你不能说，生活是写作的源泉，生活是直的，我就让它直，生活是平面的，我就让它平面。因为人们的阅读习惯不接受，审美的欲求不能满足。

常言道：“文似看山不喜平。”这“不喜平”，就是阅读习惯，就是审美要求，我们必须遵循。因此，“曲说故事”就成了写作者的一大能耐。说书艺人都是“曲说故事”的大师，你说哪一段故事说得不是煞有介事，让你哭，让你笑，让你紧张，让你疯狂。其中奥妙就是一个“曲”字。即“尺水”也能“兴波”，更何况是生活故事呢?

“曲说”的哲学依据是事物的偶然性和多变性。我们不能只看到必然的一面，而忽略了偶然的一面。我们不能只看到常态的一面，而忘记了变态的一面。其实很多必然都是隐藏在偶然背后的，很多常态都是潜伏在变态之中的。只要善于把握事物的常态、变态、偶然、必然，我们就能在笔下展现事件的矛盾冲突，反映事件本身的曲折性和复杂性，就能显示出一定的波澜。

那么，我们如何“曲说故事”？这就涉及一个方法与技巧的问题了。古今中外作家们创造了许多方法技巧，在经典文学作品中有所体现，我们需要认真学习，慢慢模仿，举一反三，学以致用。

“一波三折”出自晋代大书法家王羲之对卫夫人书法的赞美：“作一波，常三过折笔。”“波”，指书法中的“捺”；“折”，指写字时的运转笔锋。“一波三折”它原指写字的笔法曲折多变，后来在写作中用来比喻文章的结构起伏跌宕，摇曳生姿。

“一波三折”是指在写作记叙文中的叙事时，要求所写的故事曲折回旋,波澜起伏,才能扣人心弦,引人入胜,获取评卷老师的高分。

“一波三折”的好处是体验人生起起落落的精彩，生活不可能一直都一帆风顺的，人的一生会不断面临波折和起伏。生命的美妙就在于此。另一方面，在文学创作中，使用一波三折的手法表现人与人之间的矛盾关系和人的内心矛盾，这是记叙文的一大亮点。善于组织矛盾冲突并一个个化解的同时,文章就会一波三折,起伏有趣,让人有看下去的欲望。

写作文在叙述事情时，应该避免平铺直叙，抓住矛盾的变化把情节展开。悬念、误会、抑扬等都是使文章一波三折、引人入胜的有效笔法。

写作支架 1 误会法

就是利用人物间的一次或多次误会，并且又不急于解释，于是一波连一波，推进事件矛盾复杂变化，造成情节的不断展开，最后误会解除。有时还可以是一个误会刚刚消除，一个新的误会又产生，而且误会之间都有前因后果的联系，形成连环误会。

例如郑振铎的《猫》，就巧妙借助误会法，突出主题。开头写了两只猫，一只比一只活泼有趣，让人感觉到“生命的新鲜与快乐”。可是，这两只猫都“亡失”了。接着写到第三只猫，大家都不喜欢它。因为她不活泼，“好像是具着天生的忧郁性似的”，而且被烧脱了毛，更觉得难看。（这是产生误会的重要原因）后来，家里养的一对芙蓉鸟，死了一只。于是大家都误会是猫害死的，我责打了猫。后来真相大白，鸟是被另一只黑猫吃掉的。（误会的过程）“我”觉得，自己冤枉了一只“不能说话辩诉的动物”，受到良心的谴责，难过无比，“自此，我家永不养猫”。（误会的结果）误会法的巧妙运用，使文章如山上看山，一峰背后又耸一峰，美不胜收。

写作支架 2 悬念法

在写复杂记叙文时，我们恰当运用设置悬念的方法，能够使读者产生一种对事件发展和人物命运紧张的期待心理状态。写作时可抓住读者的这种心理，在文章开头或情节展开的关键时刻，运用各种手段造成神秘感。比如“先闻其声后见其人”，先写结局后叙过程，先写问题（事件）暂后交代为什么（背景介绍），或者借助间接描写，或“犹抱琵琶半遮面”，等等，就会让读者产生一种非看下去不可的强烈冲动，从而获得引人入胜的效果。

例如《三调芭蕉扇》，巧妙运用悬念手法。你看，《西游记》“一调芭蕉扇”写孙悟空先礼后兵，却被铁扇公主一扇子扇出几万里外，在灵吉菩萨处弄得一粒“定风丹”，又返回翠云山索战借扇。这回铁扇公主的扇子扇他不动，又战他不过，只好紧闭洞门。孙悟空却变化进洞，趁铁扇公主饮茶之机，混进她的肚里，大做手脚，逼得铁扇公主借给宝扇。不料这竟是一把假扇，越扇火焰越旺。是不是很有意思？而且，在《三调芭蕉扇》前后写了四个相关联的故事：大战红孩儿、斗如意真仙、战胜九头虫，可谓“草蛇灰线，伏脉千里”，前有伏笔，后有照应，让人读来津津有味，欲罢不能。

写作支架 3 心理变化法

抓住叙述对象的心理变化，可使文章的叙事具体、曲折。例如莫泊桑的《我的叔叔于勒》，作者写菲利普夫妇就是抓住他们心理的变化来叙事的。先写菲利普夫妇非常盼望于勒回来，接着写菲利普夫妇对于勒的赞颂，再写游船上遇到于勒时由恐惧而致诅咒的心理变化。正是抓住了这种心理变化，才把故事的过程叙述得有声有色。

写作支架 4 巧合法

俗话说，无巧不成书。天下就有许多巧合的事，巧，要巧得出人意料；合，要合乎事理合乎人之常情，就是既要让读者感到意外吃惊，又要感觉结局本该如此。

例如莫泊桑的小说《我的叔叔于勒》，就巧妙运用巧合法，让人印象深刻。菲利普一家为什么要期盼于勒归来？可是遇见于勒时，为什么避之不及？这一切，都与旅行中巧遇于勒有关联。我们知道，在自然状态下与一定情势下，人物总能做出最合乎情理的语言、动作、神态等。我们可以从“拮据”切入，比较人物、环境的前后反差，思考于勒是如何从“救世主”转变为“贼”，菲利普夫妇是如何从“期盼”转变为“躲避”，抓住人物心情的变化，探究小说的主题。在平凡琐屑的小事中，读出生活艰辛拮据的菲利普夫妇，为人势利，待人冷漠。而同样出生于拮据家庭的约瑟夫，却愿意给于勒小费，成为善意的化身。通过巧合和对比，我们从冷淡人情中，能够深刻理解作品的主旨。

写作支架 5 抑扬法

“抑扬”本指声音的高低起伏。在写作中则指作者情调先低沉后高昂，观点先含蓄后显露，笔力由柔变健的控制和运用。可分为欲扬先抑、欲抑先扬和抑扬交错三种。先抑后扬或欲抑先扬运用得体，就会造成如同平缓的水流突然跌入深岩，随即激起千朵浪花的效果。

例如鲁迅的散文《阿长与〈山海经〉》就典型地运用了欲扬先抑的手法。开头，作者用略微调侃的语言，描述了长妈妈的缺点，如喜欢“切切察察”、睡觉摆成“大”字、过年的吃福橘等烦琐的礼节等，表达自己“不大佩服她”。接着写她讲长毛的故事，令“我”对她有了一点敬意。后来得知她谋害了“我”的隐鼠，很厌恶她。最后，不识字的长妈妈，竟然给我买来了《山海经》！欲扬先抑的手法，突出了长妈妈的淳朴善良、宽厚热情的性格，表达对她深深的怀念之情。这种手法的运用，不仅使文章首尾照应，而且曲折生姿。抑扬交错的写法，更使行文波澜起伏，生动感人。

总之，我们写记叙文时，要注意尽量避免平铺直叙，学会“曲说”故事，详略得当。可以恰当运用悬念法、巧合法、误会法、抑扬法，使文章一波三折，引人入胜。当然，还有倒叙法、补叙法、夸张法等等。这些方法和技巧的得体运用，都能使事件或故事收到摄人心魄、扣人心弦的艺术效果。

范文引航

送你一轮明月

阴沉的天空扯来一片乌云掩住了自己忧伤的脸。鲜红如血的分数，像把图钉撒在我的心上，再一个个被用力地踩了进去。

“你没有及格！你没有及格！你没有及格！……”

刺耳的五个字幽灵般在我脑际纠缠不散，失望的泪水不能自已地滑过我的脸颊，肆意地滴在紧紧握住的那张单薄的试卷上。

乌云变成打翻了的黑墨汁，浸染了整片天空，狂风抓乱了我的长发，雨飘零而至。悲伤就像秋千荡了出去又回来……

几多寒暑，几多日夜，我挑灯夜读。多少次累得昏睡，睡醒又读；多少次整夜无眠，撑开双眼。疲惫的身躯、煎熬的心灵，换来的，竟是这？！

回家的路竟格外长。我该怎么办？

“小佳！怎样，这次考试？”小羽轻轻走了过来。对于“怎样”，我已无心回答。我停止了挪动的脚步，耷拉着头，只顾自言自语：“有什么用！？努力又怎样？什么考试！我……我再也不会了！”我哽咽住了。小羽似乎觉察了什么，她一手用力握住我的手，一手搭在了我肩上。

“小佳，不是这样的……你看！”她用搭在我肩上的左手划出了一道弧线，停滞在了半空中。

“看，这月亮多美啊！在这黑暗无垠的夜空中，在寥寥宇宙中，它放弃了吗？它为何不同周围一样？它用力地绽放自己的光辉，照亮大地和夜空。它不畏惧黑暗，因为有理想啊！”我猛地抬起头，她的双眼闪烁着晶莹的光，双手揽我入怀：“小佳，一次考试又能说明什么？你就是那轮月亮，不要惧怕眼前的黑暗，只要努力还怕发不了光吗？”

她温暖的怀抱包裹着我。风停了，雨住了，月亮出来了。我从她闪烁的双眼中看到了光明，似乎她就是天空的那轮明月。我用力地点了点头，露出了久违的笑容。

人生漫漫，难免会有失意、伤痛、迷茫。

送你一轮明月，让如水的月光涤净心中失意的尘埃。

送你一轮明月，让如洗的清辉拂去伤痛的心痕，洒满人生的道路。

送你一轮明月，让如珠的璀璨划破迷茫，直伴我们迎接下一轮的太阳。

赏析

本文的成功在于运用了“一波三折”的手法，着力渲染环境来烘托人物心情。起笔一句拟人手法的环境渲染，就让人物羞愧、绝望的内心呈现于读者眼前。继而让读者在体味“图钉”“幽灵”“黑墨汁”“秋千”这些贴切而新奇的比喻之时，不知不觉地随着涓涓流淌的文字沉浸于作者悲伤、黑暗的心灵世界。直到朋友小羽的出现，方才拨开云雾，见到那一轮“明月”。文章的可贵之处在于“明月”的意义含蓄而丰富，使人看到了朋友的热情帮助和友爱的心灵，使人感受到了作者重获的自信、坚强与执着。尤其是结尾用诗化的语言，给人启迪，起到了画龙点睛的作用。

（文：马　蕊　指导老师：张　渊）

前后呼应，经纬绵密

俗语说前后呼应波澜生，写文章也要注意照应。照应就是文章中在前后相应的部位上的观照、呼应，指的是在文章的某一个地方提到一个人、一件事、一种东西或一个问题，可以不做详细叙述，只做简单交代。然后，在后面的适当地方，对于前面的伏笔加以点明或详述。这一伏一应，形成了文章的前呼后应，使全文的内在线索伏而不露、明断暗续、结构严谨、脉络贯通，浑然一体。作文里的呼应，就是前面出现过的句子，在后面以另一种形式出现，使得前面的句子和后面的句子产生一种联系。

照应，是指文章的前后内容的相互关照和呼应。就是前面提到的内容，后面有着落；后面讲的情节，前面有所交代。简单地说：就是前面说的，在后面要回应一下；后面说的，在前面要先交代一下。在一篇文章中，有的内容前面讲了，后面再提及一下，与前面相呼应；有的内容，虽然主要放在后面说，但在前面先提一下，这种写法叫“照应”。

一篇文章首尾呼应，详略有致，才显得结构完整。可不少同学对“呼应”不重视，文章写完了，竟然忘记了要照应开头，读完给人一种虎头蛇尾之感。这样可就算不上一篇好文章了。

写作支架 1 题文照应

这是指文章或全篇或部分与标题相照应，题目常常被人们称为文章之眼，作品之窗。文章内容或是借题发挥，或是紧紧围绕着题目所明示的人、事、景、物、情、理进行叙写、辨析、抒情。题目与正文照应，犹如日月合璧。

写作支架 2 首尾照应

指文章的开头和结尾互相呼应，或开头交代起因，结尾告知结果；或开头提出问题，结尾回答；或开头抒发情怀，结尾深化主题。“开难起，结难收。”一篇文章的精妙之处往往在于起笔和收笔。

比如朱自清的《匆匆》，开头这样问：“但是，聪明的，你告诉我，我们的日子为什么一去不复返呢？”

结尾还是这样问：“你聪明的，告诉我，我们的日子为什么一去不复返呢？”

开头结尾同问，只是把“你”变换了位置。其实答案就藏在文章里，结尾再一问，提醒我们要珍惜时间。

写作支架 3 前后照应

它是指行文中上下文之间的互相呼唤和照应，有了前后照应，前后内容的联系就会变得紧密，行文就会自然，文章就会结构严谨，脉络畅通。

我们一起来看看《海底世界》一文，开头提问：“你可知道，大海深处是怎样的吗？”结尾回答：“海底真是景色奇异、物产丰富的世界。”海底如何景色奇异、物产丰富的，作者在文章中间部分做了详细陈述，文末的回答点明主题。

范文引航

铲煤

志愿者服务的第一天，车间领导交给我们一项任务——铲煤。当时，外面正下着大雨，阵阵冷风直向人们脸上扑来。同学们接到任务后，就拿起铁铲愉快地走了，而我仍呆呆地站在那里，心想雨下得这么大，怎么还叫我们到露天去铲煤呢？

老师傅一眼就看出了我的心事，便亲切地问我："小刘，下雨了炉子要不要烧？""要烧。"我不假思索地说。"烧炉子要不要煤？""那……"我被问住了。老师傅严肃地说："如果我们不把煤及时送上，炉火就会熄灭，就要影响全厂的生产。"是呀，下雨也要干，不能影响生产，我点了点头，顺手拿起铁铲准备去劳动。老师傅又喊住了我，把他的雨衣朝我身上一披，同我一起走了出去。

风卷着雨点直向脸上扑来，"吱"地一滑，要不是老师傅扶住了我，我定会摔一跤。我走到煤堆边，用力铲起来，但那煤被水一淋，结成了一块块的，铲起来很吃力。干了没几下，我感到臂酸腿软，心里又犯愁了：雨下得这么大，煤又这么重，路又这么滑，真没劲。"嚓、嚓"，随着急促的铲煤声，我往旁边一看，只见老师傅不顾风雨，在起劲地铲着。虽然天气较冷，但是老师傅头上却冒出了阵阵热气，雨水和汗水淌满了脸颊。这时，老师傅的话又在我耳边响起：如果不把煤及时送上，就要影响全厂的生产。我脸上感到火辣辣的。于是，我就又用力地挥起铁铲，干了起来……

当我和同学们完成任务，拿起铁铲向车间走去的时候，一阵风雨又向我们袭来，我身上感到有些寒意，但心里却是热乎乎的。

赏析

从照应的角度看，这篇文章是比较成功的，它既注意了首尾呼应、行文中的呼应，也注意了主题和材料的内在呼应。“雨”作为人物活动的背景，贯穿始终，借雨写人、扣题。“我”在工人师傅的教育下，由畏难退缩到亲身体验劳动的欢乐这种细微的思想转变的辩证过程，在“寒风冷雨”的烘托下，显得入情入理，令人信服，文章的主题也在这“风雨”中得到拓宽、升华，真正让我们体会到“前后呼应波澜生”。

（文：刘心怡　指导老师：张　渊）

渲染烘托，突显精神

渲染是指对环境景物等做多方面的正面描写，营造意境。烘托是指从侧面描写，从而突出人物情感。所以我们常说渲染环境气氛，烘托人物情感，表现作品主题。渲染为显性表现，烘托为隐性表现。记叙文中，运用渲染烘托这种表现手法，对文章中环境和人物着意描写，可以加强气氛，深化主题。

写作支架 1 环境渲染烘托

环境描写的作用是多方面的，在作文中一般是突出主题，表现人物性格或心情，推动情节发展，渲染环境和氛围，显示事件发生的背景，展现地域风貌、风土人情等。那么你的文章需要用到上述方面时就可以插入一段环境描写，比如说：

你想要表现人的辛苦，工人或者你的亲人工作艰辛，那么你可以写周边环境糟糕，天气炎热；

你想要表达内心焦虑，那么你可以写周边环境嘈杂，蝉鸣声、鸣笛声、孩童哭闹声惹人心烦；

你想要写内心恬静或者愉悦，那么相对的，你可以写周边鸟鸣声、风声、雨声，郁郁葱葱的树、和煦的阳光、清新的空气、湛蓝的天、多姿的云，一切都是美好的。

环境也可以是一条线索。如果你写的文章是移步换景的，那么环境的变化就可以跟随你所处位置的变化而变化，起到推进情节的作用。

相同的环境也可以随着你心情的变化而呈现出不一样的画面与色彩。高兴时是美的、光明的，伤心时，可以是丑陋的、萧条的。

自然环境的渲染烘托

《愚公移山》中愚公是个英雄，他的移山壮举被后世传颂，在写移山前先铺垫了山，而且是两座山“太行、王屋二山”。进而又渲染“方七百里，高万仞”，突出山的高大，说明移山是相当艰难的。在山多且又高大的特定情境下，主体——愚公移山和主题——愚公不畏困难的人定胜天的坚定信念，都得到了突出。

《骆驼祥子》中描写祥子在暴雨中拉车的情景，不厌其烦地大肆铺垫渲染日之烈、雨之暴，为祥子拉车设置特定的情境，烘托突出祥子的悲惨命运，造成一种令人震颤的艺术效果。

环境描写要和心情相互映衬，这里给大家几个范例参考。

心情好时写天气

太阳光从东窗进来，被镂空细花的纱窗帘筛成了斑驳的淡黄和灰黑的混合品，落在林白霜的前额，就好像是些神秘的文字。

红艳艳的太阳光在山尖上时，雾气像幕布一样拉开了，城市渐渐地显现在金色的阳光里。

太阳刚刚升上山头，被鲜红的朝霞掩映着，阳光从云缝里照射下来，像无数条巨龙喷吐着金色的瀑布。

天空一碧如洗，灿烂的阳光正从密密的松针的缝隙间射下来，形成一束束粗粗细细的光柱，把飘荡着轻纱般薄雾的林荫照得通亮。

阳光被层层叠叠的树叶过滤，漏到他身上变成了淡淡的、圆圆的、轻轻摇曳的光晕。

那刺穿云块的阳光就像根根金线，纵横交错，把浅灰、蓝灰的云朵缝缀成一幅美丽无比的图案。

黄昏，一缕轻烟从烟囱里轻盈地飘出来，地面还留一丝余热，黄昏不像正午那样闷热，而是清爽的风中略带一丝暖意。抬头望着天空，只见红彤彤的晚霞已经染红大半片天空了。

风，那么轻柔，带动着小树小草一起翩翩起舞，当一阵清风飘来，如同母亲轻轻抚摸自己的脸庞，我喜欢那种感觉，带有丝丝凉意，让人心旷神怡。

五月的微风，飘着道边槐花的清芬，轻轻地吹拂着路人的面颊与发鬓，吹拂着人们的胸襟，温柔地抚慰，有如慈母的双手。

心情不好时写天气

风，刮得很急，雪花像扯破了的棉絮一样在空中飞舞，没有目的地四处飘落。

一个黑漆漆的夜晚，闪电划过宁静的天空，雷声是那样的震耳欲聋，不久后雨点落了下来。狂风怒吼着，像千万头被激怒的雄狮在怒吼。

刹那间，狂风大作，乌云布满了天空，紧接着豆大的雨点从天空中打落下来，打得窗户啪啪直响。

又是一个霹雳，震耳欲聋。一霎间雨点连成了线，哗的一声，大雨就像塌了天似的铺天盖地从天空中倾泻下来。

正值雨季，天空笼罩着一层乌云，越压越低；风扬起地上的尘粒在空中肆虐。眼前，一片浑浊杂乱。雨终于来了，顷刻间，世界变得嘈杂起来。

狂风和大雨，昏暗和寂静，失落和孤独，交织在一起，旋转、翻腾、缠绕在我心中。

心情好时写月亮

一枚新月好像一朵白色梨花，宁静地开放在浅蓝色的天空中。

柔和似絮，轻均如绢的浮云，簇拥着盈盈的皓月冉冉上升，清辉把周围映成一轮彩色的光圈，有深而浅，若有若无。

月亮渐渐升高，她身着白色的纱衣，娴静而安详，温柔而大方。她那银盘似的脸，透过柳梢，留下温和的笑容。

心情不好时写月亮

清晨，残月像一块失去了光泽的鹅卵石，抛在天边。

月光如水，从九天倾泻下来，忽然我觉得，月亮是那样无奈。她歪着头，望着遥远的天边，好像天地间的一切都与她无关。发射月光只是为了倾吐心中的情怀。

月亮瘦瘦弯弯的，像是有什么劳役累弯了她的腰，像一只孤零零的小船，怎经得起旷宇中的海啸巨浪呢，也似一把总在劳作的镰刀，够累的。

心情好时写星星

满天的星星，像黑夜里无数眨动的眼睛，像一颗颗光闪闪、亮晶晶的夜明珠。而天空则像无边的海洋，海面上闪着点点银光。

静谧的天空里镶嵌着无数钻石般的星星，把乡村的夜景衬托得更加美丽、更加迷人了！呵，我伴着悠扬的蝉声，枕着柔和的月光，静静地睡着了。

心情不好时写星星

夜空中繁星点点，抬头望去，天空中杂乱无章，你想从中找出一个图案或者规律，却无从下手，那一颗颗星星黯淡无光，像在哭泣的样子。

社会环境的渲染烘托

朱自清先生的著名散文《背影》，开头“我与父亲不相见已二年余了，我最不能忘记的是他的背影”。按理下文接着便应是“背影”，可朱自清先生却用了相当的笔墨来写父亲赋闲，祖母去世，我和父亲回家奔丧，家境不好，变卖典质办丧事等。这些铺垫渲染设置了主体买橘子的特定情境，也正是在父亲患难情境下，给儿子买橘子天经地义的小事，才显得非比寻常，才令人终生难忘，才使读者潸然泪下，使得主题才更加深刻感人。

例文：街上的柳树，像病了似的，叶子挂着层灰土在枝上打着卷；枝条一动也懒得动的，无精打采的低垂着。马路上一个水点也没有，干巴巴的发着白光。便道上尘土飞起多高，与天上的灰气联接起来，结成一片毒恶的灰沙阵，烫着行人的脸。处处干燥，处处烫手，处处憋闷，整个的老城像烧透的砖窑，使人喘不出气。狗趴在地上吐出红舌头，骡马的鼻孔张得特别的大，小贩们不敢吆喝，柏油路化开，甚至于铺户门前的铜牌也好像要被晒化。

赏析：这一段文字节选自老舍的《骆驼祥子》，使用了比喻、拟人和夸张手法，渲染了炎热酷烈的天气，烘托了祥子拉车挣钱，生活异常艰难。

写作支架 2 人物之间的烘托

《水浒传》中以李鬼烘托李逵，扈三娘烘托林冲，都是这种写法。清代王夫之在《姜斋诗话》中说“以乐景写哀，以哀景写乐，一倍增其哀乐”。刘熙载在《艺概》中说：“山之精神写不出，以烟霞写之；春之精神写不出，以草木写之。”事物与事物之间互相映衬，才能相得益彰。

一切景语皆情语，即使看到相同的景物，也会因心情的不同而有不同的表达。请试着用渲染烘托的方式分别描述眼中的景色。

例文：朔风尖啸，一夜暴雪，世界一片天寒地冻。

僵硬的寒气掠过脸颊，冻透了心底，柔弱的水，变成了坚硬的冰，树木穿上冰做的铠甲，成了庄严的战士，守护着他们赖以生存的山山水水，而干枯的狗尾巴草，一夜冰凌让它们匍匐在地，再不能摇尾乞怜。

就在这天寒地冻中，抗联的战士们，正埋伏在奶头山关爷庙的又冷又硬的山冈上，等待着小野三郎师团的鬼子们。

赏析：这段文字乃是使用了景物描写，极力渲染了天气的寒冷，从而烘托了抗联战士仇恨之深和杀敌斗志之旺。

范文引航

心灵深处的爱

夏日的一天，阳光火一般的炽热，舔舐着大地。世间万物都耷拉着脑袋，一声不吭，除了树上不知疲倦的蝉正在演奏催眠曲。

我更是锁在空调间了，懒洋洋地趴在窗台上注视着小区里的一切，有一种没来由的庆幸感。

“汪、汪……”一阵狗叫声打断了我的思绪，收回了凝视远处的目光，低下头来搜寻着声源。

啊，是一只小白狗！脏兮兮的，若不是背上有几撮白毛，我都以为它是灰色的了。粉嫩的小舌头伸出嘴外，猛烈地喘着气，摇着小尾巴跌跌撞撞地躲到阴影下。看样貌是被主人遗弃的可怜虫吧！我摇摇头，小区里这种现象早已见怪不怪了。

犹豫着要不要给小家伙一点水喝，但我又下意识地瞥了一眼外面的阳光，这个想法猛地收回脑中，我继续趴在窗台上旁观。

这时，一抹红色跳跃入眼帘，有些刺眼，我揉了揉眼睛，却见那抹红色停在了小白狗的面前，哦哦，那是一把伞，一个小姑娘打着一把伞蹲在它面前。我饶有兴趣地看着，红伞遮住了少女的表情，只见她伸出白皙的手在小狗头上轻轻拍了几下，便直立起身子扬长而去。

我撇了撇嘴，又继续观察了小家伙好几分钟，正欲离开，就被一个飞奔而来的身影吸引住眼球。

不会错的，就是方才打着伞的少女，她再一次地蹲在小白狗的面前，只是这次没有撑伞，整个人都暴露在阳光下，过长的裙摆拖到了地上，我仿佛都看见她额角沁出的汗珠了。

但是她却拿出矿泉水给小家伙倒了一地，颇有耐心地抚摸着它松柔但并不怎样干净的毛，一点也不在意火辣的阳光。

我一怔，随后会心一笑，有对少女的赞许，也有几分自嘲。看着阳光下少女的笑容，总觉得万物都失去了光彩，包括那恼人的阳光。

那个画面永远定格在我心中，散发出纯粹的清香，也许，这来自那个少女心灵深处的爱吧。

赏析

《心灵深处的爱》有两点手法可供我们学习：一是景物描写的渲染烘托作用，二是人物的对比反衬作用。

文章开篇描写了盛夏炎炎，但见“阳光火一般的炽热，舔舐着大地。世间万物都耷拉着脑袋，一声不吭，除了树上不知疲倦的蝉正在演奏催眠曲”。

如此炎炎烈日，如此酷热难耐，故事就发生在这种环境里，于是这段景物描写，就渲染了气氛，烘托了文中人物，就为后面我的惧于炎热、不欲外出做了铺垫，更为小姑娘的善良爱心做了铺垫，同时也让我与小姑娘构成了鲜明对比。

文章最后一言“那个画面永远定格在我心中，散发出纯粹的清香，也许，这来自那个少女心灵深处的爱吧”，则是使用了卒章显志的手法，升华了文章主旨。

（文：张若阳　指导老师：张　渊）

动作情境，灵活个性

写作记叙文，无论我们的着眼点在哪里，人都是不可或缺的重要内容之一，而写人自然少不了对人的动作进行描写，因为动作描写可以使人物的形象更加生动鲜活，更具感染力。那么如何才能写好人物动作呢？

写作支架 1 让神态“动”起来

人物的神态就是人物的神情姿态，由于它是人的内心世界的活动，通过具体的、相对稳定的形式、状态表现出来的，因此被视为人的内心世界的晴雨表。随着事情的发展，人的所见所闻所思在变化，脸上的神态也会随之而变化。写人的神态，就要让其“动”起来。因为只有这样，才能反映出人的变化特点，从而鲜活其形象。

例文：贾母这边说声“请”，刘姥姥便站起身来，高声说道：“老刘，老刘，食量大如牛。吃个老母猪，不抬头！”说完，却鼓着腮帮子，眼睛直视，一声不语。众人先还发怔，后来一想，上上下下都一起哈哈大笑起来，湘云撑不住，一口茶都喷出来。黛玉笑岔了气，伏着桌子只叫“哎哟！”宝玉滚到贾母怀里，贾母笑得搂着叫“心肝”，王夫人笑得用手指着凤姐儿，却说不出话来。薛姨妈也撑不住，口里的茶喷了探春一裙子。探春的茶碗都合在迎春身上。惜春离了座位，拉着她奶母，叫“揉揉肠子”。地下无一个不弯腰屈背，也有躲出去蹲着笑去的。也有忍着笑上来替他姐妹换衣裳的。

独有凤姐、鸳鸯二人憋着，还只管让刘姥姥。（曹雪芹《红楼梦》）

赏析：这段文字描写了刘姥姥由于凤姐的作弄，在吃饭时出了个大洋相，逗得在场的人一场大笑。各人的神态是不同的：湘云性格豪爽，笑至喷茶；黛玉娇弱，笑岔了气，伏在桌上叫“哎哟”较矜持，而且她知道定是凤姐弄的鬼，因此“笑得用手指着凤姐儿，却说不出话来”；薛姨妈一向持重，最讲礼节，但也笑到口里的茶喷了探春一裙子，这是一时的失态；探春精明能干，处处拿出主子的款儿，笑到茶碗合到别人身上；惜春年纪最小又娇嫩，笑得叫奶母“揉揉肠子”。显然，由于作者如此匠心独运地让人物的神态动了起来，才使得不同年龄和身份的人物神态迥异，各具特色。不仅形象生动鲜活，而且全都符合各个人物的性格和身份。

由此可见，要想让人的神态“动”起来，就要抓住人物内在的本质性的东西，迅速捕捉人物的神态变化，并把它们细致入微地描述出来。

写作支架 2　于细微处彰显精神

不少同学的作文平淡无味，难以感人，其中一个重要的原因就是作文中缺乏精彩的动作细节描写。所谓动作细节描写，就是对人物细小的动作的描写。通常情况下，我们描写人物行动时，不仅要写出他在做什么，更要写出他在怎样做，特别是他怎样做时常常被人忽略的细枝末节，即看似无关紧要的“小动作”，以此来突显人物的个性特征——思想的、品格的、性格的、心理的以及习惯的，等等。这就是于细微处彰显精神。

例文：我看见他戴着黑布小帽，穿着黑布大马褂，深青布棉袍，蹒跚地走到铁道边，慢慢探身下去，尚不大难。可是他穿过铁道，要爬上那边月台，就不容易了。他用两手攀着上面，两脚再向上缩；他肥胖的身子向左微倾，显出努力的样子。这时我看见他的背影，我的泪很快地流下来了。（朱自清《背影》）

赏析：作者于文段中所描写的一系列艰难的动作，淋漓尽致地表现了父亲对儿子的一片深情，强烈地突出了父爱这一主题。试想，作者如果只是写

“父亲过铁路给我买了一些橘子”，效果会怎样？这正是细节描写的魅力所在。这也给我们一个启示，动作细节的描写不仅要写出人物做什么，还要写出人物怎么做的，才能把人物形象和文章主题表现得淋漓尽致。

例文：她从来不打骂我们。仅仅有一次，她的教鞭好像要落下来了，我用石板一迎，教鞭轻轻地敲在石板边上，大伙笑了，她也笑了。（学生习作《我的老师》）

赏析：这一段写的是老师惩罚“调皮”学生时的动作细节。一个“敲”字已经写出了动作之轻，而“敲”的前边又用“轻轻”一词来修饰，写出蔡老师非常疼爱自己的学生，突出了蔡老师温柔善良的性格。如果将这一段改成“蔡老师仅仅打了我一次”，则无法体现蔡老师温柔善良的性格。

由此可见，一个或一处成功的动作细节描写，往往胜过千言万语的表白，不仅能让文章内容更为充实，而且可使人物更加生动鲜活，更具感人的魅力。

写作支架 3 运用修辞，生动形象

在动作描写中适当地运用一些诸如比喻、拟人、排比、引用等修辞手法，既可以把动作描绘得更形象，以突出人物的个性特点，也可以使所写文章更具吸引力。

例文：妈妈，请别为我担心。在你的怀中，我已蓄积了足够的信心面对风雨。暮春，我们一起敲希望的钟，在令人昏沉困倦的绵绵细雨中，忍着困意睁大眼睛，学会了坚持；仲夏，我们一起昂扬激情，在一拳拳狠狠打在人心口上的暴雨中，敞开胸膛接纳弹雨，学会了宽容；深秋，我们一起酝酿诗情，在默默垂泪轻轻叹息的阴雨中，奔腾着高唱喜悦之歌，学会了乐观……

妈妈，我就要离开了。我轻盈的身体正在飘向天空，我将会变成一朵云，遨游至天空的某个角落，化作雨水降落。也许，我会落在森林里，化作小溪；也许，我会穿过明月朗照的松林，停在石头上舞蹈；也许，我会落在平地上，化作了河流；也许，我会落在悬崖上，化为瀑布，从绝壁上无畏地跃下，成为飞流白练中最美的一道弧线。（学生习作《启航》）

赏析：作者绕开对自我生活的叙述，把自己比作大海里的一滴水珠。在化作水蒸气离开大海的动作描写中辅之以意味隽永的排比，生动贴切的拟人、比喻，突显了“我”的积极乐观、勇敢无畏的姿态和情操，读来为之感慨不已。

写作支架 4 分解动作，展现过程

描写一个人的动作要对其进行分解，把一个大动作“慢镜头”似的分解成几个小动作。例如你会划船吗？划船的过程，你能写生动吗？我们可以模仿《社戏》中的写法。你看：“一出门，便望见月下的平桥内泊着一只白篷的航船，大家跳下船，双喜拔前篙，阿发拔后篙，年幼的都陪我坐在舱中，较大的聚在船尾。母亲送出来吩咐‘要小心’的时候，我们已经点开船，在桥石上一磕，退后几尺，即又上前出了桥。”这里的“跳”“拔”“点”“磕”“退”等动词，表现平桥村孩子们驾船技术的熟练，烘托了“我们”去看社戏的急切和愉快的心情。而动词“陪”“聚”则表现孩子们善解人意和分工明确。这些动作描写，又与后文的“月下归航”遥相呼应。他们的确是“弄潮的好手”！

写作支架 5 选择背景，融入心理

文学作品中给我们留下深刻印象的动作描写，还常常善于选择人物行动的特定环境，在浓淡相宜的背景上，描摹独具一格的人物动作，融入心理，以创造典型环境中的典型性格。例如鲁迅的《故乡》中，“我”与中年闰土相见时间是“一日是天气很冷的午后”，一见面，闰土怎么做呢？“他站住了，脸上现出欢喜和凄凉的神情；动着嘴唇，却没有作声。他的态度终于恭敬起来了，分明的叫道：‘老爷！……’我似乎打了一个寒噤；我就知道，我们之间已经隔了一层可悲的厚障壁了。我也说不出话。”这是作者创造的典型环境下，对于闰土的动作和语言描写，以及“我”的心理巨变，这些与前文写少年闰土月下刺猹形成鲜明的对比。后文还写了闰土叫水生“给老爷磕头”，将这“厚障壁”继续传递下去，这种麻木和不自觉，这种封建等级观念导致人与人的冷漠和隔膜，是不是让我们感到了窒息般的心酸？

总之，好的动作描写，使刻画的人物像影视画面一样，活跃在读者面前；

有穿透力，能透过一举手一投足，窥见心态、心境、性格等内在的心灵秘密，使人物栩栩如生、活灵活现、真实可感。

范文引航

发生在节日里的一件事

妈妈是个医生，平时工作可忙了。今天是国庆节，妈妈答应带我去天安门看灯。刚刚下午四点，我就拉着妈妈迫不及待地走出家门。

忽然，一位穿着白大褂的阿姨匆匆忙忙地跑到我家，气喘吁吁地对妈妈说："来了一位重病人，正在心电图室抢救。"妈妈一听，急忙拉着我跑向医院。

一进心电图室，我就看见一位病人躺在床上，脸色苍白，不时发出痛苦的呻吟。妈妈推来一台机器迅速连上了病人，按了开关。荧光屏上显示出几道绿点，还一跳一跳的。我知道那是病人的心脏在跳动。妈妈目不转睛地盯着荧光屏。几位护士阿姨忙着给病人输液、输氧和吸痰。忽然，荧光屏上的绿点不跳了。"不好，心脏停止跳动。"妈妈一步迈到病人身边，双手按在病人胸前，一下一下为病人做胸外按摩。心电图室的气氛顿时紧张起来，可阿姨们忙而不乱。有的为病人量血压，有的给病人做人工呼吸，还有的给病人打针。时间一分一秒地过去了，慢慢地病人的心脏开始跳动了，病人睁开了眼睛。这时，妈妈才擦了擦头上的汗，眼睛又盯住荧光屏。妈妈和阿姨们一直忙到病人情况平稳，被送进了病房，才松了口气。

离开医院，妈妈拉着我在街上默默地走着，树上的彩灯照着妈妈疲倦的身影。妈妈带着歉意对我说："真对不起，没带你去天安门。"我急忙说："没关系，以后可以再去。"大街上灯火辉煌，从一家家敞开的窗口不时传出阵阵欢笑声。我在心里说：“你们知道在这节日之夜有多少人在忙碌吗？”

这件事深深地印在我的脑海里。我明白了，正是妈妈和千千万万的叔叔阿姨们用自己的奉献精神，支撑着共和国的大厦。我长大了，也要做一个像他们一样的人。

赏析

这是一篇十分生动、感人的文章，通过记叙节日里抢救危重病人一事，赞扬了妈妈等一群人救死扶伤、讲求奉献、任劳任怨的精神品质。

这篇文章在写作手法上：面对众人，作者着重写的是妈妈；在刻画妈妈的形象时，作者又着重采用了动作描写，直接表现人物。“妈妈一听，急忙拉着我跑向医院。”“妈妈推来一台机器迅速连上了病人，按了开关。”“妈妈目不转睛地盯着荧光屏。”“妈妈一步迈到病人身边，双手按在病人胸前，一下一下为病人做胸外按摩。”通过这些动作描写，急患者之所急、遇事沉着镇静、技术精湛纯熟的人物形象，便脱颖而出，淋漓尽致地呈现在人们眼前。

总结方法：在记叙事件、表现人物时，要依据材料的特点（即最适于运用动作描写），变作者自己空泛的叙述介绍为直接描写人物的行动，让人物的行动去“说话”。这比作者自己唠唠叨叨的叙述更有说服力。

在描写最能表现人物特点、突出中心思想的动作时，要写出人物“做什么”，而重点是写清楚“怎样做”的。只有这样，人物的行动才具有感人的力量。当然，要做到以上几点，就必须要对生活中人物的各种行动仔细观察，同时认真思考、理解不同的动作所反映出的人物的不同心理。这样，在作文中通过动作描写来表现人物、突出中心思想，才会运用自如。

（文：刘 宏 指导老师：张 渊）

一线串珠，明暗相生

贯穿全文的两条线索，把所有的材料串联起来，组成有机整体。明线一般是物体或人，暗线一般是作者的感情。呈现出来的线索就叫作明线，未直接描绘的人物活动或事件所间接呈现出来的线索叫作暗线。

明线叙述的人物故事容易集中、突出；暗线则能够在更广更深的层面上揭示各种矛盾，使故事情节的安排更加巧妙，使主题更突出。

写作支架 1 双线索的作用：使结构清晰，情节集中紧凑

明暗线呼应，推动情节发展，使人物塑造更为丰满，拓展了作品的广度深度，表现丰富复杂的社会生活，使主题得到更深挖掘。明暗交织，错落有致，设置悬念，引人入胜两条线索各自独立发展。

例文：施耐庵古典文学名著《水浒传》中的“智取生辰纲”一回，也有明、暗两线。明线是杨志一伙伪装行商力求如期“智送生辰纲”，暗线是晁盖、吴用等好汉巧扮贩客“智取生辰纲”。明暗两线各自发展，到黄泥冈（好汉用计卖酒智取，杨志一伙中计买酒醉倒）交织在一起，故事趋向高潮并以好汉智取成功而迅速结束。作者用暗线伏笔置疑，使情节扑朔迷离，跌宕起伏，引人入胜；而着力明写杨志精明老练，实则衬托在暗线上活动的吴用等好汉的足智多谋。

在全国各地的中考作文评分标准中，文章结构安排中，A 类卷提出要“思

路通畅”，B 类卷中调整为“思路连贯”，C 类卷中则是“思路基本清楚”。所谓“思路畅通”是指学生在写作过程中，必须遵循一种前后相继并且存在着内在的逻辑联系的思维线索，这种思维线索贯穿行文始终，从而使读者在阅读过程中，能清晰把握行文的思路，探究作者创作思维的轨迹，完成和读者的对话。

“思路通畅”有如下几方面的具体表现：主题明确集中；注重铺垫呼应；选材围绕主题。

乍看之下，上述主题明确集中、选材围绕主题似乎是从作文的内容角度来展开的，其实，在写作的实际过程中内容和结构是不能一分为二的，结构是内容的结构，内容是结构的内容，两者关系密切不可偏执于一方。

“条理清楚”和“层次分明”都是对文章结构的要求，其实两者之间存在着程度上的差别。条理清楚是前提和基础，在此基础上才可以谈层次分明，没有清楚的条理，分明的层次是无法构建的。因此，中考作文评分标准对 B 类卷的要求是“条理清楚”，对 A 类卷的要求才是“层次分明”。

从记叙文的写作上来看，所谓“条理清楚”就是按照一定的记叙顺序（顺叙、倒叙、插叙）把事情的前因后果、高潮、结局叙述完整。条理清晰基本上考查的是学生叙述的能力。叙述的过程中应当注意把握好几点：情节完整。事件总是在特定的时间和特定的空间中展开的，事件在发展过程中，必然存在着前后相继的衔接性。因此，在构思作文的过程中要考虑情节的完整性和情节之间的衔接性，注意前后情节的合理延续。合理过渡。如果说故事的一个个重要情节是珍珠，那么将这些“珍珠”串联起来的线索就是过渡环节。这些过渡环节本身并非作品的主体，但缺少了它们，故事往往显得突兀乃至不合情理，甚至会使文章变得支离破碎，缺乏完整性。

这里所谓的“层次”包含几方面的含义：结构层次；内容层次；思想层次。这里主要谈结构层次。一般而言，一篇文章有四种常见的结构层次，总分式、并列式、对照式、层进式。上面四种结构层次一般适用于议论文和说明文，对于记叙文无所谓“总分”“并列”“对照”和“层进”。那么，在记叙文写作中所谓的“结构层次”究竟指什么呢？主要应该思考这样一些能体现结构特征的要素：记叙顺序、首尾呼应、承上启下、伏笔铺垫等。

写作支架 2 记叙顺序

初中阶段主要掌握顺叙、倒叙和插叙三种写作顺序。

在记叙文写作中我们提倡同学使用倒叙，在文章开头就先交代结果，或者先交代事件发生过程中某个关键性部分，从而有效地激发读者的阅读兴趣，除此之外，倒叙由于一开始就介入了事件的高潮或结局，就能够在相当程度上避免作文迟迟不切入正题，也能够与下文的内容形成呼应关系，使文章的线索更加醒目分明。

写作支架 3 首尾呼应

记叙文的首尾呼应可以通过一些具体的事物来实现，从而避免空洞的议论和言不由衷的抒情。比如写母爱，有同学在开头写道：“看着这洗得干干净净的衬衫，闻着衬衫散发出的淡淡的香味，我仿佛隐隐约约地看见了母亲劳累的身影……”结尾处则写道：“我穿着母亲洗得干干净净的衬衫，仿佛穿上了满满的自信和昂扬的斗志……”用“衬衫”这个具体的事物来形成首尾呼应，结构完整且线索清晰。

写作支架 4 承上启下

记叙文最忌突兀。情节的发展是一个逐步演进的过程，注意写好承上启下的过渡段、过渡句有助于情节结构的合理化。

写作支架 5 伏笔铺垫

中国古代小说在情节设置上讲究“草蛇灰线，千里延伏”，其实也就是讲究伏笔铺垫的意思。成功的伏笔和铺垫往往能够使读者豁然开朗、击节叫好。伏笔铺垫要和后文的线索存在合理的逻辑联系，作为伏笔出现的事物应当是故事中指导情节发展的关键事物。铺垫和伏笔往往是在不动声色之间设置的，不能过多使用笔墨，往往一笔带过，否则过于醒目就会在读者脑海中留下深刻的印象从而无法再通过与后文的呼应激发出读者“恍然大悟”的阅读快感。

在记叙文写作中，层次分明是一个需要同学悉心实践的“技术活”，通过反复训练，才能熟练驾驭各种记叙顺序，灵活自如地运一些写作技巧，使文章做到思路顺畅、条理清晰、层次分明。

范文引航

陌生人

我不记得是什么时候见到他的，只是我现在回想起来，他的样子还清清楚楚地立在我的脑海里。

刚刚考完试的我急急忙忙地往地铁站赶，想着桌上摆着的丰盛午餐，我就忍不住加快了脚步。

不巧，一辆地铁跟我说了声“再见”，就驶向了远方。我只能愤愤地来到候车室，等着下一辆地铁跟我说“Hello”。

这时候，他闯进了我的视线，大概六十多岁了吧，身高还不到我的一半。凌乱的头发遮盖不住那张布满皱纹的脸，一手拎一个和他差不多高的纸袋，颤颤巍巍地走了进来。他坐在椅角上，这样别人就不需要和他保持一定距离了吧！他用那枯槁粗糙的手擦了擦脸上的汗，长长地舒了口气。他从纸袋中拿出了一瓶用矿泉水瓶装的橙汁，喝了几口。似乎用无助的眼神朝我望了望，盯了一会我背包外的矿泉水瓶，休息了一会，又颤颤巍巍地离开了，只留下那两个硕大的袋子。

我知道，他是一个拾荒者。心里又不自觉地泛起了怜悯与同情。我一口气喝完了那瓶虽还是满着的矿泉水。手里拿着瓶子，一步步接近袋子，却又在相差几厘米远的地方停住了。不知道为什么，我不愿意放下去。

我静静地等待着他的出现，可是心里却又是焦急与迫切的。仅仅一眼，我就开始为这个素不相识的人担忧起来。心里不仅是怜悯、同情，更多的是敬佩。

毕竟14岁了，也懂了一些人情世故。也许因为他儿女的不孝，他才被迫出来捡拾废品；也许他没有儿女，为了生活下去，只是一个人在努力；也许他历尽了许多困难、艰辛才沦落到这步田地……不管为什么，他在奋斗，他在努力，为了生存！

我的期待没有白费，他又颤巍巍地走了进来，拎着他的两个硕大的袋子，与人群一起进入了地铁车厢。

在各式各样的人群中，他显得那么弱小，那么弱不禁风。可是那些自暴自弃，轻视生命的人又算什么呢？“五莲路到了！”他下去了，颤颤巍巍的。我知道，他又要投身于下一个垃圾桶事业中了。我突然发现我错了，这样的人不需要同情，不需要怜悯，只需要敬佩与祝福。

我不否认那些伟大的人对这个世界有着伟大的贡献。但他，是人们的一支清醒剂，为这世上活在面具下的人们作出了巨大的贡献。平凡的陌生人，却是生活中的强者。

赏析

行文一开始，作者采用倒叙的写作顺序，以回忆展开情节。但是究竟是什么东西触发了作者的这段回忆，文章中没有交代。文章的内容比较明确，但情节失之简单，一言蔽之就是：我在地铁看到一个拾荒者，想要把塑料瓶给他，帮助他。

作者之所以能将这样一个极其简单的情节写成一篇600字文章凭借的不是情节和情节之间的承接和延续，而是内在的认识和独白。其实作者并不在意这个故事本身，更多的是想表达自己对问题的理解和认识。

这个故事因此只是作者的认识借以登场的一个工具。我们知道，一个故事必须以前后相继的情节，线索的展开为依托，如果一篇习作只有一个单一的情节，那么就无法形成线索，也就不成其为故事。这样的习作与其说是记叙文，不如说是内心独白，记叙只是表象，独白和沉思才是其本质。

（文：马　翔　指导老师：张　渊）

动静得宜，角度多样

在我们这个世界上，你能找到绝对的“静”吗？稍微读过一点书的人都会得出正确的答案。然而，我们讨论的不是哲学，而是一般意义上的“动”和“静”，即肉眼所能辨别的“动”与“静”。什么是“动”？辨得出活动即是“动”。什么是“静”？辨不出活动就是“静”。

“牡丹虽好，绿叶扶持”，而绿叶何尝不需红花的点缀呢？就是这一组动静之间的矛盾组合，会为你的文章增光添彩。

“蝉噪林逾静，鸟鸣山更幽”，乍看似乎矛盾，然而，如果不是那座林子“静”到了极点，你能辨出蝉鸣吗？如果不是那座山“幽”到了极点，你能辨出小鸟的啁啾之声吗？可见，你如果能在“静”景中掺入一点“动”，就能更显静境之“静”。王安石的《书湖阴先生壁》中，“一水护田将绿绕，两山排闼送青来”也是以动写静，有意识地注意动静搭配，取得了极为动人的效果。此乃“静”为主，“动”为宾。

同理，为了表现“动”物之“动”，你可以特地为它安排一个“静”的环境，也就是说，以“静”为背景表现“动”，那不就更显“动”者的风采吗？就如茅盾写《风景谈》，为了表现“自然是伟大的，然而人类更伟大”的主旨，特地渲染了作为“自然”的沙漠的苍茫寂静，以反衬作为“人类”的掌着一杆“长方形猩红大旗”的沙漠中的驼队。此乃“动”为主，“静”为宾。

有时候，“动”与“静”是平等的，无所谓谁“主”谁“宾”，两者在同一个场合中平起平坐，“和平共处”。这并没有什么值得大惊小怪，因为你可以借此表现全面的、完整的景物。

静态描写：指像画家画静物写生似的描写对象（景物或人物）在静止中的状态。描写范围包括：景物或人物整体的样子、位置、颜色、形状……比如：翠鸟一动不动地注视着泛着微波的水面，等待游到水面上来的小鱼。（静态描写，讲翠鸟十分的专心）

动态描写：指描写对象（景物或人物）在运动中的状态。描写范围包括：活动中的人们、阳光的变化、水流、花朵、风中的叶子……比如：翠鸟蹬开苇秆，像箭一样飞过去，叼起小鱼，贴着水面往远处飞走了。（动态描写，讲翠鸟是如何的迅速）动静结合，就是构成画面的事物，有的事物是动态的，有的事物是静态的，二者有机地结合在同一个画面和情境之中。常见的方式有三种：以静写动，将原动态的事物写成静态的。受某种条件限制，或是从某个角度观察，有些原本是动态的事物，看起来就是静态的。

朱自清《春》：“在乡下，小路上，石桥边，有撑起伞慢慢走着的人；还有地里工作的农民，披着蓑戴着笠。”运用以静写动的手法，表现春天雨夜的安静和平气氛，渲染春雨淋浴的温馨，表现对春雨的喜爱。

写作支架 1　以动写静

就是把静止的事物当作运动的事物来写。

例文：人闲桂花落，夜静春山空。月出惊山鸟，时鸣春涧中。（王维《鸟鸣涧》）

赏析：就是以花落、山空、月出、鸟鸣的动态，来表现春山幽静的月夜景色。一“惊”一“鸣”，更表现出春山的静谧。

写作支架 2 动静结合

就是同时描写静态的事物和动态的事物，让静景和动景相辅相成，相映成趣，相得益彰。

例文:“这南方的初春的田野！大块儿小块儿的新绿随意地铺着，有的浓，有的淡；树枝上的嫩芽儿也密了；田野里的冬水也咕咕地起着水泡儿……这一切都使人想着一样东西——生命。（莫怀戚《散步》）

赏析：这段景物既有对大地的颜色、树上的嫩芽这些静态景物的描写，也有对起着水泡的冬水的动态刻画，这一动静结合的描写手法，突出了生命这一主题。

写作支架 3 动静相宜

景物存在的方式有两种，一种是静止的，一种是运动着的，我们把静止不动的景物叫静景，如高山、田野、房屋、村庄等；把运动着的景物叫动景，如花开花落、云卷云舒等。作文时，两者有机结合，交相映衬，就能形成意境和形象的和谐统一，创造出灵动、唯美的文字。

增强画面的动感，营造出具有感染力的意境。把静景写活，赋予静态景物以流动感；或动静有机结合，衬托所写事物的灵动活泼，意境优美等。突显语言表达的艺术性，以独特的形式，独特的视角，表现独特的情绪、情感。文中加入动静结合的景物描写，彰显语言表达的艺术性，有助于突显人物形象的情感变化、心理变化。突出文中人物或者作者的某种心境、心态和情感。以动衬静，通过表现景物的静谧，可以表现作者内心的安逸或寂寞，感伤或闲适；或彰显对所写之物的喜爱之情。

范文引航

沿着湖边的小路

天空有些阴沉，好似要下雨一般，隔湖望去，对岸山上蒙上了一层淡淡的雾气，更显神秘之色，不禁令人神往。

我沿着碎石铺就的小路慢慢走着，想绕过这湖到山上去游览一番。碎石小路两旁的景色甚是美丽，不禁让人陶醉其中。

小路的右边是一片葱郁的丘陵。淡绿中夹杂着深绿，深绿中夹杂着新绿，越往上绿得越淡，绿得越含蓄，再加上空气中那层淡如飘烟的雾，真使人有种飘飘欲仙之感。

碎石小路的左边有一片并不是很大但却很美的湖，那湖水是青绿色的，很清很清，清得甚至可以看见水下的水藻，淡绿色的、深绿色的水藻在水底随着水波的荡漾而摆动，宛如翩翩起舞的姑娘的薄纱，甚是美丽动人。

清清的湖面倒映着两岸的绿柳，那绿柳之叶颇有“二月春风”剪裁之美，白色的曲桥上依稀闪动着几个人影，红色的古亭后倒映出又一座青山，如诗如画，美不胜收。湖的那一边是一峰连一峰的山峦，此起彼伏。虽是隔湖相望，却仍能见山上的苍松翠柏，那苍松的绿是一种新鲜的绿，一种稳重的绿，一种充满活力的绿。

百绿相融，烟雾缥缈，偶尔几声清脆的鸟叫在耳旁回荡，湖水淙淙，仿佛人间仙境。青山，绿水，苍松，翠柏，人声，鸟语，和不远处巍然挺拔的山构成一幅神妙的山水画。大自然往往是这么美，也许在不经意的一眼之间，就已沉醉其中。

赏析

作者颇懂得动静之间的辨证关系，在他的笔下，是一幅动静结合的立体图画。青山、绿水、苍松、翠柏和白桥是“静”，而人声、鸟语、泉声、人影是“动”，一“静”一“动”，则使人“沉醉其中”。然而，这个“动”的程度仍不够，难以与“静”组成平衡，仍给人以“以动写静”的感觉。所以就具体要求而言，习作仍不甚符合。

（文：蒋华松　指导老师：张　渊）

由景生情，由情到理

从一粒沙子中能看到一个世界，从一朵野花中可以看到一个天堂。松、竹、梅、兰、山石、溪流、沙漠、古道、边关、落日、夜月、清风、细雨和微草等，常常给我们带来慰藉，让我们发现生命的意义。“已识乾坤大，犹怜草木青”，四季轮回、草木荣枯。即便是经历世事沉浮、阅尽人间沧桑，当俯下身子看到草木生发，春风又绿，依然能够生出怜悯之情。芦荟、茉莉、月季、令剑、牡丹、吊兰、海棠、石榴、葡萄……平凡的景物，往往和难以忘怀的人和事有关。花草树木往往能寄托作者的情思、感悟……

一花一世界，一叶一自然。自然万物看似渺小，却是魅力非常。如果你曾见过大海的万丈狂澜或滔天白浪，你会明白什么叫生命；如果你曾见过高山的峰壑争秀或巍巍雄姿，你会懂得什么叫顽强。静心地走过自然，听听水是怎样流成一脉智慧，看看山是怎样站成一种尊严，你会发现，与自然交流不仅可以放松心绪，更可以净化灵魂。朋友，走进自然吧，你会享受到一种极致的乐趣。

陕北民歌手贺国丰演唱的《平凡的世界》的片尾曲《神仙挡不住人想人》，看看它的歌词在表现手法上有何特点？

山　挡不住

挡不住　挡不住　挡不住云彩

树　挡不住

挡不住　挡不住　挡不住风

神仙　挡不住

挡不住　挡不住　挡不住人想人

神仙　挡不住

挡不住　挡不住　挡不住人想人

羊啦肚子　手巾哎三道道蓝

咱们见啦面啦　容易

哎哟拉话话难

一个在那山上呦

一个在那沟

咱们拉不上那话话

咱们招一招手

瞭的见那村村呀

瞭不见那个人

哎哟泪蛋蛋抛在

那个沙蒿蒿林

王安石的《登飞来峰》，也蕴含着丰富的道理。

飞来山上千寻塔，

闻说鸡鸣见日升。

不畏浮云遮望眼，

自缘身在最高层。

《登飞来峰》中表示了诗人朝气蓬勃，对前途充满信心的人生哲理，同时也表明了诗人在政治上高瞻远瞩，不畏奸邪的勇气和决心。

写作文要使文章精彩、富有表现力、突出中心、深化主题，必须借助一定的表现手法。主题是文章的灵魂，材料是文章的血肉，而表现手法则是展现“灵魂”“血肉”的手段。出色的文章需要运用一定的表现手法，能使文章异彩纷呈，锦上添花。

写作支架1 写象讲意，内蕴要丰富

景情理诗文为什么一定要有意象描写呢？严格说来，并不存在纯粹的“抒发感情”的诗文。抒情必须借助于具体的人、事、景、物、理，也必须跟叙述、描写、议论等结合起来，才能发挥作用。否则，就可能沦为歇斯底里的叫喊或矫揉造作的呻吟。

写作支架2 抒情讲真，表达要深挚

通过“我”来表达真情是诗文的一个重要特点。当然这个“我”有显隐之分，明暗之别。人会因为各自的爱好、经历、修养、精神状态、学识视野等的不同而情感表现也会各有不同。同一种景物也会因人的境界不同而引发不同的心情，诗文就是要表现自己独特的情感。当然，作为一个共同的物种，人也有相同的或相似的喜好和心情。

下面是冰心的一首小诗，看看它表现了怎样理趣？它是如何表现理趣的？

春何曾说话呢？

但她伟大潜隐的力量，

已这般的

温柔了世界了！

——冰心《繁星·春水》

写作支架3 寓理讲顺，生发要自然

什么是哲理？哲理就是要思考我是谁、世界从哪里来的问题。包括思考人为什么活着、如何看待生死、如何看待名利，人与自己的关系、人与他人的关系、人与自然的关系、人与世界的关系等，即人生观、生死观、名利观、价值观、社会观、自然观、世界观，等等。

由自然景物生发的情感、哲思讲究顺应自然，符合规律，水到渠成，而不能牵强附会，硬贴标签。

列夫·托尔斯泰曾说，空洞的抒情是不能感染读者的，你说你痛苦或

快乐，别人并不能体验到这种痛苦或快乐，只有用动作、线条、色彩、声音以及言辞所表达的形象来传达出这种感情，才能使别人也能体验。

传达情感，一般有两种方法：一是“寓情于景”，即作者把他在客观景物中感受、领悟到的情思，“还”到这一个景物中去，使之成为带上感情色彩的“情化的自然”；二是“为情造景”，就是把生活各处零散地感触到的情愫凝集起来，融注到一个新造的景象中去，创造一个你中有我、我中有你的“情化的自然”。

范文引航

这样学语文，真快乐

春日温柔的午后，暖风轻轻拂着窗台上的野花，充满着慵懒而又和煦的气息……

我随手翻了翻了几本枕边书，却被暖风给“蛊惑”了，不由自主地倒在床上，睡着了。待我睁开眼，一片宽敞明亮——

淡雅的窗帘随风飘拂，窗边的野花生机盎然，桌上随意地躺着几本书在晒太阳……我顿时精神起来，随手拿了一本唐诗宋词翻阅，并打开了播放器，泡了一杯菊花茶。

“关到野店，烟火绝，客怎眠……”优雅的旋律弥漫整个房间，我不禁回头看去，欣赏着“我寻你千百度，又一岁荣枯，你却从未在灯火阑珊处”，抬头，看到古色古香的书本上赫着印着“众里寻他千百度，蓦然回首，那人却在灯火阑珊处”。

不禁会心一笑，品一口菊花茶。

“人生得意须尽欢，莫使金樽空对月。”我读到了李白的这句豪语。“好的！”我大吼一声，咕咚咕咚，把整一杯菊花茶给硬生生地灌了下去，待到10秒钟后，忽然觉得一丝苦味扩散开，直呛得我晕过去——嗯，怎么会有甜味呢？是“苦尽甘来吗”？我又扔下古诗词，拿出那厚厚的150位名人故事，寻找着那些“苦尽甘来”的故事……果然，居里夫人花整个青春才提炼出了镭；诺贝尔是在炸死兄弟和舅舅的巨大悲痛下发明了新型炸药；爱迪生失败了一千多次才成了发明大王……

“时光只解催人老，不信多情，长恨离亭……”晏殊走来说。播放器里响着“生命随年月流去，随白发老去，随着你离去……”我想，果真如此吗？时光磨砺了人的意志，从而改造了人类世界；时光验证了人世间的真情，从而使人与人之间相互宽容友爱；时光还造就了那么多科学家、思想家，他们的精神流传千古，他们的名字永垂史册……

哦，这样学语文，真是快乐啊！

赏析

这是篇情境作文。审题与立意。“知之者不如好之者，好之者不如乐之者”见于《论语·雍也》，是七年级上册语文课文《〈论语〉十二章》之一，经典名句，学生都能出口成诵，能理解；“回忆”指明了选材的路径，“在语文学习之路上”界定了选材的范畴，“乐”规定了文章的情感基调。作文命题已经超越了“贴近”生活，而是完全融入了学生的生活。以身心体验苦乐参半的生活，以语言表达走向快乐的自我。

选材与构思。文章明确要求写一篇记叙性文章，讲述语文学习之路上走向乐的经历。产生这个乐趣，可能是父母的引导，可能是老师的引导，要把这个产生乐趣的过程写出来。以语文学习作为选材主体，但语文学习的边界是非常广阔的。可以是课堂之上的语文学习，也可以是课堂之外的，甚至课堂之外的语文学习内容更丰富，更多样。如一篇《藤野先生》的学习或许就燃起了对鲁迅其文其人的热情；一次《范进中举》的排演就激发了对戏剧的兴趣；抑或是一次父子间有关《流浪地球》的争论就开启了科幻创作之路；等等。

（文：马　芳　指导老师：张　渊）

切合背景，赋予哲思

作文写“感”即是写感悟，也就是写出对生活的感受和领悟，这种感受和领悟常常表现为一种情感、一种哲思、一个道理，它往往是一篇文章的灵魂和主旨。

要写好“感”，先要抓住生活中能触动我们情怀的东西。

我们可以因景而感。“一切景语皆情语”。在写作中，没有无缘无故地写景。我们可以把自己的主观情感和思想意志融入景物之中去，使山水有情，草木含意。我们在观花时怀人，赏月时思乡。看海时可以感受博大，观云时可以感受飘逸，一切皆由景而感。

有时，景也昭示着一种自然哲理。这时写感，要对景进行联想和想象，赋予具体的景象以抽象的哲理。我们看到黎明，感悟它冲破黑暗的力量，看到朝阳，我们同样感悟它孕育希望的艰难。

我们也可以因物而感。文学作品中的物，或牵系着一个故事，或寄托着一段感情，或隐含着一个道理。在记物的时候，可借物言情，也可托物寓意，还可咏物明理。有如一块橡皮记录着一段友谊，一声问候承载着一份亲情，一束玫瑰诠释着一种爱意。

因物而感是一种“言在此而意在彼”的构思写作模式，作者描述事物的目的，不是为了表现这个事物，而是为了引出一段感情，一种哲理。所以要在写物之前，要赋物以意，在写物之时，要为感蓄势，在写物之后，要自然出感。写莲花，其实是为了赞美高洁；

写翠竹，其实是为了颂扬虚心；写黄牛，其实是为了昭示勤劳；写蜜蜂，其实是为了讴歌奉献。

我们也可以因人而感。即从人的外貌、语言、行为、性格中寻找感点。可以边叙边感，在描写中点缀自己的感受、感想。也可以叙后出感，在写人之后，详写感点，借势出理。我们可以因自己的衣食父母而感，感悟父爱的深沉母爱的伟大。我们可以因祖国的英雄儿女而感，感悟先烈的英勇后生的可畏。

我们还可以因事而感。在记事之后，或就事论事抒发感想，或由事入理阐发感悟，是让作文具有一种哲思之美的重要手段。尝试爬山，可以感悟征服困难的滋味；体验垂钓，可以感悟宁静淡泊的境界。在由事写感的时候，要对事件进行由表及里的分析、挖掘，由一事提炼出一理，并且用精警的语言予以点示。

要写好“感”，还要把握好“度”。

写作支架1 感受要有信度，即要感悟得真实

真实的感受才能让人产生共鸣，一旦有矫揉造作的痕迹，就收不到感人的效果。真情实感才能打动人心，要做到为情而造文，而不是为文而造情。

写作支架2 感受要有坡度，即要感悟得自然

感情也好，感悟也好，不是对人或事物一触即发，而是有一个过程，必须存在关联、过渡、蓄势、铺垫，否则会使人感到突兀，读者感到不易理解，更不会接受。

写作支架3 感悟要有深度，即要感悟得深刻

首先要对所描述的材料进行分析，找出可以生发开去的点，然后是要对材料进行提炼，抓住事物的本质特征，展开想象和联想，由此及彼地挖掘事物本身所包含的意蕴。

写作支架 4 感悟要有浓度，即要感悟得感人

文章不是无情物，一篇好文章，往往渗透着作者真挚而浓厚的感情。感情浓郁的感悟就会在读者的心头打下深深的烙印，感情浅淡的感悟就会像过眼云烟不留任何痕迹。

我们要学会感悟，善于感悟，抒写感悟。因为感悟无处不在！只有通过感悟，你才能发现世界的奇妙，生活的精彩！只有通过感悟，你才发现世界是多么令人神往，生活是多么美丽！

写作支架 5 因背景创设景物，蕴含作者深沉的寄寓

下面是鲁迅的有深沉寄寓的散文诗《雪》中写朔方的雪的文段，探究一下它的写作背景，看看作者为什么要这样写雪。

例文：朔方的雪花在纷飞之后，却永远如粉，如沙，他们决不粘连，撒在屋上，地上，枯草上，就是这样。屋上的雪是早已就有消化了的，因为屋里居人的火的温热。别的，在晴天之下，旋风忽来，便蓬勃地奋飞，在日光中灿灿地生光，如包藏火焰的大雾，旋转而且升腾，弥漫太空，使太空旋转而且升腾地闪烁。

赏析：《雪》这篇文章写于 1925 年，正值不平凡的年代。南方的革命形势蓬勃发展，可谓正是春暖花开，然而，北方还处于一片寒冬之中。面对黑暗的现实与冷酷的季节，鲁迅将自己的心境写入文中，以彻底的革命民主主义战士的精神，去寻求“革命的破坏者”，去争取理想的春天。所以，这篇散文诗通过对江南雪景柔美和北方雪景壮美的细致描绘，表达了鲁迅对北方的雪的喜爱之情，寄托了作者对美好生活的憧憬，更加体现了作者敢于直面惨淡人生、不屈不挠的战斗精神。

梅尧臣对“最好的诗”下过这样的定义：“状难写之景如在目前，含不尽之意见于言外。”意思是，能把难以描写的东西刻画得如同在眼前看见的一样，意境悠长却又没有直接在诗文中写出来。这是我国传统诗文表情达意的一个基本的美学原则。

写作支架6 因主体创设背景，增加作品无穷的韵味

例文：一大早，天就阴沉下来。天黑，河水也黑，芦苇荡成了一片黑海。杜小康甚至觉得风也是黑的。临近中午时，雷声已如万辆战车从天边滚过来，不一会儿，暴风雨就歇斯底里地开始了，顿时，天昏地暗，仿佛世界已到了末日。四下里，一片呼呼的风声和千万枝芦苇被风折断的咔嚓声。（曹文轩《孤独之旅》）

例文：这南方的初春的田野！大块儿小块儿的新绿随意地铺着，有的浓，有的淡；树枝上的嫩芽儿也密了；田里的冬水也咕咕地起着水泡儿……这一切都使人想着一样东西——生命。

那里有金色的菜花，两行整齐的桑树，尽头一口水波粼粼的鱼塘。（莫怀戚《散步》）

赏析：第一段《孤独之旅》中描写的是暴风雨来临前的自然环境，天黑，河水也黑，芦苇荡成了一片黑海是真实所见的黑，三个黑是实指，风也是黑的，这是杜小康的感觉，并不是真的黑，所以是虚指，这来势汹汹的暴风雨，为下文描写杜小康在暴风雨中找鸭子的艰难做铺垫，他在这种环境中找到了鸭子，正是他长大，成熟的表现。

第二段《散步》里的景物表露的是春的气息，显示出不可遏制的生命力，但隐含着的是作者对生命的感悟和礼赞。

有很多作品，背景信息并不是那么明显，作用也不是那么突出，其中的自然景物完全是根据上下文的需要创设的，没有多少隐晦的含义，具有跨越时空的普遍美感。

范文引航

生命

在一个很寒冷的冬天，百木凋零。我边走边思考一个很古老的问题：什么是生命。就在不经意之间抬起头，我却发现了一个十分扎眼的东西。

它孤零零地立在那里，我站在远处，实在是辨不出那到底是什么。在许多高大、挺拔的树木中间，它太丑了。当我走到它面前时，才猛地辨认出它。然而我又委实不忍心看它，它实在是太惨了。

那是一棵被闪电削去大部分的断裂了的树干，参差不齐的残枝凌乱不堪地伸向空中，煤炭般漆黑的树干上有许多白点，萎缩的树皮脱离了树干，在冷风中瑟瑟发抖。

我望着它，看到它那本已残缺不全的身体上还留下了许多人为的伤痕：用手扒下的树皮，树干上刻着的许许多多的字……我心里涌上了怜悯。“它被生命完全抛弃了。”我轻声地自言自语，随后带着怜惜的心情，转身离开了它。

转眼间，春天到了。一天，我在小路上漫步，一路上，阳光明媚，放眼望去，全是嫩绿的一片，让我深切地感受到了周围生机勃勃的生命力。在小路的尽头，在一片绿色中，我又发现了它，那棵伤残不堪的老树。它依旧立在那里，依旧很丑陋。那形象与周围的一切都极不协调。

带着一种怜悯的心情，我慢慢走近了它……但我也很快地发现，在那残缺不全的树干上，有一点却融进了这春的绿色之中。

待我走近后，才非常惊奇地看到，那残断的树干中，抽出了一丝嫩绿的小芽。在并不温暖的初春的风中，在周围的一片绿色中，它显得那么柔弱，却又是那么坚定地挺在那里。这也是与它周围的生命不一样的地方，那完全是一种顽强，一种融入了生命之中的不屈不挠的顽强。

我愣在那里，注视着那棵嫩绿的小芽，心中陡然升起了无限的敬佩。

看，它活过来了！

那株长着椭圆形叶子的小芽在风中摆动着，那棵半截的老树抖动着断了的枝干，仿佛也在附和着，为它的新生而欢快地唱着歌。我相信：老树凭着不屈的信念，凭着顽强的抗争，一定会得到新生！随着新绿一天天扩展，象征着生命的墨绿会重新挂满它的枝头！

同时，我也解开了一直在困扰着我的问题：在逆境中永不放弃努力去获得希望的生命是最珍贵的。永不放弃，这就是我们需要做的。生命的伟大就体现在此。生命是什么？这本是一个既简单又复杂的问题。对懂得生命的人来说这就很艰难。

能够去解释生命的人才能够拥有生命。

那树，代表的不是死亡，是生命，是生命的延续。

赏析

作者通过对一棵大树的对比观察，描绘了两幅画面：一幅是，一个被闪电削去了大部分的断裂的树干，在冷风中瑟瑟发抖，它被生命抛弃了；一幅是，那残断的树干中，抽出了一丝嫩芽，坚定地挺在那里，它活过来了。一棵大树，两幅图画，两种感受，从而引起了作者对生命的思考：在逆境中永不放弃，努力去获得希望的生命，这是最珍贵的。多么深刻的人生哲理！说理形象，含义深刻。

（文：徐　娜　指导老师：张　渊）

情境创设，对比手法

“不见高山，不知平地。”事物的特点往往在比较中得以显现。因而对比是一种较常用的写作方法。所谓对比就是用两种或两种以上的同类型的事物进行比较分析，使被比事物更加突出，或把两个相互对立的事物、人物，或同一事物、人物的两个不同方面做对照，互相比较，以达到鲜明的表达思想、说明问题的目的。

写作支架 1 对比，包括横比和纵比

横比法就是把具有可比性的不同事物、不同态度、不同的人放在同一场合进行比较，比出真假、正误、好坏，显示出各自不同的特色。

如高尔基的《海燕》就用了这种方法。在暴风雨中，海燕像黑色的闪电骄傲而勇敢地飞翔；而蠢笨的企鹅则四处躲藏。通过对比，比出了崇高与卑下，伟大与渺小，海燕的形象更为光辉夺目、撼人心魄。

纵比法就是把同一事物、同一个人放在不同历史时期、事物的不同发展阶段进行对比，以显出变化、显出发展。

鲁迅的小说《故乡》中写闰土就用了这种方法。少年闰土的外貌是：“紫色的圆脸，头戴一顶小毡帽，颈上套一个明晃晃的银项圈。”这一副外貌，显出了十一二岁少年闰土的天真稚气、可爱有趣，充满了活力。而中年闰土的外貌则发生了很大的变化：“他身材增加了一倍；先前的紫色的圆脸，已经变作灰黄，而且加上了很深的皱纹；眼睛也像他父亲一样，周围都肿得通

红。——手里提着一个纸包和一支长烟管，那手也不是我所记得的红活圆实的手，却又粗又笨而且开裂，像是松树皮了。”你看，这时的闰土已与少年闰土判若两人，显得苍老、呆滞、麻木。什么使他失去了往日的活力？原因就在于“多子，饥荒，苛税，兵，匪，官，绅”。通过这种对比揭示出了社会的黑暗，生活的本质。

运用对比法，要存在可比点，要选准可比点，否则，便收不到好的效果，甚至适得其反。如果两人放在一起对比，写一个人的阿谀奉承，而对另外一个人则写他的助人为乐，肯做好事，这个可比点就没选准，因而放在一起对比是不恰当的。我们在写作中，要认真选择可比点，以增强文章的说服力。

对比在生活中随处可见，在文学创作中更是有着不可忽视的作用。

写作支架 2 人物对比

中举前：范进因没有盘费，走去同丈人商议，被胡屠户一口啐在脸上，骂了一个狗血喷头道：“不要失了你的时了！你自己只觉得中了一个相公，就‘癞虾蟆想吃起天鹅肉’来！”

中举后：胡屠户道：“我每常说，我的这个贤婿，才学又高，品貌又好，就是城里头那张府、周府这些老爷，也没有我女婿这样一个体面的相貌！”（吴敬梓《范进中举》）

赏析：这里把胡屠户一番无耻的恭维描写得极其精彩，与前文臭骂范进形成对比，前倨后恭的典型市侩形象跃然于纸上。

例文：他身材很高大；青白脸色，皱纹间时常夹些伤痕；又脏又破的长衫。……他脸上黑而且瘦，已经不成样子；腿被打折了。时近初冬，“我”拿着火也须穿上棉衣，孔乙己只穿一件皮夹袄。（鲁迅《孔乙己》）

赏析：孔乙己第一次出场和最后一次出场外貌的巨大反差，突显了孔乙己的不幸遭遇，他已成为一个垂死挣扎的陌路人。

写作支架 3 环境对比

例文：小巷的通道永远是潮湿的，阴暗的，白日没灯，黑夜没灯。一年，两年，大人不到那里去，小孩也不到那里去，偶尔有三只蝴蝶形的风筝飘进巷子，却挂在了巷子深处的屋檐上，无人去取，就一直倒吊在那里了。巷道里草漫了上来，渐渐着盖了那古老的四方砖块。

……

这条窄窄的小巷口，拥满了人。小巷里的草一天天踏下去了，又露出了那古老的四方砖块。（环境描写）

赏析：运用对比手法，写出今昔的变化，反差鲜明。有利于充分显示事物的矛盾，突出被表现事物（或人）的本质特征，加强文章的艺术效果和感染力，更好地揭示主题。

范文引航

我们的心近了

同样的蓝天白云，同样的花花世界，不一样的你、我、他。我们和他们都是上帝撒下的苗苗。他们落在了沙漠山地，而我们有幸落在了肥沃的田地。大家同样生长着、生长着……

七岁，我们睡在暖暖的被窝里，早上睁开眼，面前是漂亮的衣服，营养的早餐：油条、鸡蛋和豆浆。我们背上花花绿绿的小书包，坐上爸爸妈妈的车子，安安稳稳地来到学校，打开书包，打开书本，跟老师读："鹅，鹅，鹅，曲项向天歌。"

七岁，他们睡在冷冷的被单里，早上睁开眼，面前是补丁的衣服，无味的早餐：糠米、开水和窝窝头。他们扛起重重的锄头和铲子，坐在爹娘的推车里，颠来颠去地来到田里，拿起锄头，跟爹娘喊："嘿哟，嘿哟……"

我们看见山里的照片，志愿到山里扶贫；他们看见城里的照片，发誓一定要走出去。

十四岁，我们在校园里谈笑风生，青春朝气从我们身上散发。春天有郊游的欢乐，夏天有游泳的欢笑，秋天有风筝的漫天飞舞，冬天有圣诞的祝福安康。当然，我们不忘七岁的志愿，包起曾经喜爱的衣服，装好用过的书本，看救灾的车辆驶向远方，带着我们的祝愿，我们的希望。

十四岁，他们在田地里挥洒汗水，热情与希望从他们的身影中透露，春天有青山绿水的清新，夏天有散步花丛的彩蝶，秋天有饱满金黄的庄稼，冬天有围着火炉的温馨幸福。当然，他们也不忘七岁的誓言，捧起捐来的书本，裹上捐来的毛毯，点燃蜡烛，在黑夜中苦读，脸上露出欣慰的笑容，望着远去送粮的车辆，带着未来和希望驶向远方。

在不久的未来，我们来到山区，带去了光明和财富，我们笑了，他们也笑了，我们大家的心近了；在不久的未来，他们来到城市，来的还有动力和惊喜，他们贡献自己的智慧，让城市更美丽，他们笑了，我们笑了，我们大家的心近了。

我们没有“我们”和“他们”之分，我们都是上帝的宠儿。同样的蓝天白云，同样的心“扑通！扑通！”，我们的心近了，紧紧地靠在了一起！

山里的孩子需要爱，我们应该给予他们更多的爱！

赏析

这是一篇让人感动的文章。

立意高远。这是阅卷老师对本文的充分肯定。本文借“我们的心近了”这一题目，将乡村生活的“他们”与城市生活的“我们”进行对比，写出了同一蓝天下不同孩子的成长命运和美好愿望。文章高扬的主题就是关注乡村儿童、关注中国农村、关注希望工程。作为一名初中生，就能将写作的视角延伸到这么大的主题，立意确实不凡。

写法巧妙。这是本文给阅卷老师的又一亮点。一篇文章处处运用对比，处处又在比较中渗透着作者的观点、作品的主题，对一个初中生确实不容易。但本文小作者做到了，而且做得很好。“七岁”这个年龄的“我们”与“他们”对比，展现的是同一蓝天下不同孩子不一样的生活境况。“十四岁”这个年龄的“我们”与“他们”对比，展现的既有截然不同的生活画卷，也有彼此心灵沟通的美好愿望。“在不久的未来”展现的是“手牵手，心相近”这一让人感动的画面。文章在对比中展开，在对比中升华，文笔确实不同凡响。

（文：王静文　指导老师：张　渊）

独特视角，白描手法

鲁迅在《作文秘诀》中概括了白描手法，“有真意，去粉饰，少做作，勿卖弄”，这也是优秀作文的标准之一。其中，“有真意”“去粉饰”指的就是语淡意浓，它讲究以简洁的笔墨勾勒形象，不用衬托或少用衬托，让人物用自己的语言、行动去“塑造”自己。

恰当运用白描手法，不仅能增加文章的情味，也会给读者身临其境之感。

白描手法又叫素描、粗笔勾勒，原是中国画的传统技法之一，指单用墨色线条勾描形象而不施彩色的画法。这种绘画手法运用到写作上，就是用朴素简练的文字描绘人物和景象，突出其特征。白描写意，用简洁的语言进行描写，用少量的词句点染，寥寥数笔就勾勒出活生生的人物形象来。抓住特征，粗笔勾勒，重在以形传神，不重形似而求神似。不用华丽的形容和繁复的修辞，也不精雕细刻、大笔渲染，而是抓住描写对象的特征，用准确有力的笔触，简练的语言，寥寥数笔就写出活生生的形象来，表现自己对事物的感受。不写背景，突出主体；不求细致，只求传神；不尚华丽，务求朴实。

白描手法用于事件叙述，能使人感到线条清晰，言简意赅。用于外貌描写，能穿透人物外貌触及本质、灵魂。用于动作描写，能使人物内心情感的表露更准确。用于语言描写，能表达人物内心，展现情操、品质。用于景物描写，能使其内涵更丰富，使语言更有嚼头。用于场景描写，能烘托气氛，增强文章的感染力。

写作支架 1 描写景物不尚华丽，务求朴实

如马致远的《天净沙·秋思》。诗人连用九个名词分别描绘了枯藤、老树、昏鸦、小桥、流水、人家、古道、西风、瘦马九个意象，成一幅苍凉寂寥的秋景图，表现出浓烈的思乡之情。尽管作者不著一个字，但是悠悠哀愁，在这样萧瑟苍凉的暮景中尽露无遗

写作支架 2 语言描写，要展现性格

如朱自清的《背影》。文中直接语言描写有四处："不要紧，他们去不好！""我买几个橘子去。你就在此地，不要走动。""我走了，到那边来信！""进去吧，里边没人。"这四句话很好地表现了父亲当时的心情。作者抓住了极为典型的话语，采用白描手法，简单的几句，准确地反映了父亲的体贴、爱怜和依依不舍。文中间接语言描写也有四处：他再三嘱咐茶房，甚是仔细。他便又忙着和他们讲价钱。他嘱我路上小心，夜里要警醒些，不要受凉。又嘱托茶房好好照应我。这四处，没有直接用对话描写，反而更能突显父亲的形象。

写作支架 3 场景描写，要表达气氛

张岱《湖心亭看雪》："雾凇沆砀，天与云与山与水，上下一白。"运用白描手法，"天""云""山""水"都是白的，一片苍茫。只用一个"白"字就写出了水天相接，云山一色的景象。叠用三个"与"字，使四种景物一下子全部动了起来，营造出一种天人合一的痴迷的境界，给人天地之间茫茫一片，浑然一体的感受，更能衬托出上下一白、水天一色、磅礴浩渺的壮观之美和天地苍茫的浩大气象。袁鹰的散文《白杨》开头一段："火车窗外是茫茫的大戈壁，没有山、没有水，也没有人烟。天和地的界限也并不那么分得清晰，都是浑然一体。"这一段是景物描写，采用白描手法。这两句就描写出了戈壁滩的特征，为白杨提供了生活的特定环境，这对表现白杨树的高

大、生命力强的特点，起到了很强的衬托作用。

写作支架 4 用于事件叙述，简洁明了

例文：朱自清的《背影》：那年冬天，祖母死了，父亲的差使也交卸了，正是祸不单行的日子。

赏析：文中采用白描手法写家中发生的一系列变故，为描写父亲的背影做好铺垫，生动地反映了当时世态的灰暗。

写作支架 5 用于外貌描写，表现本质

例文：鲁迅的《孔乙己》：他身材很高大；青白脸色，皱纹间时常夹些伤痕；一部乱蓬蓬的花白的胡子。穿的虽然是长衫，可是又脏又破，似乎十多年没有补，也没有洗。

赏析：这些白描，没有运用比喻等修辞手法，犹如几条墨线，简单几笔，特征显露，尽传神态。

写作支架 6 用于动作描写，体现情感

例文：吴敬梓的《范进中举》：范进不看便罢，看了一遍，又念一遍，自己把两手拍了一下，笑了一声，道："噫！好了！我中了！"说着，往后一跤跌倒，牙关咬紧，不省人事。老太太慌了，慌将几口开水灌了过来。他爬将起来，又拍着手大笑道："噫！好！我中了！"笑着，不由分说，就往门外飞跑，把报录人和邻居都吓了一跳。走出大门不多路，一脚踹在塘里，挣起来，头发都跌散了，两手黄泥，淋漓一身的水。众人拉他不住，拍着笑着，一直走到集上去了。

赏析：此处采用白描手法抓住范进的动作（配以精妙的语言），惟妙惟肖地表现了他深受科举毒害，令读者产生可笑、可叹之感。

范文引航

超市见闻

我的脑海中留下了许多印象，而令我印象深刻的，则是那次去超市里的所见所闻。

进入超市，商品琳琅满目，人头攒动。只见一位衣着朴素的老爷爷，弯着腰，在货柜前挑选着茶叶。他拿起一小盒红茶叶，看了看价格之后，嚅动着嘴巴，好像在说："唉，茶叶虽然是好，可是不便宜啊！"他又把茶叶小心翼翼地放回去了。

一位衣着鲜艳，看上去挺和善的阿姨，在货柜前挑选着连衣裙。她来回穿梭在试衣间，一会试试这条，一会又试试那条。到结账的时候，这位阿姨紧皱着眉头，好像在说："买这件好，还是买那件好呢？算了，都买了吧！"她提着自己喜欢的衣服，心满意足地回家了。

一位头发苍白的老奶奶，在货柜前挑选着蔬菜。一会看看这个，一会看看那个，好像只有挑到了最新鲜的才肯买。

一位矮小的男孩，在货柜前目不转睛地盯着自己喜欢的玩具小汽车。看了大约有五分钟，他对妈妈说："妈妈！妈妈！我要买玩具小汽车。"妈妈摇了摇头，说道："不行！家里的玩具小汽车已经够多了，不许再买了！"小男孩一听，躺在地上又哭又闹，结果被妈妈一把拎了起来。

一位可爱的小姑娘，在货柜前挑选着自己喜欢的芭比娃娃。选好后，就和妈妈一起结账，然后开开心心地回家了。

从超市里出来，我在想：超市里的东西太多了，有些自己喜欢的东西，也不一定要买，有时看看就可以了。

赏析

你这篇作文，按人物白描手法的写作要求，抓住了超市里的几个人物，重点加以描写，并且每个人物写一段，每段人物都做了简洁的白描，体现了不同人的外貌、神态、语言、动作，突出了人物的特征与个性，符合人物作文的白描要求。

但看完全文，感觉标题《印象》与正文脱节了。超市里什么给你留下了印象？是超市，还是超市里的人？现在这篇作文，只能改标题了，老师帮你改成了《超市见闻》。标题与文章内容要紧扣，才不至于偏题，否则是难以拿高分的。

（文：王笋雨　指导老师：张　渊）

题材亮眼，虚实结合

所谓实的内容，主要是指文章中具体实在的客观事物，或正在发生的真实事件。所谓虚的内容，主要是指文章中与“实”写内容相关的回忆、背景、联想或想象，或相对来说比较抽象的情感、思想、认识或理论。

不会想象，写不出精彩的文章。我们所说的想象，是对头脑中已有的表象进行加工改造，形成新形象的过程。这一“新形象”形成的过程，其实也可以理解为我们通常所说的“虚构”。应该说，没有想象，就没有虚构。但是，虚构要以现实为基础，只有做到了虚实结合，才可能进入想象翩翩的境界。那么，就写作而言，如何运用自己的想象力与虚构能力呢？

写作支架 1 由物象想象相关文字

由现实生活中的某个具体的物象来想象其来历，并由此想象一些与此物相关的诗句或故事，是训练想象能力的好方法。将想象的相关文字纳入写作，便会于不经意间增添文章的文化意蕴。

例文：爱鸟之人，非陶渊明莫属。《归园田居》中写道：“羁鸟恋旧林，池鱼思故渊。”他把统治阶级的上层社会斥为“尘网”，把投身其中看成是“羁鸟”；“山气日夕佳，飞鸟相与还”中的鸟摇身一变，变成了恬静、悠然的象征；而《归去来兮辞》中的“云无心以出岫，鸟倦飞而知还”，亦是与“羁鸟恋旧林”有着异曲同工之妙。由此可见，鸟之灵气，若在笼中则让人寄托渴望自由闲适之情，若在空中又成了诗人羡慕的对象。

赏析：由一根羽毛想象到鸟，再由鸟联想到爱鸟的人及其与鸟相关的诗句。文章由写鸟的诗句演绎出了鸟的几种不同状态，相同的鸟，不同的意蕴，意味隽永。

写作支架 2　由文字想象相关细节

由一段文字，想象其当时的场景与状态，这也是运用想象的一种好方法。将其写入文中，文章会因其生动的细节而让人感动。

例文：我仿佛看见孔子在河岸边低吟："逝者如斯夫，不舍昼夜。"这一位老者默默地注视着流水上的一片叶子，叶子随着流水飘动，流向远方，老者的目光也随之变得悠远，那是流水永不停步的地方。老者收回视线，轻轻地摇摇头，一声若有若无的叹息在风中飘散。连孔子都感叹时间如流水一样，来去匆匆，这一句不正与我们今日所慨叹的"光阴似箭，日月如梭"有着异曲同工之妙吗？时间是一条河流，在我们的一生中，它都飞速前进着，它流经的地方都冲刷出不同的景色。但不论是美丽或简陋，它都不可能再回头。

赏析：文章由文字"逝者如斯夫，不舍昼夜"想象孔子低吟这句话时的画面，让人感到亲切，不自觉间增添了文采，实为妙笔。

写作支架 3　虚构并拓展核心细节

尝试写作小小说，是训练虚构能力的好方法。一般来说，任何一篇成功的小小说都有作为全篇艺术支撑点的核心细节。所谓核心细节，就是指小小说的中心情节，即能够用一句话概述的主体事件。在确立了核心细节的内容的同时，还须拓展这个核心细节。

学生佳作《最贵的捐赠》，就可以用"小女孩为灾区捐赠"这样一句话来概括其核心细节，但却通过一步步地营造矛盾冲突，让读者在关注小女孩的捐与不捐的矛盾冲突中被深深吸引，小说的核心细节便由此拓展开来，使故事情节显得波澜曲折，文章具有了较高的艺术性。

写作支架 4 虚实结合

虚实结合是指把实的内容和虚的内容有机地结合在一起，虚与实之间互相联系，互相渗透，互相转化，以达到虚中有实，实中有虚的境界。

例文：桃树，杏树，梨树，你不让我，我不让你，都开满了花赶趟儿。红的像火，粉的像霞，白的像雪。花里带着甜味，闭了眼，树上仿佛已经满是桃儿、杏儿、梨儿！花下成千成百儿的蜜蜂嗡嗡地闹着，大小的蝴蝶飞来飞去。野花遍地是：杂样儿，有名字的，没名字的，散在草丛里，像眼睛，像星星，还眨呀眨的。（朱自清《春》）

赏析：这一段选自朱自清先生的《春》。片段中实写的是一棵一棵盛开的桃树、杏树、梨树，在如火如荼的花团中，飞舞着成群的蜜蜂、蝴蝶，由此作者联想到它们你不让我、我不让你的热闹情景，联想到树上结满果子的丰收情景，联想到花儿争奇斗艳，画出春天百花盛开的繁荣景象。朱自清先生通过在实写的过程中不断加入自己的联想，用文字描绘出一幅幅春天的美景，使读者身临其境，这就是在写作中运用联想实现虚实结合。

写作支架 5 化虚为实

通过巧用比喻来实现

例文：妈妈的这句话，犹如一阵清风吹散了我心中的乌云，露出了一片晴朗的天空。而我心里的石头，也好像变成了轻盈的羽毛，让我变得轻松起来。

赏析：妈妈的话带给我的感受是抽象难以表达的，此段巧妙地运用比喻，化虚为实，化抽象为具体，不仅增强了文章表现力，而且丰富了文章内涵。

通过精练动词来实现

例文：孤独在她的身体里滚来滚去。

赏析：孤独是虚的看不见的事物，滚来滚去是形象可感的动词。此句运用了化虚为实的写作技法。有文采，表现力强。

写作支架6 引实入虚

通过巧用拟人等修辞

例文：望着满树的白花，我的心颤抖了。老香椿树，你经受了多少年的委屈啊！春风里，你的嫩芽无数次萌发，又无数次被掠取，但你依然默默地奉献。我要采撷一串最美丽的香椿花，挂在我的书桌旁，用她来提醒我如何做一个真正的人。

赏析：文中香椿树是实，香椿树的默默奉献精神属虚，通过拟人，由实入虚，丰富了写作对象的内涵，提升了文章深度。这种引实入虚的写法在托物言志、借景抒情等一类文章中最常见。

插入相关回忆

例文：你柔弱的肩膀担起我们姊妹的成长，无私的慈爱啊，如涓涓细流。仍然记得，那年隆冬，体弱的我午夜高烧不退，几近昏迷。您二话不说，背上爬犁，扯上被褥，紧紧包裹着我，和哥哥一起连夜用爬犁把我拉出深山，送入医院，一直守候七天七夜。妈妈啊，在我们人生的旅途中，您用博大的母爱为我们保驾护航。在季节的轮回中你执着地坚守家园，默默为我撑起爱的浓荫。

赏析：在议论抒情中通过插入母亲送高烧的我去医院的相关回忆，母亲关爱孩子的形象一下子就鲜明立体起来，仿佛就出现在读者眼前。

引实入虚还可以借助想象来实现

例文：我对母亲说，明天我们还来散步。

于是我的眼前出现了一幅画面：夕阳西下，我挽着母亲一步一步，走得稳当，走得舒畅。风儿轻轻吹着，将镶了金边的叶儿打在一处。水粼粼地荡向远方，鸟儿在空中追逐鸣叫……

散步，是爱的沟通。

我坚定地对母亲说，以后我们每天都来散步！

赏析：作者通过想象由实引到虚，描绘了母亲散步的美好情景，表达了自己陪母亲散步，与母亲沟通的决心，增强了文章表现力。

写作支架7 虚实相生

在写作中，我们可以将题目中给定的事物进行升华，二者并行，虚实相生，从而深化主旨。

例文：暗香再度弥散。我拿起那件白衬衣，又是那股熟悉的洗衣粉的香味。一瞬间，我真的什么都了解了，奶奶在日日月月的搓揉中，将充满爱意的香气贮进了洗衣水中，长留在我的衣服上，围绕在我的身边，透进了我的心田，芬芳了我的生命。奶奶用她的生命全心全意爱着我们，那是爱的暗香，永远弥散的暗香。

赏析：将实写的衣服上洗衣粉的香味与虚写的奶奶对“我”的爱的暗香巧妙融合，双香并行，虚实相生，从而深化了主旨，读来回味无穷。

在写作中巧用虚实结合，能够丰富写作意境，更好地烘托和渲染情感，增强作文的表现力。

范文引航

梦里花落知多少

那天天气很冷，秋风呼呼地刮着，预示着冬天将要来临。

午饭还没吃完，就有同学跑进来对我说，你父亲来了。我的心突然一沉，头脑发胀，在心里说：“不是不让你来的吗？”

我放下碗筷，迅速跑了出去。

这是我进校的第二年。自从进入中学以后，虚荣心时时刻刻纠缠着我。这些城里的孩子，大都有个美好的背景，或是官家公子，或是富家千金。他们还常对着我自诩自傲。有时闲谈，还常常选些农民的愚昧状作为谈资。我真怕让同学们看到我那形容枯槁的父亲，真怕看到他们灼人的眼光。

转过屋角，便看到了父亲，穿的还是那件破灰袄，上面荡满了尘土！戴的，还是那顶洗得发白的帽子。也许是身边那头黄牛饿了，直往冬青丛上走，父亲频频地拉着缰绳，嘴里骂出那耕地时对牛的浊语，同学们看到了都抿着嘴笑。

我硬着头皮走了过去，叫父亲将牛车赶往面粉厂院里，因为这儿就是我们女生寝室，时不时地有同学进出。

“爸，不是说我自己带粮吗？”边卸粮，我嘴里边嘟囔。

“天冷了，你来几百里路怕耽误功课，我一下拉来得了。”

卸完粮，父亲将牛套子摘下来，开始喂料，看来他是不会马上赶回去了，虽然食堂里还在卖饭，可我却说：“爸，食堂的饭卖完了。”

“哦，没关系，待会儿我在路边买点。”在我的记忆里，父亲从不乱花一分钱，即使夏日炎炎也要忍饥挨饿回去的。

“孩儿啊！你娘老眼昏花，不能再为你做衣服了，你拿上这钱，像城里人一样买一件算了。”说着，父亲拿出那个破钱包，掏出带着体温的30元钱。我用手指摸了摸钱包，顺眼看去，里面空无一文了。我想：“他又要……”不由得，一种沉重的负罪感袭上我的心头……

“爸，你等会儿……”我努力往食堂跑去，泪水如泉水般，扑簌扑簌落在脚下，树上的枫叶落下来，飘在我的身上……

赏析

这篇文章在动人的真情实感之外，行文上虚实结合，使父女二人的形象都更加丰满。如在作者跑出去见父亲时对在校情况的一段虚写，交代出导致后面事情发生的原因——虚荣心；在父亲说“待会儿我在路边买点”后，虚写作者记忆中父亲一向忍饥挨饿回去，表现出来的是一个不仅爱着女儿，还不愿让女儿为自己担心的父亲。虚实结合的写法，使文章的感情表达富有层次，更加打动人心。

（文：王　磊　指导老师：张　渊）

叙事具体，情理相生

公元228年，这一天，蜀汉的刑场周围挤满了群臣和围观的百姓。行刑时间将至，只见一个人缓缓来到刑场。这个人，正是诸葛亮最疼爱的谋士——马谡。马谡因为违反军令，导致战略要地街亭失守。兵败失守后，马谡又临阵脱逃，论罪当斩。行刑前，马谡给诸葛亮写信，信中，马谡视诸葛亮为自己的父亲，并将一家老小托付给诸葛亮。围观的百姓无不动容流泪，群臣纷纷向诸葛亮求情。然而，此时的马谡却十分清楚，自己罪无可赦，丞相绝不会姑息。马谡被斩首后，诸葛亮伤心欲绝，久久难以平复。法律面前，人人平等，在诸葛亮惩处的人里面，既有亲贵，也有功臣。无论是什么人，一旦触犯刑律，诸葛亮一律严办，绝不偏袒。

这是关于情和理的思考。“情与理”在日常的融合中难免发生不协调的碰撞。徇情害理不义；遵理伤情不仁，这是我们的贤圣都曾经大伤脑筋的尴尬，诸葛亮挥泪斩马谡就是遵理伤情的经典案例。

写作支架1 理解叙事具体与情理相生的关联

做到情理相生，作者笔下要有画面和场景，要有对事件的具体描述，能够设身处地，与主人公共情，还要能以理性透辟的分析为情感的贯通牵线搭桥，去感受生命的真、善、美。

文章既表现人们的感情，也表现人们的思想。在写作中感情的深化也有助于加深对事物内在义理的认识，情与理是互相渗透融合的。只有情中蕴理、理中含情，才能情理相生。

赏析：“记住，你是吃饭长大，也是读书长大的！”但是今天我发现这句话还不够用，它应当这么说：“记住，你是吃饭长大，读书长大，也是在爱里长大的！”（林海音《窃读记》）

赏析：回顾《窃读记》的大概内容和主旨，不仅表明了作者对读书的热爱，对知识的渴望，也告诉读者一个道理：无论何时都不能忘记读书。这篇课文情中含理，理中有情。

写作支架 2 明确情理相生的特点和路径，在写作中努力做到情理相生

例文：后来发生了分歧：我的母亲要走大路，大路平顺；我的儿子要走小路，小路有意思……不过，一切都取决于我。我的母亲老了，她早已习惯听从她强壮的儿子；我的儿子还小，他还习惯听从他高大的父亲；妻子呢，在外面，她总是听我的。一霎时，我感到了责任的重大，就像领袖人物在严重关头时那样。我想找一个两全的办法，找不出；我想拆散一家人，分成两路，各得其所，终不如愿。我决定委屈儿子了，因为我伴同他的时日还长，我伴同母亲的时日已短。我说：“走大路。”

但是母亲摸摸孙儿的小脑瓜儿，变了主意：“还是走小路吧！”她的眼睛顺小路望过去：那里有金色的菜花、两行整齐的桑树，尽头一口水波粼粼的鱼塘。“我走不过去的地方，你就背着我。”母亲说。

这样，我们在阳光下，向着那菜花、桑树和鱼塘走去了。到了一处，我蹲下来，背起了我的母亲，妻子也蹲下来，背起了我们的儿子。我的母亲虽然高大，然而很瘦，自然不算重；儿子虽然很胖，毕竟幼小，自然也很轻。但我和妻子都是慢慢地，稳稳地，走得很仔细，好像我背上的同她背上的加起来，就是整个世界。（莫怀戚《散步》）

赏析：《散步》这一篇散文，写的是全家人饭后散步的事情，第一段就介绍了地点、人物，随后交代了散步的起因、经过、结果。文章最精彩的部分是经过和结果。经过是对走哪条路的争论，结果是“我”背着母亲，妻子背着儿子。这篇文章将散步这件事叙述得很具体，详略得当，经过和结果详写，其他略写。

这篇文章的“情”体现在作者对“生命的感慨”，母子、父子、祖孙三代之间浓浓的亲情的美好。“理”是尊老爱幼的传统美德。

范文引航

我的烦恼

要说我现在最大的烦恼，还是从巨大的欢喜中演变而来的。

上学期的期末考试，我考了年级第一，心里乐滋滋的，看着三科老师都对我十分信任喜爱，更是有一股自豪感油然而生。正因为这样，本学期一开始，我成功当选为数学课代表；紧接着何老师任命我为英语课代表，嗯，好像有点辛苦；又过几天，我成为班长候选人，而且还要兼任小组长，这下任务就有点重了。没过几天，我赶制了数学和英语班规，又要开始收组员的作业。就是这点，最让我烦恼。

当上班干部，我肩上的责任越来越重，烦恼也就随之越来越多。但每当尽到了责任，看着老师欣慰的笑容、同学感激的样子，我突然觉得也不怎么烦恼了，反而觉得再大的烦恼也不是事儿了。

可能就像梁启超先生说的那样，人生最苦的事，莫过于身上背着重大的责任；然而尽完了责任，就是最快乐的事儿了，这不就跟我的烦恼一样吗?

新学期眼看着要开学了，我依旧是懒懒散散，但心里总还是有些着急。马上就要步入初中了，进入人生的下一个阶段，我不想浑浑噩噩地走，不想这段路的开始是这样的不堪。雨终于停了，在夏的尾巴，阳光回到了它的主场。那天我起得很早，早饭后，我把自己一个人关进了房间，决定摒除一切杂念，改变一下现在的自己。

我到网上找到了一个演讲节目，进去看各个行业精英的演讲。其中的一个演讲者，讲述了自己大学毕业后去英国留学的故事。她不想过随遇而安的生活，她对自己提出“从零开始”的要求。英语不好，自己买书练题，去餐厅打工练口语，因为这一段经历，让她在之后的工作生活中，有了继续前行的勇气。

赏析

作品注重叙事经过，具体、条理清晰，在具体的叙事中表达内心的情感态度，自然而然中升华到感悟和哲思，实现了情理和谐共生。

（文：闵子乾　指导老师：张　渊）

作文创新，幽境高分

徽宗主持画院考试，曾以“踏花归去马蹄香”为题命考生作画。获头彩的作品恰恰是一朵花都没有的，画上只画一匹飘逸而来的骏马，其高扬的右蹄旁有几只追逐的蝴蝶。这正是“无花之中尽得花”之神韵，因为蝴蝶宁死也不愿离去，可见马蹄上有多么诱人的花香，可想马踏了多少花才有蹄上浓郁的花香。

因为另辟蹊径，才有了胜人一筹。

独特是文章的生命。曹文轩先生说：“智慧在于对世界能有自己的一份独特看法，在有了独特的看法之后，又能以独特的叙述方式将其表达出来。智慧在于思维不再是僵直的、机械的，当路被堵死时，能换另一种思路，而思路一转，则柳暗花明，新意顿现。”

作文要有创新意识，人无我有，人有我精。确立文章的主旨，要防止与别人雷同，力争不与他人撞车；精选的材料要有积极意义，要新鲜，要有时代感；布局谋篇要思路清晰，言之有序；要敢于打破旧框架，别具一格，从形式上让评卷老师耳目一新。

写作时，要善于从自己独特的生活感受出发，寻找新颖的角度去开掘事物的特点，探求事物的本质。只有这样，你才能写出令人拍案叫绝的佳作。作文创新非常重要，如何提升这方面的能力呢？

写作支架 1 标题创新

标题是文章的眼睛，因此在拟标题时必须把握命题的多样性、诱发性和命题的生活化、大众化、通俗化的“二性”和“三化”原则。像《明月清风心自在》《流星的泪》《面对大海》等题目，新颖、别致、含义深刻，给人耳目一新之感，使阅卷老师一看就产生浓厚的阅读兴趣。

运用修辞。如：《我是一只小小鸟》（比喻）、《鹅卵石之歌》（拟人）、《超越梦想　赢取未来》（对偶）、《此岸？彼岸？》（反问）、《有多少爱可以重来》（引用）等。

熟语改用。把人们喜闻乐见的一些熟语，根据表达的需要，适当地加以改动，如《成也同桌，败也同桌》《近水楼台不得月》等。

设置悬念。故意用违背常理逻辑的语句来做标题，如《假如给我 500 万》《我愿做只笼中鸟》等。

点明文体。在标题中点明所要运用的文体形式，如《关于成功条件的实验报告》《初三日记》等。需要注意的是题目创新的前提是准确、贴切，标题与作文体裁、内容相符合，并且力求精练、简洁。另外对于命题作文切勿节外生枝，另拟新题。

写作支架 2 立意创新

立意即确立文章主题，我们应抛弃那些假、大、空的口号式主题，抒写对生活的真实体验和感悟，应追求主题的立体感、血肉感、流动感。也就是说立意应给人以新感受、新启发或深刻的教育，用创新的眼光、创新的思维，去审视、思考问题、反映新生活，要紧跟时代的步伐，研究新问题、反映新生活、提出新观点、抒写新感受，还应做到主题的开放性。

文章的立意十分重要，著名学者王夫之说过“意犹帅也，无帅之兵，谓之乌合”。写作文，无论是反映生活现象，还是说明纷繁的事物，甚至是议论种种问题，总是想告诉人们点什么、给予人们点什么，总得有个目的、意图。这样，文章才有“主心骨”，才能“站立起来”。要使文章“站得住，站得稳，站得久”，在作文的创意方面，要注意合理使用。

作文时要力求跳出陈套创新意，要“别出心裁”，确立与众不同的主题，并据此主题多发“异想”，然后将这些“异想”的立意进行比较，选出其中新颖合理的立意。

写作支架 3 材料创新

创新作文的材料必须具有典型性、代表性、能表现人物个性，揭示事物本质。大千世界，斑斓多姿，为我们提供了取之不尽、用之不竭的写作材料。可以这样说：“材料选得准，选得好，文章已经成功了一半。”考生写作文应该注重捕捉生活的闪光点、挖掘生活的新鲜事。生活的闪光点、新鲜事并不是凭空产生的，是靠我们平时的阅读、生活的体验、知识的积累获得的。只要我们在日常学习和生活中，善于做生活的主人、写作的有心人，善于学习新知识、接受新观念、观察新事物、研究新问题，善于独具慧眼、深入思考、注重积累，就能为写作提供丰富的“素材源”。当然，生活中的惊天动地的典型事件并不多，这就要求我们多加留意平凡的小事，多加挖掘事物的本质，多加探究事物的蕴含，多加提炼其中的精华。如同样是写父亲，有位同学借助家中的自行车这一“实物”，反映出父亲对家庭的关爱，选材另辟蹊径，视角独特，令人耳目一新。

要写鲜为人知的材料，即新颖、新鲜的材料。最好写别人没写过的内容，或者是大多数读者未知的领域，或未知的情形。

要写有个性特点的材料，即有特殊性或是同中有差异。个性是文章的生命，要使文章有鲜明的个性，就要写我心、写我见、写我闻、写我历、写我情、写我话，切忌人云亦云。像鲁达、李逵、宋江等形象之所以永远活在人们心中，是因为《水浒传》对人物的性格描写是成功的，写出了他们的鲜明个性。

要写内涵深刻的材料，即要能在小事情上揭示出生活的本质，反映时代的特点，能从常见的现象里提出尖锐而不同凡响的问题。我们更要读读社会这部渊博的“无字书”，在“读”中挖掘出“新”。

写作支架 4 结构创新

结构就是人们常说的“布局谋篇”，它包括文章的层次和段落，开头和结尾，过渡和照应，叙述的顺序和线索，以及材料的详略处理等。考生“布局谋篇”时，在遵循事物与文章本身的内在逻辑性的基础上，要尤为注重结构的独特性和创新性。

开头要新。开头是文章不可缺少的部分，文章开头的好坏，直接影响内容的表达效果。苏联伟大的文学家高尔基曾说过：“开头第一句是最困难的，好像在音乐里定调一样，全曲的音调都是它给予的，也是作者花工夫的所在。”写好一个开头，等于文章成功一半，文章头开得好，就会打开思维的大门，要说的话也会顺思而出，就可以越写越顺，一气呵成。如果开头不好，写起来就文思不畅，步步艰难。

那么，如何写好文章的开头呢？一般来说，首先要切题，即落笔就能揭示全文内容，或点出与主题有关的人和事。其次要新鲜，有独创性。再次要形象生动，通过环境气氛的渲染，或自然景物的描写，一下子就能吸引住读者。最后要语言简洁明了，不能“下笔千言，离题万里”。文章的开头千姿百态，形式各异，没有固定的方法和模式，但是有一些基本的常见的方法，如巧设悬念法、恰当引用法、名言警句法、诗词典故法、谚语歇后语法和歌曲法等，还有回忆引入法、反向引入法、象征联想法、梦幻开头法、假设开头法、巧用对比法，以及提问法、拟声法、倒叙法等等，总之要尽量避免平铺直叙。

结尾要新。结尾和开头一样，结尾的好坏直接关系到文章的全局，关系到文章中心思想的表达，俗话说“编筐织篓，全在收工”。好的结尾如同歌唱家的最后一个音符，可以收到“余音绕梁三日不绝”的效果。那么，怎样设计好的结尾呢？笔者认为常用方法有：“引用结尾法”，就是引用名言警句、诗歌、歌曲等来结尾；“含蓄结尾法”，就是结尾委婉含蓄，给人以无穷回味，或以设问、反问，提出新问题，让人向纵深思考；“出人意料法”，就是在文章结尾写出一个让人始料不及的结局；“虚幻结尾法”，就是用虚幻的想象作为结尾的写作方法；还有“修辞结尾法”“戛然而止法”“蕴含哲理法”；等等。

写作支架5 语言创新

语言新即语言清新自然，鲜明生动，富有个性。平时若能以“语不惊人死不休”为座右铭，反复实践，逐步提高语言创新能力，就一定会使自己的语言新颖别致，独具风采。一位考生在一篇题为《妈妈的爱》的作文中有这样一段描写：“妈妈是传统的古典派，我是现代派。那墙上的郑板桥的字是她的‘宝贝’，平底鞋不离脚，肥肥的裤子成了她的特色。妈妈爱听美声，我却只觉得摇滚够味儿。”这段文字中的“古典派”“现代派”“宝贝”“美声”“摇滚”等词语或借用新词、专门用语，或贬义褒用，语言清新活泼，趣味横生，富有个性。

刘勰在《文心雕龙》中说：“夫人之立言，因字而生句，积句而成章，积章而成篇。”语言表达得如何，直接影响文章的质量。立意再好，不能用恰当的语言表达出来，那立意也是一句空话；选材再优，不能用生动的语言叙述出来，那再好的素材也成了废料；景致再美，不能用形象的语言描绘出来，读者也感受不到那种美景。不仅要注意语句的完整、通顺、连贯，而且要注意过渡的自然和句式的变化；不仅要注意语言的形象、生动、准确，而且要注意运用优美的成语和精彩的格言；不仅要注意引经据典，而且要注意恰当运用比喻、拟人、排比、夸张等修辞手法。

范文引航

刀子与筷子

我在 15 岁的冬天，身上带上了刀子。我想：谁再胆敢动我一指头，我就白刀子进，红刀子出！

刀子硬硬地掖在我的腰里，它使我的腰板挺得很直，我冷冷地睥睨出现在我面前的每一个人，我用眼睛对他们说：不怕死的，来吧！下雪了，雪花纷纷扬扬，把地面铺得很厚。我站在雪地里，是罚站。在年级考试中，我拖了班级的后腿。班主任不仅罚我站，还朝我脸上打了两巴掌。我把一口血水吐进雪地里，殷红点点，像极了璀璨的梅花。我狞笑着对班主任说：“你再动我一下试试？”班主任于是又打了我两巴掌。就在他转身的时候，我掏出了刀子。

班主任见了扭头就跑。然后我走进教室里，狠狠地把目光向一个同学一个同学看去，他们全都不敢迎接我的目光，他们大气不敢喘一口。我说：“你们不是喜欢欺负我吗？来吧。”很快，就有人隔着窗玻璃远远地喊我，说校长有请。我隔着衣服把腰里的刀子摁摁，然后踢开教室的门，去了。

校长的办公室很暖和，炉火很旺。我瞄着桌上的电话机，想着在动手之前，得把电话线割断。校长在研墨，一下一下。我不知他想干什么，我的手怕冷，放在腰里。

“听说，你会写一手很漂亮的毛笔字？”校长慢慢地研墨，慢慢地说。

我不回答，我还是不知道他想干什么。我眼看着校长，耳朵听着窗外。窗外没有人来，只有想象中雪花“扑簌扑簌”落地的声音。我想着吐在雪地中的血水，像璀璨的梅花。

“你为什么要带刀子？”校长问。“老师常打我，同学们也打我，我告到老师那儿他不管，还说我这样的学生就该被揍。”我说着就流下了泪水。

“来，把你所痛恨的人，写在纸上。”校长掂过一支小狼毫笔，微笑地瞧着我。我不动，我不知校长卖的什么药。我看他一头花白的头发，想我15岁的身躯可以把他掀倒。炉里的煤块“砰”一声响，吓了我一大跳。

校长又笑了。我很生气，我想我怕你不成？写就写！我在一张张纸上飞快地写下了所有我所痛恨的人。我想一个一个把他们杀了！校长一直在朝我的字点头，他说：“好字！”又看着我说：“放学后，你，去我家。”

一株蜡梅在墙角瘦瘦地绽放，一庭暗香。我吸吸鼻子，惊讶地去瞅我写的仇人的名字，他们全都粘贴在一根根木柴上。校长送给我一把利斧，说：“砍吧！”庭院中只有我一个人，漫天的雪花中，我嘶喊着，把我满腔的仇恨一斧又一斧飞快地劈下去，我劈得满脸是汗，满脸是泪……

雪花静静地看我，蜡梅静静地看我，院外，校长亦在静静地看我……在这个暗香暖暖的小庭院里，我劈了一冬天的木柴。到最后，木柴都变成了筷子。心清气朗的我捧着筷子大笑，校长也捧着筷子大笑。

第二年的初夏，我顺利地中学毕业，并同时考上了当地的卫校。我很高兴，离校的那一天，我跑到校长那里去。我取出刀子，精心地削了一个苹果，然后连同刀子一起送给校长。在暖暖的微笑里，我朝头发花白的老校长深深地鞠了一躬！（选自《陕西素质教育》）

赏析

本文值得借鉴的有以下几方面。

描写手法丰富、新颖。本文运用了大量的心理描写、环境描写和神态描写，自然顺畅地把“我”在这个“寒冬”的心理变化过程呈现在读者面前，重点突出了校长的“暖春”形象。文中“血水吐进雪地里，殷红点点，像极了璀璨的梅花”这一句话有着深刻的含义，“梅花”是作者“一厢情愿”地想象出来的，从中可以品读出作者心中还残存着一点希望，寒冬中的梅花就像是作者对班主任以及同学们的一种期盼，期盼他们不要再这样对他，他还是相信老师和同学们依然拥有善良的一面。然而，在第一次想到梅花时，班主任的两个耳光把作者的期盼通通粉碎了，因此，他不得不采取极端的行动。在校长室中，作者又再次想起梅花，而校长就是他要找的那朵“难忘的梅花”。

行文大开大合，结果于意料之外又在意料之中。15 岁的学生心中充满了复仇意识，刀子的反复出现令人不寒而栗，让读者急于知道复仇的原因和结果。但在校长的“放纵”和诱导下，刀子变成了筷子，仇恨变成了笑容、感激和教育的成功。

总之，行文上的创新带来了手法上的多样和主题上的新颖深刻，使文章有新意且深刻。

（赏析点评：张　渊）

怎样写好命题作文

命题作文的表现形式有：纯命题和命题＋提示两种呈现形式。

纯命题，是指一种单纯以“命题”出现，前后没有提示或导语，这种形式，从字面上看限制较少，审题上没有障碍，让考生有相当宽泛的选材范围。（词语式、短语式、句子式命题。）

命题＋提示，是一种以“提示语＋命题”的形式出现，通过导语或提示语，为考生在审题和选材上做出了一定的引导，同样有较大的开放性和自由度。

写作支架 1 认真审题

命题作文最难突破的点是“审题”，审题准了，语句流畅，事情叙述清楚，书写好，考试中一般都能获得个好分数。

命题作文的“审题”技巧

找准“题眼”。命题作文文题中一般都有关键词，这些词就是所谓的“题眼”。把握住题眼，也就抓住了文章要突出的重点，了解了写作要避免的误区。尤其要注意题目中的修饰词语、限制词语和补充词语，因为这些词语对写作范围起着约束限制的作用，是文章特殊要求的标志。

瞄准副词。“最”“也”“还”“再”“更”“其实”等副词出现在题目中，都不是可有可无的点缀，而往往是考生极易误入的陷阱。如《我最好的朋友》中的“最”就规定了你笔下作为主角的朋友只能有一个；《这也是课堂》中的“也”就规定了你所写的内容不能是平平常常的某一节课。

读懂提示。这类比喻性题目前往往有一段精心设计的提示语，考生审题时需认真阅读这些提示语，学会由“虚”而“实”，在你熟悉的生活素材中确定与这一比喻义匹配的本体，写作时方能做到紧扣题目。

厘清题句。这类题目往往有着因果、条件等内在联系，审题时必须辨别清楚。如《我拥有，我快乐》，“拥有”是“快乐”的前提和原因，“快乐”是“拥有”后产生的一种心理情感反应，两者紧密联系，不可分割。有的考生忽略了这一点，因果意识不强，下笔时只写“拥有”，不见“快乐”，缺少必要的抒情议论；有的则只见“快乐”，少见“拥有”，缺少作为“快乐”支撑的叙述和描写。

分清详略。如作文题《下雨天，真好》，这是一道情景类命题作文，考生要在行文中创设“下雨天”这样的情景，而题目中的“真好”，是立意的关键，应详写。可是有些考生的记叙文中，用大半篇幅写“雨”或“下雨的情景”，写“好”一带而过，只是在文章最后用一句“下雨天，真好”匆匆收尾，由于没有具体内容支撑，“真好”也就成了空中楼阁，如此安排详略显然偏离题目要求。

写作支架 2 立意选材

可用“添枝加叶法与逆向选材法”。命题作文题目越长越容易迅速确定立意与选材。当题目是一个词时，选材的范围很宽。确定写作目标就显得困难。这时你可以采取题目添枝加叶法迅速确定写作目标，如“选择”，可在其前添加“爸爸的”“痛苦的”“明智的”等，或在其后添加“了坚强”“了诚实”“的快乐”“的艰难”等。这种添枝加叶是在心中进行的，千万不要换题目哟！有人认为选材不应放在审题中进行，其实审题与选材应是同步完成的，它们可以相互印证。选材平庸的作文难成好文章。那么在选材中我们可以采用逆向选材法使所选材料新颖。如“感谢”。学生感谢老师为常见，老师感谢学生就为奇、为新。

写作支架 3 确定文体

初中生一般都选择写记叙文，尽量把内容落实到人、事、物上。有些命题作文规定文体，按文体写即可；有些命题作文让自选文体，每当此时有些同学就无所适从，多是成段的感慨，而没有实际的内容。此时应依据自己对题目的理解选择擅长的文体。选择了记叙文，就要把内容落实到人、事、物上。把人写好，把事写实。写其他文体则要根据自己的写作能力来定了。如写一篇小说也不失为一种聪明的选择。若选择议论文，自己要有充足的事实和理论依据。

写作支架 4 虎头豹尾

练好文章的开头和结尾非常重要，命题作文亦是如此。好的开头和结尾会让你从评卷老师那里笔下夺分。

写作支架 5 写命题作文时要做到

审题上，要做到瞻前顾后、一字不漏。对于题目，应从头至尾反复领会、研读，不得忽略一处。

取材立意上，要做到大中取小，以小见大。

在构思上，要做到或一点式伸展，或多点式铺陈。

在表达上，要做到注重文体特征，表现个性特点。注重文体特征，就是要充分准确地表现文体特点，而不要出现模糊文体色彩的错误。表现个性特点，就是要表现考生运用语言文字的技能技巧。就是要认真遣词造句，稳妥布局谋篇，从语气、结构、主题方面尽量表现出自己的实际水平，甚至期望有超过水平发挥，力争做到常中出新、平中有奇。

范文引航

握手

我站在镜子前，身体前倾着，一只手撑着桌子，一只手缓缓地伸向镜子的玻璃表面……人的变化总是来得很快，来得悄无声息，我几乎不认得自己了："这是我吗？若不是我，我又变成了谁呢？"

苦思着，我终于睁不开眼，开始了我的梦乡之旅。

2015 年，5 岁。在一个雾气沉沉的清晨，太阳还躲在漆黑的巨山之后偷睡着懒觉，周围的一切似乎都是白的，灰的，黑的，还有一点点淡蓝色。我看见远处先是出现了一个小小的黑影，紧接着又出现了一大片黑影，像是一个旅游团。脚下是由碎石子铺成的路。"我这是在哪里？"我问，"噢，对了，华山。"

那小小的黑影走到了跟前，是 5 岁时的我，我赶忙躲开，在一旁看着，等待着某件事的发生。"啊——"小小的我摔在地上，尖石刺进了我的手掌，顿时鲜血直流。这一切的发生，都与我记忆中一样。"如果没有记错，我当时应该没再继续爬山了吧。"我这样想着。可是，在小小的我的小小的眼中，竟射出一道让我惊异的坚定的目光，在医生帮我取出石子的时候，我竟没有哭出一声，咬紧着牙关的表情，仿佛让我重又感受到了当时右手的疼痛。我上前去建议他，让他回旅馆好好养伤，他却说："不，我一定要爬完这座山，一定……"说罢，他转头继续向前，渐行渐远。我吃了一惊："这竟是我？"我一把抓住他用绷带裹着的小手，好好地摇了两下："谢谢！"他奇怪地问我道："你不是我们团的，你是谁？""我是……你。"

2020 年，10 岁。烈日炎炎的中午。10 岁的我正站在露天的篮球场上，练习着投篮："一个……两个……"我的汗也直直地滴落下来，滴在球场上，转瞬间，却又干了。太累了，精疲力竭。我弯下腰，看着地上自己的影子，整个人摇摇欲坠。在回廊外，站着14岁的我，轻轻说道："要放弃了吗？"突见10岁的我又站起身，使出全身力气，将球投进了篮筐，我说："好，这才是我嘛！"我走上前去，拉了自己一把，然后紧紧地，好好地与自己握了握手："加油！"

2012年，12岁。漆黑的夜晚，黎明的前奏曲，我依旧伏在桌前，为次日的竞赛做着最后的准备，只有豆大的汗水与解出题目的喜悦。我笑了："原来我一直是我。"

清晨，我醒来，回味着难忘的梦乡之旅，我起身走到镜旁，隔着镜子看到自己旅程的最后一站：2015年，15岁。我对自己说："这就是你，这就是我，'我们'，'我'一直是这样一个坚持不懈的人，永不放弃。恭喜你，你在与自己握手的过程中，一直做着自己。"

"5岁、10岁，12岁……"在自己将这三次握手忘记之前，我赶忙找出纸笔，这样写道："与自己握手。"

赏析

这是一篇命题+提示的命题作文。审题立意。审题目。"握手"往往是表示友好，是一种交流，可以沟通原本隔膜的情感，可以加深双方的理解，信任，可以表达一方的尊重、景仰、欣赏、祝贺、鼓励……审材料，把握材料提示的几方面背后的深意。可以写现实中真实的"握手"："握手言欢"写朋友间相聚的美好，"握手言和"写摒弃前嫌的豁达，"大手握小手"写亲情的温暖，师恩的厚重，"何时重握手"写离别的不舍……也可以虚写"握手"：和美好时光握手，和每棵树握手，和历史人物握手，和经典名著握手……写他们带给自己的感悟，如何启迪了自己的人生。

（文：王璐西　指导老师：张　渊）

怎样写好半命题作文

半命题作文，从命题形式上看又可分为两种：有提示语的半命题作文，与材料作文、话题作文相像；无提示语的半命题作文，距全命题作文较近。半命题作文，就是限定一半的内容，留出一半的内容由学生填写的作文形式。由于它处在“命”与“非命”，“限制”与“非限制”之间，考生对题目还具有“一半”，甚至是“一多半”的自主选择权，所以考生自主发挥、自由驰骋的空间还相当大。

根据要求补全题目，半命题作文可分为四种：一是前空式，即要填的文字在题目的前半部分；二是中空式，即要填的文字在题目的中间部分；三是后空式，即要填的文字在题目的后半部分；四是前后空式，即要填的文字出现在题目的两端。

写作支架 1　拟题支招

文题，乃一篇文章之眼目。好文章，不仅要有慧心，还要有一双明眸。在半命题作文的拟题中，如何打造一双诗意盎然的明眸，达到一笑惊宫闱的效果呢？

审清题旨，找诗意触点。审题，就是要辨别题目在哪里限制、在哪里开放。开放之处就是诗意的触发之点，只有找到了这个点，才能有的放矢，拟出亮题。有些题的限制性极强，如“________，想说爱你________容易”，第一空只能填“想说”的对象，第二空也只能填“很”“不”等副词，像这样限制性极强的半命题，只能在内容或体裁上去下功夫。有些半命题看似限制性强，其实是很开放的，如“如果感到________，你就________”，乍一看，可填的无非是“快乐”“拍拍手”“痛苦”“哭出来”之类，仔细审视一下，你就会发现第二空是可以挖掘出亮点的，如“如果感到快乐，你就撷一路落英”。而有些题，只是在句式上给出了限制，选材、立意的自由度很高，如“最爱________”“________我________”如果遇到这样的题，就可以尽情发挥。

匠心独运，采诗意文眼。以下面这道作文题为例：“洗手的时候，日子从水盆里过去；吃饭的时候，日子从饭碗里过去；默默时，便从凝然的双眼前过去。”过去的日子去得那么匆匆，现在的日子如指间滑落的轻纱，在这如烟似雾的日子里，你体验着成长的快乐与烦忧，释放着青春的朝气与才情，思索着人生的梦想与遭际……请你选择一段刻骨铭心的日子，以“在________的日子里”为题，写一篇不少于600字的作文，除诗歌外，文体不限。

可借鉴古诗词。我们平时在课文中所学的古诗词都堪称经典，借鉴古诗词既能使文题文采斐然，又能显示出良好的语文素养。如“在浅草弄春的日子里”（唐·白居易《钱塘湖春行》）、“在情满秋池的日子里”（唐·李商隐《夜雨寄北》）、“在暗香盈袖的日子里”（宋·李清照《醉花阴》）、“在举杯邀月的日子里”（唐·李白《月下独酌》）等等。

可借鉴精妙的歌词。有些歌词是词作名家的杰作，借鉴他们的作品，不仅事半功倍，而且能拉近与读者的距离。如从《明天会更好》中我们可以“借”得这样一些题目：“在记忆风干的日子里”“在心灵被敲醒的日子里”。从《菊花台》中可以得到这样一些题目：“在夜凝成霜的日子里”“在笑容泛黄的日子里”等等。其实还可以借鉴公益广告、书名、影视剧名、经典台词等等。

可虚实相生。如“重重的赞美把嫩嫩的花蕾压得在春寒中瑟瑟发抖，柔柔的和风把深深的期待幻化成神话中的玫瑰迷雾”，本是虚化的“赞美”“期待”，却因“重重”“玫瑰迷雾”而变得形象可感，这样化虚为实，使语言美不胜收。拟题若能变虚为实，题目一定诗意盎然。如“在梦想拔节的日子里”“在心灵久旱的日子里”“在乘梦飞翔的日子里”等。

可拟人。“而海呢……欣然地溅跃起来……开了灿然万朵的银花”（学生习近《说几句爱海的孩子气的话》），运用拟人的手法写出了海的生动活泼。拟题时，也可用拟人的手法将题目拟得意趣动人。如“在阳光偷懒的日子里”“在风歌云舞的日子里”等等。

可提出一个象征体。“蚕食桑，而所吐者丝也，非桑也。”拟题也像蚕吐丝那样，要善于思考，从内容中提炼出一个传神的象征体，并把它拟到题目中去。如同样以汶川大地震为素材，颂扬坚韧不拔的民族精神，有的同学将题目拟为“在地震的日子里”或“在地动山摇的日子里”。这样的题目比较直白，而有的同学却能找到一个象征体来拟题。如“在红旗飘扬的日子里”，这红旗既是北川中学傲然不倒的国旗，也是团结、坚韧的民族魂的象征。

用心推敲，炼精妙文题。半命题作文的拟题，要特别重视检查。一是检查通顺不通顺，主要看语言是否连贯，文理是否通达。有的同学为了题目的标新立异，不惜题文不对，这就本末倒置了。二是检查精彩不精彩，但要特别注意：不能以辞害意，题与文要圆融和谐。如果题目通顺又精彩，那么这个半命题拟题就成功了。

写作支架 2 立意点拨

考场应试作文立意的好坏决定着作文的成败，考生在审题立意时应建构自己认识事物、判断是非的思维能力，形成自己的而不是别人的思维方法，从而掌握审题立意的技巧。

立意应有鲜明的时代感。紧扣时代特征，反映当今社会以及人物的精神面貌，突出当今社会的重大变革与发展，体现当今社会人们的精神追求和思想倾向。无论写成什么文体，其立意都必须抒发、倡导积极向上的人生态度和勇于进取的创造精神。立意不健康甚至错误，其他一切便均无从谈起。

这里的鲜明，是指一篇文章中作者的情感、态度、观点应清楚、明确，绝不含糊。要做到鲜明，可从两方面入手，一是“理”，一是“情”。所谓“理”，就是表现一定的思想；所谓“情”，就是表现某种感情。立意时可根据不同的题目，确定应表现“理”，还是应表现“情”。

例文：人生必然是这样，渐行渐远。有言曰：少年看山是山，看水是水；中年看山不是山，看水亦非水；老年看山还是山，看水仍是水。此言得之。人生就是从单纯到复杂，又归于平静简单的周而复始。而我们要做的，是享受每一种滋味，感受每一种境界，并且在这个过程中，提纯生活之意义。（中考作文《人生三境》）

赏析：这位考生在文中引用寓理颇深的名言来深化主题，破解三种“境界”所蕴含的深刻的人生哲理，可谓妙不可言。

例文：远离浮躁，回归母语，我们的灵魂将更加充实和美丽，先秦的诗经楚辞，魏晋的乐府双璧，盛唐两宋的诗词雅韵，明清的小说散文，都源源不断地为精神注入营养。“青青子衿，悠悠我心”的求贤若渴；“锦瑟无端五十弦，一弦一柱思华年”的缱绻情思；“塞上长城空自许，镜中衰鬓已先斑”的壮志难酬；“苍山负雪，明烛天南”的瑰丽风光，都深深地印在我们灵魂深处。（学生习作《回归母语的本源》）

赏析：作者从国人的语言浮躁这一现象切入，喊出了“远离浮躁，回归母语”的强音，充满民族自豪感和对母语的忧虑与呼唤，情感充沛，时代感强。

不过，文章立意的“理”和“情”不是截然分开的，有时表现“理”的文章有很浓厚的“情”，有时表现“情”的文章也有很浓的“理”趣，只是各有侧重罢了。

立意应有厚重的历史感。要善于用小事件、小题材来反映大主题、大思想，要使作文折射出深刻的思想光芒。做到这一点很不容易，考场作文篇幅一般都不长，要在几百字的文章中反映出大主题和深刻的思想，绝非易事。不过，只要加强练习，掌握一定的审题立意技巧，做到这一点也并非难事。

我们常用的立意方法是大题小做和小题大做，也就是以小见大的方法。

大题小做、小题大做的“题”，指的是考场作文中的话题或主题。所谓大题小做，就是指在构思立意时，采用化大为小的方法，把内容宽泛的话题化为自己要写作的具体而微的事情，或者某一方面、某一领域的具体内容，为大而空、宽而虚的话题找一个具体而又小巧的突破口，便于从小处着手，以小事件、小题材反映大主题、大思想，从具体而微的内容或事件中折射出深刻的思想光芒。与之相反，小题大做则是把具体窄小的题目从大处着手，来反映大主题、大思想。

大题小做、小中见大是使文章立意深刻、具有厚重历史感的重要方法。因此，我们要及时掌握这种化大为小、化整体为局部的方法，通过生活中的小事情、事件中的小角度，来反映广阔的现实生活，揭示深刻的社会主题。

例文：当历史的车轮压过奥斯维辛，听到的是男人的怒吼与女人的尖叫，看到的是母亲的哭泣与孩子的惊恐。而今，奥斯维辛的天空湛蓝而且透明，一排排高耸的建筑直插云霄，似要打破这里的宁静。

难道时间已将历史风化？坚韧的犹太民族已似“一笑泯恩仇”？没有！不但犹太人没有忘记那曾经的苦难，德国人民也没有忘记。当犹太纪念日那天，德国总理跪在营前，默默悔过。男儿跪地惊天动地，何况总理！而这又是为什么呢？因为他们没有忘记。（高考作文《当记忆流经奥斯维辛》）

赏析：作者采用大题小做、小中见大的方法，站在全人类的立场，对历史问题进行总结和反思，主题可谓大矣，然而这位考生却独辟蹊径，大胆地将关注的目光射向了二次世界大战中的奥斯维辛集中营和德国总理的一跪，一个小小的窗口，却收到了“一粒沙里看出一个世界”的效果。

立意应有崇高的使命感。这是就立意的深刻特点来说的。学生正处在世界观、人生观、价值观逐步形成的关键时期，随着年龄的增长，对世界、社会、人物、事物的接触越来越多，思考的问题也越来越多，对其复杂性越来越困惑，对人生和前途有时比较迷茫。因此，在写作中常常表现出疑惑、困惑、消极、悲观，甚至仇视社会和他人的思想，导致文章的立意片面或消极，缺乏一种昂扬向上、积极奋进的使命感，造成考场作文的失误或失败。

立意的使命感要求学生在审题立意时，要善于领会命题者的意图和思想倾向，要善于联想社会生活中的亮点，善于选取一些具有崇高使命感的古今人物和事件，从中提炼出高远的立意来。当然，要学会辩证地思考生活现象和社会现象，在认识问题时不可一概而论，因为世界是复杂多变的，问题是层出不穷的，对自然、对社会、对人生的认识，我们唯有辩证思考，才能得出正确的结论。

写作支架3 点题艺术

考场作文不喜欢含蓄，要多一点“二锅头”，少一点“碧螺春”！何谓“二锅头”？它是我国北方的一种烈性酒，一口下去，两眼冒火，浑身发热。何谓“碧螺春”？此茶需慢慢地品味，快喝猛喝是喝不出滋味来的。也就是说，考场作文必须要有很强的“视觉冲击力”，让阅卷教师在瞬间被它吸引，被它打动，而点题是最有效的方法。点题的艺术可谓异彩纷呈，常见的有以下几种。

先声夺人，题记点。题记如凤冠上的明珠，用它点题，能先声夺人，让读者对文章承载的思想与情感有明确的体味。

例文：庸者，相信别人，怀疑自己；愚者，相信自己，排斥别人；智者，相信自己，也相信别人。（中考满分作文《相信自己，也要相信别人》）

赏析：题记用三个排比句夺人日光，整饬一致，指出了三种人对待自己与别人的不同态度，于鲜明的对比中点出文题，为下文阐明自己的观点做铺垫。

开宗明义，篇首点。落笔紧扣标题，为全文定下基调，使读者一下就抓住意脉。

例文：青春，在我的眼里，仿佛就是那一个个充满活力的字母，每一个字母都能激起我无穷的想象。青春是A，像一座金字塔……（中考满分作文《充满活力的岁月》）

赏析：开篇点题并领起下文，在作者眼里，每一个字母都是一种事物，一种能给人启示或力量的源泉，一个能展示青春激情与风采的舞台。

卒章显志，结尾点。结尾点题，卒章显志，水到渠成，既能让读者充分、准确地把握主旨，又能在结构上收束全文。

例文：诗，是在这尘埃中绽放的绝世之花。诗，是中国华夏千年的不老传说。诗，是中国古文化幻化万千的绮丽亮点。在历史中，在传说里，诗是值得我们骄傲的亮点。（中考满分作文《诗——中国文化的亮点》）

赏析：用形象精当的排比收束全篇，回扣了文题，升华了文意。

蕴含深沉，含蓄点。行文从字面上看与标题没有直接联系，但在意义上含蓄地点出了题意，让读者进行深思回味。

例文：我说要考试了，最近很忙。第二天，就发现换在墙角的袜子和衣服全都被母亲洗好晾在了阳台上。我说明天不上课，想多睡会儿。第二天早上，母亲就会轻轻地起床，轻轻地去做早饭，轻轻地吃饭，轻轻地离家，给我留下香喷喷的饭菜。（中考满分作文《最是动人数母爱》）

赏析：作者借助细节描写，倾注一腔真情，把对母爱的感悟渲染得令人动容。

貌似重复，强调点。满分作文《长大的路上，她牵着我的手》，全文以排比的形式，每一段的开头都围绕“母亲啊，长大的路上，您温柔的双手让我懂得了……”来写作，貌似重复，实则强调点题，唱响了一曲母爱的赞歌。

前后呼应，首尾点。有些文章，文题出现于开篇与结尾，既突出中心，又使结构严谨，题贯始终。如中考满分作文《这就是责任》开头：“小草被暴风雨袭倒，对生存的责任使它重新昂首，面向朝阳。河鱼被远逐到海洋，对后代的责任使它重新启程，游回故乡。云雾被狂风吹散，对万物的责任使它重新聚集，洒下甘霖。”结尾：“朝阳下的小草说：‘这就是责任。’故乡里的河鱼说：‘这就是责任。’下着雨的云雾说：‘这就是责任。’紧抱着她的他说：‘这就是责任。’”开篇用排比句式，阐述了“责任”的主旨，末尾用排比反复的手法来收束全篇，均照应文题，使首尾圆合，无懈可击。

写作支架4 补题技巧

写好半命题作文，关键在于补题。补题要充分调动生活积累，考虑自我写作的特长，以内容“熟”为考虑的重点，以立意“新”为前提，以“题目小”为上策，闪亮登场，抢人眼球。

巧借经典歌曲添趣味；化解诗词警句添韵味；倚仗修辞求生动。

补写文题时应易于写作；补写文题时应考虑体裁；补写文题时应符合语法逻辑；补写文题时应内容健康；补写文题时应避免雷同；补写文题时应不能过大。

补全题目后，就要对补好的文题进行审题，审人称、审体裁、审题眼、定选材范围。要将选择的材料进行认真的筛选，选出最有代表性的材料，用恰当的表现手法和生动的语言来表达文章的主题。

范文引航

附题目：以“________在其中”为题，写一篇文章。

指导审题：作文题目审题障碍不大，有话可写。学生可以从所给的“趣、美、情义、做人”中任选一个，也可以挑选自己熟悉的其他词语填入空处，这样就比较灵活，给了考生一定的自由。

指导立意：这个题目暗含着一个叙述主体——“我”，即要能写出“我”在“其中”感受到的生活中的“真、善、美”。

指导选材：“其中”这个代词，需要考生从生活中去寻找，比如：“学习、读书、游戏、失败、挫折”等等。

乐在其中

快乐，是一朵芬芳的野花，散发着淡淡的幽香，滋润着我的思想；快乐，是一幅流光溢彩的画面，温暖着我的心扉；快乐，是一双飞向智慧仓库的纯洁翅膀，领着我到智慧仓库里遨游。

读书，让我乐在其中。一本书，是智慧的结晶；有让我学会做人做事的至理名言；有梦幻般的童话故事……每一本书都能吸引我的眼球，每一篇文章都能勾起我的好奇心。

自然知识的图书，带我走进了大自然的怀抱：草原的奇花异草，深海的各种鱼类，昆虫世界里大大小小的虫子……我从中了解到大自然的各种有趣的知识。

科幻小说类图书，令我置身于无边无际的宇宙空间。太空里的战争，曲折离奇，刺激无比；外星人和飞碟的故事出神入化，内容更是精彩绝妙。这些书本引人入胜，使我进入了科学的幻想世界里。

品味唐诗宋词，使我领悟了其中的奥妙：这里有山清水秀的风景，有奇异可爱的动物，有“人闲桂花落，夜静春山空”的清静淡雅，有“绿树村边合，青山郭外斜”的旖旎，有“春风又绿江南岸，明月何时照我还”的不舍思乡情，有“风一更，雪一更，聒碎乡心梦不成，故园无此声”的战士悲壮之情。山是青的，天是蓝的，风似滑的，云似梦的。这些景色，这些感觉，我都能从书本里体会到。

书本能给予我很多的帮助。

我平时喜欢看科幻与童话的书，这也大大地拓展了我的想象空间。我平时还准备了一个积累本，积累了一些好词好句，这也大大地提高了我的作文水平和想象力。

记得在阳光喔的某次考试，刚好是写童话的题材。这次考试给了我一次大显身手的好机会。平时积累的好词好句，很快就派上了用场。可是，好景不长，写到了中间段落后，我就快撑不住了。就在这千钧一发的时候，突然我的脑中浮现了一篇童话故事，仔细思考后，就发现与这个结构是一样的，还发现这些内容有点相似。这时，我茅塞顿开，眼里放出无尽的光芒，于是，我就唰唰地写起来。“读书破万卷，下笔如有神”这句话应该可以形容我吧。

一个星期后，我又来到了阳光喔上课，老师笑容满面地走进教室，我怀着喜悦的心情，看着老师的眼里射出了无尽的兴奋之情，眼睛眯成了一条缝，嘴巴成了倒八字，用她那轻快的声音宣布考试结果，我得了 No2！鸟儿在树梢上欢叫，风儿在我的脸旁吹过，它们仿佛在为我狂欢，树儿在摆着手，似乎在鼓励我。我乐在其中！

我真是好运连连，刚好学校考试也写这个题材的作文，我又得了高分，被评为范文在班上宣读。别提我有多么开心了！

这些成绩的取得，离不开读书的结果。古人说得对：“读书破万卷，下笔如有神”。读书让我乐在其中！

赏析

这篇文章有以下几个优点。

结构严谨，中心突出。文章先用一组排比句阐释了快乐的内涵，接着列述了各类书给“我”带来的快乐，然后具体叙述由于读书而获得好成绩，最后引用诗句总结全文。

详略得当，重点突出。文章在列述各类书给“我”带来的快乐时采用了由面到点、概括叙述的方法。而在叙述书本能给“我”很多帮助的时候，采用了具体叙述的方法。

贴近生活，抒写真情。特别是在叙述“书本能给予我很多的帮助”的时候，举了自己经历的一件事，读来亲切感人。

（文：马温欣　指导老师：张　渊）

怎样写好材料作文

材料作文指的是提供材料或图画，但不提供话题，要求考生阅读材料或图画，根据自己对材料或图画的感悟、理解，自定立意、自选文体、自拟标题进行作文的形式。

材料作文的材料类型：故事型，包括名人事例、凡人小事、寓言故事等；论说型，包括名言警句、哲理语段、议论文段；情景型，设置一个特定的情景（生活场面，特别的细节）；图表型，一幅漫画或一个图表等。近几年，材料作文越来越受到重视，它因其形式多样、考点丰富、能唤起学生的写作欲望等特点，在作文中备受青睐。如何写好材料作文呢？

写作支架1 材料作文的审题立意方法

审题，就是分析研究命题的意义要求；立意，就是确立主题思想。审题是立意的前提，立意是审题的结果，立意好不好，关键是审题。

审题立意的方法主要有以下几种。

提炼中心法。这是写材料作文最为常见且最为稳妥的审题立意方法。写材料作文时，如果能准确地提炼出材料的中心，并以其作为文章的主旨，一定会使所写文章既切题又有深度。所以，写材料作文时应尽量采用这种方法来立意。

【材料】一次，盖达尔旅行时，有一个小学生认出了他，抢着替他提皮箱。

小学生见皮箱十分破旧，便说：“先生是大名鼎鼎的盖达尔，为什么用的皮箱却是随随便便的呢？太不协调了。”“不协调吗？如果皮箱是大名鼎鼎的，而我却是随随便便的，那岂不是更糟？”盖达尔笑着说。

小学生看着盖达尔笑了。

【分析】分析这则材料，我们可以提炼出这样的中心意思：这则材料通过写大名鼎鼎的盖达尔和小学生关于皮箱破旧的对话，表达了身外之物可以随随便便，但做人却不能随随便便的道理。据此，学生可以提炼出如下两种观点。

（1）做人不应该随随便便；（2）做人要做有真才实学的人，不能徒有虚名。

抓关键句法。关键句常常有暗示材料中心的作用。所以，有些材料作文中的关键性语句可以作为选择立意角度的突破口。在材料作文中，关键句常常是命题者或材料中的人物的评议性语句。

【材料】一只蚌跟它附近的另一只蚌说：“我身体里有个极大的痛苦。它是沉重的、圆圆的，我遭难了。”另一只蚌怀着骄傲自满的情绪答道：“我赞美上天，也赞美大海，我身体里毫无痛苦，我里里外外都是健康的。”这时，有一只螃蟹经过，听到了两只蚌的谈话。它对那只里里外外都很健康的蚌说：“是的，你是健康的。然而，你的邻居所承受的痛苦却是一颗异常美丽的珍珠。”

【分析】通过分析这则材料，学生会发现这则材料中的关键句就是螃蟹所说的话——“你的邻居所承受的痛苦却是一颗异常美丽的珍珠”。据此，学生可以立意为——成功必须经过艰辛和痛苦，成功的喜悦与创造过程的艰辛密不可分。

由果溯因法。事物都是互相联系的。比如，有很多事物就是以因果关系的联系形式存在的。写材料作文，审题时如果能由材料中列举的现象或结果推究出造成所列现象或结果的本质原因，往往能找到最佳的立意。

【材料】一个六岁的孩子，放学回家后，拿起刀子就要切苹果。只见他让苹果横躺下，一边是花蒂，一边是果把，刀子放在中间。刚要切，爸爸赶忙喊道："切错了！切错了！"话音刚落，苹果早已被切开，儿子拿起一半给爸爸看，喊道："爸爸快看，好漂亮的一颗五角星！"只见苹果的横断面上，由果核的轮廓组成了规则的五角星。

【分析】为什么会出现五角星图案？是小孩子不按常规而横切苹果。可引申出结论：创造性思维能获得意料不到的成功。

多向辐射法。有些材料作文的材料比较散，常常会出现许多人和事，好像根本就没有一个明确的中心。对于这样的材料，审题时学生可以采用多向辐射的思维方法围绕材料展开多角度立意。

比如，既可以着眼于甲事物立意，又可以着眼于乙事物立意，还可以着眼于甲乙两事物的关系立意；既可以联系事物（对象）的正面立意，还可以联系其侧面和反面立意。

【材料】有个鲁国人，擅长织麻鞋，他的妻子擅长织白绢。他们想到越国去居住，于是有人对他们说："你们将会贫穷不堪了。"这个鲁国人问他是何道理，那人说："麻鞋是穿在脚上的，而越国人是赤脚走路的，白绢是做帽子的，而越国人是披发的，你们夫妻的特长，在越国是无用武之地的，怎么能不穷呢？"

【分析】多角度入手

横向立意：就是在思考问题的过程中，思维顺着原材料所告诉读者的指向去考虑。我们无论做什么事，都不能脱离实际。这种立意的好处是能紧扣材料的基本倾向、主要观点，因而不会出现偏题、走题的现象。

反向立意：就是把原材料的问题倒过来想想，从相反的角度对原材料提出质疑。

因为越人赤脚、披发，鞋帽就大有市场，就会得出鲁人未必会穷的结论。这就要求鲁人敢于尝试、敢于冒险、敢于改革。

延伸立意：就是在原材料已知内容的基础上，对原材料做合理的联想，进行恰当的推理、引申。“亏本生意做不得”，“无用武之地焉能致富”等观点。

类比立意：就是通过联想，把材料的已知内容同材料外的其他内容由此及彼地联系起来考虑，找出其中的相似点。办企业、做生意，要根据当地的生产、消费、风土人情等情况，也要根据需要与可能，那么就要求我们考虑动机与效益，又要扬长避短，才能生财有道。

舍次求主法。有些材料作文的材料往往会牵涉许多人和事。因此，审题时学生要明确哪些是材料的主要人物或事件，哪些是材料的次要人物或事件，并舍弃次要人物或事件，从主要人物或事件的角度审题立意。

【材料】从前，有位年轻的猎手枪法极准，但总捕不到大雁。于是，他去向一位长者求教。长者把他领到一片大雁栖息的芦苇地，指着站得最高的一只大雁说：“那只大雁是放哨的，我们管它叫雁奴。它只要一发现异常情况就会向雁群报警，所以接近雁群很困难。但是，我们有办法，你现在故意惊动雁奴再潜伏不动。”年轻人照着做了，雁奴发现年轻人后立即向同伴发出警告。正在休息的雁群得讯后纷纷出逃，但没有发现什么危险。于是，它们又飞回了原地。长者让年轻人如法炮制了好几回。终于，有几只以为受骗的大雁向雁奴发动了攻击。如此再三，几乎所有的大雁都以为雁奴是谎报军情，纷纷把不满发泄在了它身上——可怜的雁奴被啄得伤痕累累。“现在，你可以逼近雁群了。”长者提醒道。于是，年轻人大摇大摆地走进芦苇地。雁奴虽然瞧在眼里，但它已经懒得再管了。年轻人举起了枪……

【分析】这则材料中共出现了四个“人物”——年轻人、长者、雁奴和雁群。审题时，学生可以舍弃年轻人和长者这两个次要人物，从雁奴和雁群的关系入手确定如下立意。

（1）从雁群角度立意：不要轻易误解忠诚的人，因为被误解的人因此会放弃忠诚。

（2）从雁奴的角度立意：忠诚被误解后该怎么办呢？是坚持到底，还是放弃忠诚，这是对忠诚的真正考验。

求异同法（异中求同、同中求异）。

材料一：维纳斯失去的手臂就如同一个充满诱惑力的圈套。当断臂的维纳斯出现在人们面前时，吸引了无数趋之若鹜的好事之徒。他们提出了种种接上维纳斯断臂的奇思异想。但迄今为止，仍未有任何一种设计能取得普遍的赞赏。

材料二：有一次，记者问棒球明星史蒂夫·加里威："你从来没有哭过吗？"史蒂夫回答说："是的，我从不掉泪。"记者又对他说："我认为你倒不如像大多数人一样，有时不妨也掉掉泪，这样才能证明你是一个真正的人，一个有喜怒哀乐的人，一个感情丰富的男子汉。"

【分析】这两则材料表面上看起来风马牛不相及，但仔细一分析，学生就会发现，它们在本质上有许多相同之处。显然，材料一中的好事之徒和材料二中的记者都是求同心理在作怪。这就是这两则材料的共同点，据此学生可以确立这样的立意：（1）做事要克服求同心理；（2）不可用狭隘的经验看待世界和生活。

写作支架 2 材料作文审题立意注意事项

读懂材料，立意要尽量向主旨靠拢。找准切入点。要选取最佳、最小的切入点，确立文章的主题。在写作时要注意将材料内容加以限制，把题目变小，"以小见大"，将宽题变窄。注意点题，一般材料作文容易偏题、离题，结尾一定要适当点题，将之与所给材料联系在一起。

写作支架 3 审题立意训练

题目：竹子用了 4 年的时间，仅仅长了 3 厘米。从第 5 年开始，以每天 30 厘米的速度疯狂地生长，仅仅用了 6 周的时间就长到了 15 米。其实，在前面的 4 年，竹子将根在土壤里延伸了数百平方米。

读了上面的材料，你有什么联想或感悟？请任选角度，自定立意，自拟题目，写一篇文章。

审题立意指导：本题是一篇材料作文，材料作文的关键是读懂材料，让思考从材料中得出。可以先抓材料中的关键词句，再由这些关键词句做深入分析，体现自己的思考。

材料主要分三部分：一、“竹子用了4年的时间，仅仅长了3厘米”；二、“从第5年开始，以每天30厘米的速度疯狂地生长，仅仅用了6周的时间就长到了15米”；三、“在前面的4年，竹子将根在土壤里延伸了数百平方米”。从材料可知，强调竹子在“冒出地面以前”与“从土里钻出来后”，二者形成鲜明的对比。那么，对比的核心是什么？冒出地面以前4年的时间内“只长了3厘米”，但是竹子冒出地面以前却是“将根在土壤里延伸了数百平方米”。因此，这句的核心意思是：“在前面的4年，竹子将根在土壤里延伸了数百平方米”，核心词可以用“扎根”来形容；冒出地面以后“仅仅用了6周的时间就长到了15米”，核心词是可以用“疯长”来形容，这两句连起来，核心意思就是：“竹子长时间、大面积地扎根，才能疯长”。

立意：“扎根”=“扎根基”或“打基础”，“疯长”=“快速成长”或“成果丰硕”，这两个核心词连接起来（即把握材料整体寓意）就是：只有打好基础，才能快速成长（或取得丰硕成果）。把“根基”和“成长”联系起来。竹子定律告诉我们：成功的过程是，前面绝大部分时间都是蓄势待发，等力量积蓄到一定程度后，便一发而不可收拾。做人做事亦是如此，无论做什么事情，都不能有急于求成的心态。不要担心你此时此刻的付出得不到回报，因为这些付出都是为了扎根。任何一项成功都必须努力，就像竹子把根深深扎入土地一样，不要认为没有成功，不是因为机遇没有来临，而是你的努力不够。想要完成一件事情，要在能力之外，还需有一定的耐力与坚持。成功需要积累沉淀方能厚积薄发。有毅力和坚持有时不一定成功，但缺乏这两样则一定不会成功。

范文引航

题目：阅读下面材料，自选角度，自拟题目，写一篇文章。

人就像一粒种子，要做一粒好种子，身体、精神、情感都要健康。种子健康了，事业才能根深叶茂，枝粗果硕。——袁隆平

要求：①请自拟文章题目。②立意自定，文体自选（除诗歌外），不得套作，不得抄袭。③字数不少于600字。④文中不得出现真实的地名、校名和人名等与考生信息相关的表述。

我种下了一颗梦想的种子

梦想，在花里溢了蜜，在叶上镶水珠，在风中夹清香，在水中拨涟漪。梦想是下凡的天使，手中捧着希望的鲜花，阵阵星光簇拥着这场美景。我种下了一颗梦想的种子，这一颗小小的种子，终将冲破泥土，长成参天大树，结出丰硕果实。

我梦想的种子在田间停了脚，看那张开笑脸的果实在枝头舞蹈；看那片片水稻张开双手；看那拍打着卷起石头的水花；看那打闹的鸡鸭。一切令人多么欢欣和喜悦，我想置身于这样美妙的世界，看那挽起我衣襟的风带来的诗篇。我梦想置身于这世外桃源，纵许没这三五桃林，也不缺美景盎然入我心间。

我梦想的种子在海洋放了笑，瞧那蔚蓝的天映着美丽的景倒映在海洋中间；瞧那金黄色的沙粒软绵绵，进入脚底，带来舒适与安心；瞧那翩然飞过的海鸥，笑着闹着，努力着向前飞翔。我也想去海里看看，看那深海里穿着五颜六色衣裳的鱼儿仙子，看那深海里划着动人舞步的水母小姐；看那强壮有力的鲨鱼先生；看那在海底欣然飞翔的潜水艇，装载着一个又一个梦想。我想知道那不大的水上战斗机为何能承载着千千万万个人的梦想，为何有着

滴滴汗水和双双红眼，我梦想将来有一天能摸摸这令人仰视的潜水艇、战斗机。梦想着有一天能去到那深水世界里，为自己更为祖国尽一份力量。

我梦想的种子迷恋上了人们的笑颜，看那幼稚面孔上的如水晶般易碎却珍贵的笑容；看那朝气蓬勃得如晨曦般青涩的笑容；看那皱纹里藏着岁月面孔的如月光的笑容。每一种笑容都令人愉悦万分，会传染的笑容在勾起的嘴角上绽开了花，擦了蜜。我梦想自己和周围的人的脸上有着常驻不散的笑容。

我种下一颗梦想的种子，让它在泥土里吸收养分，待时机成熟迸土而出！它终将带着我的梦想长成大树，结出梦想的果实。摘下来品尝，嘴中漾着三种梦想的味道，心里填着丰收的喜悦，吮着梦想果实的汁味，是我梦想的味道。

赏析

审题：材料中是袁隆平院士的一句名言，他说人就像一粒种子，要做一粒好种子，身体、精神、感情都要健康。种子健康了，我们的事业才能根深叶茂，枝粗果硕，可以看出一个人心中“种子”的力量。我们每一个人心中，都可能被人种下过“种子”，这些种子可能是自信、坚强、乐观、努力、善良、诚实、守信等等，这些好种子是引领一个人成长的积极因素。学生在写作时首先确定这颗种子是什么精神或品质，是谁赐予或感染到的，带给自己什么样的影响。

另外需要注意文体要求、不得出现真实的地名、校名、人名，字数不少于600字，要有真情实感等具体要求。

立意：（1）您是播种人；（2）这颗叫作坚强的种子，生根发芽；（3）感谢您，赐予我诚实这颗种子；（4）我种下了一颗勇敢的种子。

（文：杨佳明　指导老师：张　渊）

怎样写好话题作文

近几年来，考场作文命题的思路发生了重大的变化，为了给考生提供一个“海阔凭鱼跃，天高任鸟飞”自由发挥平台，话题作文因其具有开放性和自由度成了许多命题人首选。

而作为一名考生，为自己的文章拟一个能体现智慧与匠心的标题，既可以酣畅淋漓地展示自己的个性与文化修养，又可以给阅卷老师一份见面礼，让他们在倦怠中有一种如获至宝的惊喜，同时也关乎考场作文等级的评定。

作文的题目犹如人的眼睛。如果我们能够让我们作文的眼睛更加明亮、有神，我们的作品将会赢得更多的青睐，产生先声夺人的首因效应。那么，作文的标题和内容怎样才能做到新奇别致，自出新裁呢?

写作支架 1 引用化用法

“他山之石，可以攻玉”，直接引用或化用我们耳熟能详的诗词歌曲、名言警句、影视书名、影视剧名、新闻标题、电台栏目等作为文章的题目，可以先给文章定下一种调子，给人一种风格迥异，个性鲜明的感觉。

“青春”话题：《一笑而过》《明明白白我的心》《花儿为什么这样红》

“成长”话题：《无限风光在险峰》《一枝红杏出墙来》

“理想”话题：《我的未来不是梦》《我心永恒》《化蝶飞》

“考试”话题：《成也萧何，败也萧何》《莫道不销魂》

“理解”话题：《对面的老师看过来》《别说我的眼泪你无所谓》《有一点动心》

“信念”话题：《阳光总在风雨后》《我想我会成功》

“诚信”话题：《众里寻它千百度》《千呼万唤始出来》

“环保”话题：《我想有个家——一只小鸟的心声》《插翅难飞》

标题中有的是引用大家喜欢熟知的歌曲，活泼而不失优雅，贴近学生生活，妙趣横生；标题中有的引用诗词名句，既具有浓郁的文化韵致，又蕴含深刻的双关含义；标题中有的引用经典名言，典雅而深刻；标题中有的引用影视剧名，颇具匠心。

写作支架 2 自我陶醉法

“有我之境，以我观物，故物我皆着我之色彩”。自我陶醉正是个性张扬的开始，作文标题中一个“我”字，表达起来自然，还给人一种轻松、愉快的感觉。

“欣赏”话题：《酸酸甜甜就是我》《我就是春天》

“骄傲”话题：《13 岁，我为你骄傲》《相信自己的感觉真棒》

“渴望”话题：《给我一双翅膀吧》《好想好好爱“你”——我的假日》

“自信”话题：《自己才是最重要的》《我是我的天使》

“处世”话题：《走自己的路，让别人说去吧》《一个人的精彩》

“自由”话题：《心想唱歌就唱歌》《我的地盘，听我的！》

花样年华，花样心情。这些标题有的激情飞扬，有的天真烂漫，有的真情眷眷，有的初生牛犊不怕虎，有的渴望自由，形式活泼，散发出一股青春气息，彰显着个体色彩。

写作支架 3 巧用公式法

运用数字或者运用数学、物理、化学中的程式的形式来设计作文题目，简练精当，形式新颖，逻辑严密，给人以启示。

“生命”话题：《10−1=0》

“教育”话题：《∞ ×0=0》

“成功”话题：《立志 + 努力 = 成功》

“修身”话题：《100<1+ 冷静》

“诚信”话题：《诚实 + 信用 = 财富》

“成功”话题：《成功 = 实力 + 创新 + 机遇》

标题《10−1=0》，强调了“生命”只有一次机会，不像网络游戏，有多次机会。标题《∞ ×0=0》，表明教育的成败得失取决于不能有本质上的失误，如品行、身体等因素不容忽视。标题《立志 + 努力 = 成功》，说明成功的要素是立志和努力。标题《100<1+ 冷静》，强调冷静的重要性。标题《诚实 + 信用 = 财富》，表明“诚信”是一笔宝贵的财富。标题《成功 = 实力 + 创新 + 机遇》，表明成功需要三个因素。以上六例显示这种数字、算式型标题的简明生动，确实给人一种耳目一新的感觉。

写作支架 4 反弹琵琶法

“狗咬人不是新闻”，所以见怪不怪自然无趣，“人咬狗才是新闻”，能吸引人的兴趣，新闻中的这条规则在话题作文的拟题中，同样适用，把一个不可思议的观点，拿来用合理的方法论证一番，自然就有一种与众不同、特立独行、超凡脱俗的味道了。

“失败”话题：《遗憾，其实也是一种美丽》

“梦想”话题：《做白日梦的感觉真好》

“人生”话题：《进一步海阔天空》

“真诚”话题：《善待谎言》

“创新”话题：《这个世界因为懒人而精彩》

“奋斗”话题：《生活中要常怀第二心》

“欣赏”话题：《不妨泼瓢冷水》

“历史”话题：《听听汪精卫的心声》

“文化”话题：《吃不到葡萄言其酸的隐士们》

标题《遗憾，其实也是一种美丽》，遗憾如何是一种美丽？标题《做白日梦的感觉真好》，是不是思想太紧张，现实太沉重，异想天开的幻觉反而成了生的珍品？标题《进一步海阔天空》，有些困境需要拿出勇气摆脱、战胜，而不是消极地躲避。标题《善待谎言》，谎言难道也是一种美德？标题《这个世界因为懒人而精彩》，懒惰不是最大的恶德吗？标题《生活中要常怀第二心》，不是提倡做人做事要专心吗？标题《不妨泼瓢冷水》，既然是泼冷水，何谈欣赏？标题《听听汪精卫的心声》，汉奸难道也有理了？标题《吃不到葡萄言其酸的隐士们》，说陶渊明们的坏话，是不是脑子坏了？

这些故意与“真理”作对的标题，看似离经背道，实则暗藏机理，可以振聋发聩，极具深邃的思想魅力。

写作支架 5 巧设悬念法

这是一些文学作品中常用的一种构思方法，也适用于话题作文的拟题。设置一个诱人的悬念，或不同寻常的结局，容易抓住读者的心，这在浩如烟海的作文堆里，不失为一种间接强迫老师不要忽略你存在的妙法了。

“师生关系”话题：《老师，你错了》

“素质教育”话题：《考场“三绝活”》

“男生女生”话题：《天很蓝，我不骗你》

“男生女生”话题：《那小子真帅》

“保护环境”话题：《两只离了婚的鱼》

“校园生活”话题：《我“失恋”了》

“网络学习”话题：《最惨烈的一场战斗》

老师会犯什么错误，一个学生怎么能这么说老师？考试还有什么“三绝活”？《天很蓝，我不骗你》跟同学生活有什么关系？太扯了吧！鱼为什么会离婚？《那小子真帅》《我“失恋”了》是不是涉及敏感话题？太大胆了吧！网络学习中会有什么惨烈的战斗？这些题目，任谁也会眼花缭乱，任谁也想探问究竟。

写作支架 6 妙用修辞法

这种方法，是指运用比喻、拟人、夸张、对偶、双关、反诘等修辞手法拟题，使题目生动，鲜明，美妙，贴切。美总是借助联想和想象的翅膀，以感情为铺垫，并以一定的形式表现出来。巧用修辞，可以增加文章的美感，使文章显得含蓄隽永，余味无穷。

①“爱心”话题：《阳光的脚步》

②“环保”话题：《一张渔网的诉说》《死去的风筝》《哭泣的老树》

③“自我”话题：《选择生活的色彩》

④“幸福”话题：《雪花的快乐》《无忧鸟》

⑤“奉献”话题：《最后的烛泪》

⑥“选择”话题：《安能取熊掌而舍鱼？》

⑦“发现”话题：《究竟谁错了？》《林黛玉非死不可吗？》

⑧“诚信”话题：《生命“诚”可贵》

⑨“教育”话题：《减负不能随意减“副”》

标题①、②、④、⑤拟人；标题③比喻；标题⑥、⑦反问；标题⑧、⑨双关。这些题目，由于运用了恰当的修辞，所以闪亮灵动，余味绵绵。

写作支架 7 联想煽情法

创设一定的情景，或开门见山，把人直接引到某一件事物中去，可情景并茂，可引人深思。既有诗情，又有画意，韵味无穷。

“机遇”话题：《犹豫·失去·失败》

“故乡”话题：《蓝蓝的月，蓝蓝的梦》

“享受”话题：《红舞鞋·蓝精灵》

“理想”话题：《梦的伊甸园还在那边》

“友谊”话题：《捡起你脚下的蘑菇》

“时光”话题：《有这么一个故事》

“信心”话题：《伸手就是光明》

“感悟”话题：《不经意的美丽》

这些标题，语言优美，形象生动，以有限的言辞显露出无限的生活意蕴，创造出无限的驰骋想象的空间，写出作者对生活独到的人生体验，展示深厚的文学素养，很容易就让读者随之进入作者的心情中，与之产生情感上的共鸣，具有极强的感染力。

写作支架 8　踏雪寻梅法

对材料话题作文，顺着材料所给出的话题，进行深化、探究，在浓缩中再把观点提升到具有一定哲理的高度，让读者于钦佩中达到一种新的境界，从而获得一种审美的愉悦，也不失一种拟题的好方法。

“改变”话题：《换一种方式生活会更美》

“挫折”话题：《让生命的意志再坚强些》

“成功”话题：《成功自有规则》

“奉献”话题：《“添柴”与“烤火”》

“金钱”话题：《利益在骗人》

“经历”话题：《走过去就不要后悔》

“创新”话题：《打开你的眼睛》

“奉献”话题：《收获源于付出》

这些根据材料提供的话题，进一步挖深、提炼出来的题目，源于材料而高于材料，加进去个体的感悟与理解，充满了理性的光辉，于平凡中见奇崛，也是很多喜欢议论文的同学拟题的一种好方法，很有思想深度。

写作支架 9　故事新编法

将传统的故事，赋予新的时代内容，联系生活，影射社会现象，嬉笑怒骂，皆成文章，是网络上很流行的一种写文章的方式，往往让人先是忍俊不禁，捧腹大笑，既而深思沉吟，慨然长叹，最后心有戚戚，长萦于胸。

“环境”话题：《三个和尚没水吃新编》（原因不是懒而是因为山下的

井要么被污染、要么干涸、要么被开发作为旅游资源禁止取用）。

“诚信”话题：《狼来了新编》

“智慧”话题：《英明的上帝》

“合作”话题：《三个臭皮匠，顶个诸葛亮》

“热点”话题：《魏青刚成名后》

“历史”话题：《荆轲刺秦王新传》

“名著”话题：《唐僧取经回来之后》

这些拟题大胆新奇、思维活跃、幽默风趣，关注生活。喜欢阅读鲁迅先生《故事新编》之类文章的同学喜欢采用的一种方法。

“花香蝶自来，题好一半文”，一篇文章有一个好的标题，就像一个人有一双明亮有神的眼睛一样，留给别人的将是十分美好而深刻的印象，同时也是文学修养、语言功底、思想魅力的最直接的流露，从考试的角度来说，更是作文质量高低的一杆标尺。所以，对于话题作文的拟题我们一定要多一些有针对性的训练，掌握一定的技巧，达到需要应用时信手拈来，出语不俗的效果，感动自己，征服读者。

范文引航

题目：“追风赶月莫停留，平芜尽处是春山。”其中的前半句出自明代田歆的《华夏说》，后半句出自宋代欧阳修的《踏莎行·候馆梅残》，意思是：一路追风赶月，不要停下脚步，因为长满草木的平原尽头，矗立着一座座的春山；其言下之意是，还有很长的路要走，还有不少山要攀登，既然选择了远方，就不要为半路风景而停留，要一直努力，风雨兼程。因为，我们征途是星辰大海，而不只是某一处平芜。所以，不要停下远行的脚步，要不断出发，一直向着远方山峦前进。

读完以上材料你有何感想，请以“拼搏”为主题写一篇文章。

要求：①字数不能少于700字，文体不限，诗歌除外。②不得套作，不得抄袭。③文中不能出现真实地名、校名、姓名，如需出现请用化名替代。

拼现在，赢未来

“宝剑锋从磨砺出，梅花香自苦寒来。”人若没有流下奋斗拼搏的汗水，又怎能滋生出成功的花朵。

墙上的指针不知何时已指向“8”，窗外是一片漆黑，此时的教室里却还亮着一盏灯。“老师，这个字的结构我还是把握不好……”我拿着练习纸向老师请教着，得到指点后又返回座位继续练习——这一切，都是为了不久后的书法比赛。

平日里，我的书法课都是一周一节，现在赛前集训，课时翻了一倍，同学们都戏称我为“菩萨”，因为我一坐下练字就是一练一下午；夏日炎热，我常常练到后背全部被汗液浸湿，才抬手随意抹去头上豆大的汗珠，继续练习；即使被蚊子在我腿上肆虐叮咬我也不管不顾，因为一旦进入练习状态，我所有的注意力都凝在笔尖上了，任凭它咬下一个个新鲜红肿的大包……

有时，忽然觉得笔尖干涩，才发现满满一砚台墨都已经见底了；手指因为长时间握笔，第一个指关节都结起了厚厚的茧；虽然写到手臂酸涩，但看着我的字写得越来越好，笔画越来越连贯，结构越来越成熟，老师的肯定和赞美越来越多，我的心里就油然生出一股力量，促使着我拿起笔，为比赛而奋斗。

那一天，我依然在教室里静静地写字，同学们突然冲进来，拉着我去看喜报，只见喜报上的“金奖”栏下赫然写着我的名字。顿时，我整个人石化在原地——这是梦吗？旁边同学的欢呼和内心抑制不住的激动告诉我，这不是梦！这是我用上百个日日夜夜、上万分拼搏和努力换来的。

那些汗水和墨水，不仅带来了一张张奖状和奖牌，更重要的，是它带给了我良好的习惯和可贵的品质：练习书法让我浮躁的内心能沉静下来，戒骄戒躁，不论外界的干扰有多大，我都可以做到静心凝神，自觉将自己的事情做好；练习书法还锻炼了我的耐心和毅力，“慢工出细活”它使在学习中急急躁躁、粗心大意的我也慢下来、细下来，在成长的道路上，一步一步，踏踏实实。

“尽力而为，放手去搏，只要你拼尽全力、不负自己，结果什么的已然不重要了。”成功之花，都是在苦难的土地上，用血和汗浇灌而成，拼搏，不仅给了我旁人羡慕的成绩，它还给了我终生受用的好习惯，让我在未来的路上越来越优秀。

赏析

本题考查话题作文。

第一，审题。由“还有很长的路要走，还有不少山要攀登，既然选择了远方，就不要为半路风景而停留，要一直努力，风雨兼程。因为，我们征途是星辰大海，而不只是某一处平芜。所以，不要停下远行的脚步，要不断出发，一直向着远方山峦前进”可知，材料重点在于我们要想征服星辰大海，就要一直努力。所以作文可从“奋斗”“拼搏”的角度进行立意选材。

第二，立意。拼搏，是一种努力，是一种收获，更是一种勇往直前的人生态度。拼搏，总是能让人有所收获。我们可以学到坚持和忍耐，可以学到团结合作，可以培养勇往直前的决心，可以得到奖杯或者表扬或者是一个肯定的眼神。因为拼搏富有意义，所以我们才愿意去拼搏。

第三，选材。可以写为了梦想而拼搏，可以写为了分数而拼搏，可以写为了美好的明天而拼搏，可以写为了更好的自己而拼搏……在写作的时候，可以交代自己拼搏的理由和初心，可以深情讲述拼搏之情及所发生的故事。若是写议论文，也可以引用一些古今中外名人拼搏的例子。

（文：短　融　指导老师：张　渊）

创新篇

设疑激趣，吸引读者

设疑激趣亦作“奇崛”，奇特挺拔，独特不凡，给我们的感觉，是目瞪口呆，是瞠目结舌，是醍醐灌顶之后的惊喜，是绝望之后的振奋，是豁然开朗之后的拍案叫绝。开头奇崛的文章，能在第一时间夺人眼球，让你目不斜视；能在众多的文章中一眼挑出你所中意的文章。

设置悬疑激兴趣：在开头就陈述要点，提出问题；或把事件的结尾放在开头，吸引人寻根问底；或是让某关键环节藏头露尾，给人“雾里看花”之感；或用求异思维，反向立意，别出心裁，激起读者的阅读兴趣。设疑激趣即在作文开头，以富有力度的语言设疑：一是设问；二是反问，寓答于问；三是设疑，留下悬念。

写作支架 1 巧设文题，紧扣文眼，让文章时时充满趣味

设置悬念，明贬实褒，匠心独运。设置悬念方法多种多样，不一而足。写作中应该结合文章内容的需要设计；必须符合生活的真实，绝不是闭门道“文”，瞎编乱诌。它应该既出人意料，又合情合理。

写作支架 2 开篇要点题

点题的句子应在开头一段的后半部分。为什么强调这一点呢？我们有些同学在点了题后，又扯到不相干的话题上去了，这样不但未达到点题的目的，而且还容易成为废话。这是大家要注意的。

点题时可通过映衬句来引出自己所要记叙的话题。所谓映衬句，就是为了突出一个事物，故意借用另一个事物予以映衬的句子。相当于古典诗歌中“兴”的手法。

最好直接运用文章题目里的字来点题。这样不容易使主体部分的内容偏离题目。

开头要力求简洁，直接切入主旨。

例文：当掌声和欢呼在终点线上响起，当奖牌和鲜花在领奖台上举起，你是否在起跑线上欣赏过独属于这一处的美丽？

赏析：以反问开头，引起读者对“起跑线”的关注，接着点明“跑”的内涵，文笔洗练，主旨鲜明。

例文：《当生活遭遇困境》的开头：“当你遇上泥泞，你会怎么办？或许，你会选择逃避，找个避风的港湾；或许，你会选择哭泣，用泪水清洗伤心欲绝的心灵……”

赏析：以设问开头，引起读者对生活困境的思考，自然引起下文。

写作支架 3 在具体的事例中刻画典型细节，表现人物性格

要对所选的事例进行比较、筛选，从中选择能突出人物个性的事例来写。选择典型事例时，可以着眼于小事。

写作支架 4 运用题记

题记是指写在题目下面、正文之前的文字，巧用题记开篇，既起到了提纲挈领的作用，又能揭示文章主旨，给人耳目一新的感觉。巧妙拟写题记，能为你树起一道亮丽的风景线，使文章锦上添花。拟写题记请注意：应展示主要内容，揭示文章内涵。要开宗明旨，简洁明了。语言精美，富有文采。

范文引航

那一抹心痕

那一年的那一天，一把蓝色的雨伞为我撑起一片晴天。那淡淡的蓝，却留下深深的痕，永存心底，无法磨灭。

雨是在车开到半路的时候下起来的，开始时它还极其温柔地拍打着车窗，让我错觉地以为它在吟诵着一首小诗，如在梦境。但后来它越来越肆虐，像是硬币掉落在地上，发出“叮咚”的脆响，重重地敲打着车厢，让我疑心它是否要将车厢砸碎。我有些烦闷地挠了挠头发，消极的情绪充斥在血管里，跟随血液循环抵达到全身各处，却找不到出口。

我开始觉得冷，仿佛所有毛孔都将在一瞬间张开，宣泄出所有的不满。

我下意识地往座位里缩了缩。

邻座似乎察觉到什么，微微侧头看着我笑了笑。那是一个不太年轻的女人，岁月已褪去了她脸上女人本该骄傲的一切，但还好留下了一份岁月的宁静与祥和，让她的眉目之间有着藏不住的善意。

“孩子，下这么大的雨，你是要去哪儿？”她语气轻缓地问道，像在安抚不安分的宠物。

是啊，我要去哪儿？只是因为和妈妈吵架了才搭上这辆车，可这趟车的目的地又是哪里呢？我摸着火辣辣的脸颊委屈又不安。

“呵——呵！”她却笑了，眼角的褶皱绽开成一朵小花，我知道她已看出了我的小心思，可是我同样害怕她的下一句是“回家吧”。

这么大的雨，我又怎么回家？

她不再说话，只是从她手里传来的热量让我再也无法忽视，她轻轻地摸了摸我的头，我的心被融化了。她依旧微笑着，就像长辈对晚辈任性时那般的包容。然后，她又将自己身边的那把蓝色雨伞推到了我这边。

我开始明白了她的良苦用心。“谢谢阿姨！”我充满感激地说。然后迅速喊停车，抓起伞，向车外疾速奔去。“回家吧——”我坚定地对自己说。

那把蓝色的雨伞为我撑起了一个全新的世界，那里面装着一个温婉如蓝的女人对一个任性女孩的宽容与关爱。

蓝色的心痕，不灭在心间。

赏析

本文最突出的亮点就是视角独特，构思精巧。文章开篇倒叙开头，引人入胜。然后笔锋一转，明写雨大风狂，暗写内心恐慌，然后交代事因，为下文做铺垫，接着描写邻座中年女人善意、不露声色的关爱，让“我”迷途知返。最后水到渠成地抒发感激之情，总收全文，升华中心，使得人物的善良与爱心跃然纸上，给人留下深刻印象。不仅如此，行文中还将自我的心理变化历程写得一波三折，使得文章情节更加曲折有致，扣人心弦。

（文：华　洋　指导老师：张　渊）

综合运用多种描写手法刻画人物

描写是一般叙述文体常用的表现方法，是写作的一种基本手段。那么，什么是描写呢，描写就是用生动形象的语言，把人物或景物的状貌、情态，生动、具体地描绘出来。

写作人物、写静动态的文章，只有通过描写，才能做到“绘声绘色”“栩栩如生”。这是因为作者通过具体的、形象化的语言写人、状物，使人有亲临其境的感觉。

写作支架1 细描与白描

细描是使用大量生动、贴切的比喻、绚丽的文字进行浓笔涂抹，细描是文章的血肉。可以说，没有精湛的细描，就不会有真实丰满的人物形象，也就没有文章的真实感。

鲁迅说过，描写人物最好写他的眼睛。朱自清在《背影》中描写父亲买橘子时的情景就采用了细描。

例文：他用两手攀着上面，两脚再向上缩；他肥胖的身子向左微倾，显出努力的样子。

过铁道时，他先将橘子散放在地上，自己慢慢爬下，再抱起橘子走。

赏析：正是这个细描，写出了父亲的艰辛，体现了父亲对儿子的挚爱。鲁迅在《孔乙己》中描写孔乙己先前买酒时，付钱时得意洋洋地“排”出九文大钱，而到后来却“摸”。这些细描，活脱脱地刻画了一个受封建科举制毒害之深而又迂腐穷酸的旧知识分子形象。

白描是以质朴的文字，抓住人物或事物的特征，寥寥几笔就勾勒出人物或事物形象的写法。

写作支架 2 正面描写和侧面描写

刻画人物形象，离不开对人物的描写。常用的有侧面描写和正面描写。侧面描写通常用烘托人物的描写方法。

例文：行者见罗敷，下担捋髭须。少年见罗敷，脱帽着帩头。耕者忘其犁，锄者忘其锄；来归相怨怒，但坐观罗敷。（汉乐府《陌上桑》）

赏析：这种衬托，描写出罗敷无与伦比的惊人之美，给人以无尽的回味和想象。

正面进行人物描写的方法有以下几种。

外貌描写。也叫肖像描写。就是对人物的外貌特征（包括人物的容貌、衣着、神情等）进行描写，以揭示人物的思想性格，表达作者的爱憎。外貌描写的要求是：抓住特征，绘形传神，刻画性格，显示灵魂。

心理描写。即以语言文字对人物的内心世界、个性特征进行的描写。

行动描写。即通过语言文字表现人物自身在矛盾斗争中的行动，来展示人物的性格特征和精神面貌的描写。

语言描写。精美的语言，优美的语言能使文章增色许多。那么，怎样描写语言、运用语言呢？

首先，引用风趣的语言。幽默风趣的语言，是作文升格的一大诀窍。合理而巧妙地运用风趣语言，能够化生硬为生动，变平常为非常。幽默的语言如夏天的凉风能使人清爽；幽默的语言是山间的清泉，令人心旷神怡；幽默的语言可以打开尘封的记忆，使人敞开心扉，缩短人与人之间的距离。

如比拟句，“他的学问多得挤掉了头发”。调侃式的，一位老师说：“如果坐在后面说话的同学都能像前面玩手机的同学那样安静的话，就不会影响中间睡觉的同学了。”这样的语言都能给文章增添色彩。

再比如，这样的打油诗："作业几时无，把笔问青天，不知北京时间，现在是几点，我欲上床睡觉，又恐明日挨训，恶语似毒箭。无限凄凉情，真想离人间。手发酸，身乏力，脑灌铅，不敢有恨，此身不知在何处。爹是望子成龙，娘是盼女成凤，此事古难全。但愿天开眼，与作业再见。"这首反映课业负担繁重的打油诗，幽默中透着一股辛酸，令人耳目一新。

其次，运用一些修辞方法。修辞能使语言优美，还能突出主旨，优化结构。

例文：我们用心灵呼唤友谊，让友谊变成清晨你窗前一缕温暖的阳光，让友谊成为小鸟的清啼，在你耳畔吟唱，让友谊成为你寒冷时身边红红的火炉，让友谊变成烈日下你头顶的一片绿荫。

赏析：这段排比、比喻句，尽情讴歌了友谊。四个句子条理通畅，富于变化、生动活泼，增添了气势。

再次，引用名言、警句、诗词、歌赋。名言、警句、诗词、歌赋，既能增强表达效果，又能展示文化底蕴和语文素养。

例文：荷花映日的六月，我彷徨于河边。我不愿沉迷于李清照"冷冷清清"的凄凉，也不愿感叹"夕阳无限好，只是近黄昏"的沧桑，更不愿"杨柳岸晓风残月"的泪流满面。

赏析：这段文字优美，但不雕琢，句式灵活多样，读来朗朗上口，听来流畅悦耳。

例文："轻轻地我走了，正如我轻轻地来"。吟咏着徐志摩的佳句，我轻轻地掀开了文学神秘的面纱。李白"长风破浪会有时，直挂云帆济沧海"的豪放，李商隐"留得残荷听雨声"的低沉，苏轼"大江东去浪淘尽，千古风流人物"的旷达。

赏析：这段文字引用这些名人诗句，不仅使文章语言优美，增强了表达效果，也展示了自己的才华。

写作支架 3　静态描写与动态描写

静态描写，是指平面地静止地对人物或景物进行描写。

例文：榕树正在茂盛的时期，好像把它的全部生命力展示给我们看。那么多的绿叶，一簇堆在另一簇上面，不留一点儿缝隙。那翠绿的颜色，明亮地照耀着我们的眼睛，似乎每一片绿叶上都有一个新的生命在颤动。

赏析：这段文字优美，描绘出“这美丽的南国的树”。动态描写是指以动来写静，或用修辞手法，对事物进行描写。

例文：那条白线很快地向我们移来，逐渐拉长，变粗，横贯江面。再近些，只见白浪翻滚，形成一堵两丈多高的水墙。浪潮越来越近，犹如千万匹白色战马齐头并进，浩浩荡荡地奔来，那声音如同山崩地裂，好像大地都被震得颤动起来。

赏析：这段动态描写，淋漓尽致，仿佛读者看到了钱塘江的壮观景象。

写作支架 4 环境描写

环境描写，是指对人物与之发生直接关系的那种外界条件——社会环境描写和自然的描写。

社会环境描写。从狭义上说，是指人物活动的处所、背景、氛围等；而广义上说，是指一定的历史时期的社会生活、人际关系的总和。自然环境描写，又称景物描写。如前文“静态描写与动态描写”中的那两段文字。

比如，写一个学生，就要联系到学校、家庭以及社会。鲁迅《孔乙己》中，“中秋过后，秋风是一天凉比一天，看看将近初冬。”既是自然环境描写，又是社会环境描写，预示着孔乙己将要来临的命运。

描写是一种“形神兼备”的表述方法，把客观对象写得有声有色、有味有形，使人有身临其境，如闻其声的感觉。学好描写这种方法，也会为今后的写作打下良好的基础。

范文引航

奶油宋小记

若说起我在灵武英才学校住校那会的事儿，自然就不得不提起我那位“绯闻”男友——“奶油宋”。

“奶油宋”生得很漂亮，像个女孩子一般。的确，他曾经说过很小的时候他母亲把他打扮成女孩儿的模样。他的皮肤很白净，却不是那种病恹恹的白，只要运动过后，红润从里往外地泛上来，待泛到面皮上来的时候，衬着那透白的肌肤，倒真是如初绽的莲花般的粉嫩，很是可爱。用明眸皓齿一词儿来形容，绝不为过。

但他的衣服却穿得极不考究。因为刚到灵武的那会长得很胖，他母亲图方便，给他订了一六零的校服——而那时候我们大多一米四几，这一六零的衣裤就着实嫌大了。住校之后，“奶油宋”瘦了下来，本来就大的衣服便更显着垮了，随随便便地挂在身上，走起路来还哐里哐啷的，就像穿错了衣服。

我和他的那段绯闻，在当时也算是沸沸扬扬的了。起因我倒也记不大清楚，似乎是我借作业给他抄，便趁机让他做点“零工”——打打水，拿拿晚餐的点心之类的。开始相安无事，然而到了后来，这工作愈发地繁重了，“奶油宋”就不乐意了，这一来二去，闹了矛盾，便常被同学戏称为“打情骂俏”，绯闻也自传了开来。

于是乎，下课时分总会见着一个女生追着一个白净的男生满楼喊打。忽而女生又停住脚步，露出狡猾的奸笑，慢悠悠地往回走。白净男生见状赶紧追上女生——可是为时已晚，他的笔袋已经岌岌可危了。

住过校的人，肯定都知道，学校是禁止带零食的。可那么大的孩子，谁不嘴馋？便想着法子“偷运”零食。

有一日，我埋头写作业，一瞥眼，见“奶油宋”走上讲台，不知道递给了老师什么东西。而老师一见着那东西，脸上表情就开始闪烁不定了——怒，又不可发；哀，倒也于情于理；喜和乐却是八竿子打不着。隐约间，我总觉得老师的嘴角在抽搐，一脸的无语，脑袋上似乎垂下了三根黑线。良久后，很是痛苦地点了点头。“奶油宋”立刻两眼放光，脸上尽是阴谋得逞的笑容。

当我问起“你给老师什么了？”的时候，他笑着，微翘起朱唇，一字一顿地清晰地吐出几个字来——低，血，糖，证，明。“轰”的一声，我被雷倒了。

从此以后，“奶油宋”便凭借着这一张“低血糖证明”肆无忌惮地往学校运输零食，每次都是一大袋子。

不过“奶油宋”真是个精明的人，这么多的零食他也吃不完，而这正大光明带零食的权利却是他独有的，所以——

“十五，干不干？”“奶油宋”道。

“什么？十五？抢钱哪？”A 同学怒。

“那好吧！十三，十三，要不要？”“奶油宋”一脸的傲气。

“八块，撑死八块！”

“十二！”

“九块！”

“十一！”

“十块！”

“好！十块！成交！”“奶油宋”一拍桌子，利落地将零食递到 A 同学手中，将十块大洋塞进鼓鼓的皮夹。

一学期下来，“奶油宋”细细地计算着“A 同学账本”上的数据，终于露出会心一笑：“好吔！赚了他两千多！”

这，就是我曾经的绯闻男友“奶油宋”。

每当看到缓缓西沉的夕阳，就不由得又想起我的住校生活，想到“奶油宋”的“奶油”是否已经在不知不觉中融化掉了。

赏析

外貌描写，展示形象。作者通过对同窗“奶油宋”的外貌描写，刻画了一个“漂亮、可爱、胖、穿衣极不考究”的形象。

语言描写，突出性格。“好！十块！成交！”……生动的语言描写，使读者如见其人，做到“写谁就是谁”。

动作描写，呈现个性。“‘奶油宋’一拍桌子，利落地将零食递到A同学手中，将十块大洋塞进鼓鼓的皮夹。”一句中的“拍”“利落”“递”等词形象地向读者呈现了一个精明能干的同窗形象。

（文：杨鸿伟　指导老师：张　渊）

详略得当，主题突出

我们平时作文很容易出现“捡了芝麻，丢了西瓜”“胡子眉毛一把抓”，这样就会让我们的作文详略不当，偏离了主题甚至脱离了主题。

清人唐彪曾说：“详略者，要审题之轻重为之。题意轻者为略，重者宜详。”也就是说，写记叙文时我们要注意：对文中与主旨联系密切的地方，要用较多的笔墨和篇幅写充分、写清楚、写详尽，也就是交代得具体、叙述得完整，描写得细腻，这就是所谓的详写；用简洁的语言，抒写自己真切的感受。将描写与抒情有机地结合起来，详略得当。

总之，文章只有做到浓淡相宜，详略得当，才能繁简得体，中心突出。

写作支架 1 叙事详，写景略

在叙事性的记叙文中，穿插景物描写往往起到烘托、渲染和衬托的作用，应略写，叙事部分要详写。

如：莫怀戚《散步》在叙述过程中有一段对初春的简略描写：新绿、嫩芽、咕咕的冬水，写出春的气息，也暗示出老人在严冬过后，又充满活力。

如：张之路的《羚羊木雕》中有一段较为简略的景物描写：“月亮出来了，冷冷的”，表现了“我”内心的无奈、伤心。

写作支架 2 顺序详，插叙略

叙事为主的记叙文，有时采用先倒叙与后顺叙相结合的方法，倒叙部分可略，顺叙部分可详。文章中安排的插叙部分，也要略写；而顺叙部分要详写。

例文：《羚羊木雕》利用插叙手法，回顾“我”和万芳珍贵的友情，写出“我”把羚羊木雕送给万芳的理由，较为简略，而父母逼“我”要回木雕，被逼要回木雕部分则较详。

以记人为主的记叙文，有时要更好地点明主题，就要借助适当的议论、抒情。记叙描写是基础，应详写，议论是为了深化中心，突显人物品格，只需点睛式略写。

例文：莫泊桑的《福楼拜家的星期天》，为了有助于揭示人物的性格特征，使读者深刻地认识四位作家，作者就在叙述和描写中间，插入一些抒情议论。

写作支架 3 点上详，面上略

写人叙事，场景描写自然不可少，场面描写“点面结合”。“点”就是场面的重要事件和重点内容，直接体现文章主旨；“面”往往渲染气氛，交代背景，起烘托作用。要浓墨重彩写“点”，惜墨如金写“面”。要有“点”有“面”的叙事，“面”要略写，“点”要详写。

例文：沈石溪《斑羚飞渡》中描述老斑羚为了保护年轻一代，在生的抉择面前，甘愿粉身碎骨，义无反顾地把生的希望留给小斑羚们。作者仅以一对斑羚的“飞渡”，为“点”进行了细腻描写，足以让人感受到“飞渡”的惊心动魄。不过，作者对其他斑羚的飞渡过程，只是从“面”上一笔带过。却也让读者感受到了一种奇观，再次唤起人们对这一领域的关注。

写作支架 4 经过详，结果略

一般来说，叙事事情的发生时，因其往往只是交代事情发生的时间、地点、人物及起因，结尾部分，只交代事情的结局或点明中心，这些相对于表现主旨的“经过”与“高潮”部分仅是枝节，要略写。事情经过，尤其是高潮部分，是事情的主体，能具体地体现文章中心，需要详写。

如：《木兰诗》在叙事上对木兰代父从军的缘由、辞别父母奔赴前线、辞官还乡与家人团聚写得详细，对作为陪衬的出征前的准备工作以及十年征战生活写得较略。因为这首诗是为了颂扬木兰爱国爱家、不慕名利、深明仁义的高贵品质，并非讴歌她如何地驰骋沙场、建功立业。

写作支架 5 主旨详，陪衬略

凡是与文章主旨关系密切的，是主要内容，应写得详细些，而与主旨关系不是很密切的，是次要内容，只起陪衬作用应写得简略点。只有做到浓墨相宜，详略得当才能做到重点突出。

范文引航

瘦马铜声

张宏老师夹着课本，微笑着走进教室时，顽劣的初二（2）班的小男生小女生差点笑出声来：一米八的瘦削身子，鼻梁上架着副很夸张的眼镜，以至于半个面孔都闪烁在厚重的玻璃镜片后面，给人一种头重脚轻的感觉。

虽然早有“探马”来报，这个从外地新调来的班主任，是专带差班的高手，很有能耐。但他是我们的对手吗？要知道，这个班一年中已经气走三个班主任了。

第一节课，水波不兴，40 分钟在张老师的微笑和同学们游离的目光中平静度过。张老师走出教室。走出教室的张老师被一双双明亮的眼睛盯着。他们在证实一则听到的消息：张老师的右腿有点儿跛。是的，上大学时张老师在一次篮球赛中，争抢篮板球，摔折了腿。医生的轻率治疗，使他的右腿短了那么一点儿。然而，就是那致命的一点儿，使得他在走得快的时候，有“跌宕起伏”的效果。此时的张老师并不知道他行走的姿势已经令他的学生产生小小的兴奋——20 多年来，张老师一直都是这样走着的，有什么可大惊小怪的呢？

下午自习课。张老师走进教室时，黑板前围着一群学生，见他来，便轰地四下散开。黑板上画着一幅画：一匹嶙峋的瘦马直立着后腿，一张脸上很滑稽地罩着副大大的眼镜。旁边有两句诗：

远看金鸡独立，近看瘦马悬蹄。

张老师看看画，再看看全班同学。

此刻，全班每个人都努力表现出“与己无关”的坦然神情，但又不时地瞄着老师的面部表情。张老师笑笑，在诗的后面挥笔续上：

行走风吹落叶，躺下长短不齐。

然后问：“如何？”

全班一下子如江河决堤，大笑不止。

张老师不笑，做严肃状：“今后这位同学任语文课代表，兼出黑板报。”全班又大笑，可笑着笑着，笑不动了。诗画作者吴晓阳慢慢地站了起来，红着脸，讷讷地想说什么。张老师微笑着拍拍他，示意他坐下，转身，在黑板上重重地写下四个字：尊师重教。

于是，每天清晨，在上学路上、校园里，响彻初二（2）班响亮的声音。张老师的自豪溢于言表——到处都是我们的人。有的同学低头走路，张老师会很认真地走到面前，喊一声：“同学好！”在你小吃一惊之后，你会看到一个高出你一头多的瘦高个子和他从眼镜后荡漾出来的微笑。半月后，师生互相问候蔚然成风。

张老师教数学。主科教师大抵都做家教，可张老师不做家教。不做家教的张老师便成了“另类”。张老师的老婆原来是商店的售货员，如今下了岗。老婆劝他挣一份家教钱，贴补家用。张老师说，手心手背都是肉，好生差生都是我的学生。后来，拗不过几个差生家长的苦苦恳求，开了小灶，可又不收人家的钱。他不抽烟不喝酒，连个礼也不好送。有人便说，孔乙己还晓得没钱先赊碗黄酒，张老师怎么这么迂呢？

张宏带的这个班的成绩扶摇直上，从全年级最后一名，一口气超过5个班，直逼第一名。

初三毕业前的最后一次班会，张老师照例微笑着走进教室，那个画瘦马的吴晓阳已在黑板左右各画了一大束花，五彩缤纷，煞是鲜艳。

见老师进来，班长走上讲台，用红粉笔写下了一横。

张老师惊诧：“怎么不写了？”

只见全班45位同学按照学号，一个接一个上来，每人也只写一笔。黑板上出现了醒目而鲜红的六个大字：“老师，我们爱您！”

掌声响起来，持久而热烈。张宏的眼睛湿润了，有亮晶晶的东西要涌出来。

赏析

详略得当。详写了张老师和同学的思想交锋的过程，表现了张老师的机智不同一般。略写了师生互致问候蔚然成风，使文章繁简适当，重点突出。

构思精巧。医生的轻率治疗与这匹“瘦马”的严谨治学形成鲜明的对比，吴晓阳画画的前后呼应等都给人一种愉悦，而且这种愉悦不是肤浅的幽默和滑稽，而是一种感动着的开心！

（文：郭　荣　指导老师：张　渊）

自我“解剖”，真情实感

作家赵丽宏说过，文学是人类感情最丰富最生动的表达，是人类历史的最形象的诠释。写作作为一种精神活动，须臾离不开真情实感。《新课标义务教育语文课程标准（2023年版）》关于“写作”也强调，写作要有真情实感，力求表达自己对于自然、社会、人生的感受、体验和思考。由于学生读得佳作少，导致写作缺少真情实感，内容空洞，言之无物。写作时，只有体验生活，融入真情，激发思维，才可能感动自己，感染读者，发人深思。诗人白居易有云：“感人心者，莫先乎情。”在作文中，一篇选材真实、情感真挚的文章，往往能深深打动老师，获得一个较高的分数。怎样才能在作文中写出一篇感人至深的文章呢？

写作支架1 寻找感情触发点

平时，我们的写作，可能只关注于写什么，怎样写，而对于为什么要写，考虑得比较少。比如刚刚开学，有哪些人、事、物等，引发了我们的内心波澜？是老师的一句问候，还是同学的一次帮助？是爸爸妈妈的劳累身影，还是陌生人的微笑样子？我们如果善于观察，勤于思考，先主动寻找真情的触发点，然后自然流泻于笔端，就会情真意切，感人至深。

写作支架2 选择感情凝聚点

我们通过大量阅读后发现，大凡经典作品之所以感人，都是作者善于选择感情凝聚点，精心裁剪构思而成。作家们常常采用截取法来选材构思的。什么是截取法呢？就是在记叙文中，截取事物的最精彩、最动人、最能反映其本质的闪光的瞬间而加以表现的选材方法。平时写作构思时，不但要善于寻找感情触发点，激发写作欲望，而且要精心选择感情凝聚点，巧妙地用截取法进行选材和谋篇布局，融入真情，激发思维，就会让自己的文章情真意切，真正地打动读者的心灵。

写作支架 3 贴近生活，选材真实

作文时，在紧扣作文题目的前提下，选材可先从家庭生活、学校生活入手，再扩大到社会生活。从用心感受过的生活中，去提取最有价值、最有意义的素材并做恰当的增减，让自己的作文源于生活，反映生活。

写作支架 4 小处落笔，以小见大

作文时，要尽力发掘自我生活小事中的意义。或许是一封家书、一句赠言、一份礼物等等，每一个“小”的背后，都隐藏着一份“大”，要让这“小”闪闪发光。

写作支架 5 捕捉细节，精雕细琢

行文中，要善于捕捉生活中精彩的生活细节，增加文章的感染力。生动细腻的语言、动作、神态等细节描写，能带给人“如闻其声”“如见其人”的真实感，从而打动读者。

范文引航

外婆的那双手

即使地球不再转动，即使明日太阳变得黯淡，即使雾霭笼罩双眼，即使远方的地平线已消逝……当心灵真的已疲惫，悄然回首，我还有我的归宿，

在那条爱的长河里，我陶醉……陶醉于爱，陶醉于亲情，陶醉于外婆最无私的奉献。

永远忘不了外婆那布满皱纹的双手，那是辛勤劳作的印迹，那是汹涌于心中最令人陶醉的暖流。婴儿时，是这双手轻轻地抱着我，让我看见外面精彩的世界，让我感知空气中充斥着的浓浓的情意，交织于我的周围，始终难以散去。稚童时，是这双手缓缓地扇着扇子，使我安然入睡，让我享受着这世上最凉爽的风儿，让我沉浸于这世上最甜蜜的梦乡，久久不愿醒来，只因那份依靠。而如今，那双手所凝聚的爱始终未曾消退，尽管不再是轻轻地抚摸，不再是缓缓地摇扇，却能在每一个瞬间使我感动，让我陶醉。

还记得那个令人难熬的夏日，炽热的空气仿佛正在燃烧，顽皮的水汽也不知躲到哪儿去乘凉了。闷热、干燥，令人难以忍耐。而此时父母因为工作需要只留我一人在家，正当我不停地抱怨时，是外婆犹如天使般来到了我身边。每天下午，她都不辞劳苦地赶几公里路到我家，为我洗衣，做饭，把家里打扫得一尘不染。而到了晚上，当我在房间里做作业时，她总是在外头安静地看看电视，而那电视的声音，别说我，连她自己都不知是否能听清。无论再怎么困倦，无论再怎么劳累，她总是默默地等着我，陪着我，生怕我何时有什么需要似的，一直待到我睡下了，她才去睡。而第二天早上，她又得匆忙地赶回去照顾年幼的表妹。就这样过了一个月，天天如此。在这个难熬的，近乎窒息的夏日。

前不久，我第一次独自一人出远门，回来时买了一些礼物。其中必定少不了外婆的那份。当外婆拿着那精美的礼盒时，眼睛里泛着无比喜悦的光彩，那双手却一直舍不得放下。还不住地表扬我乖，说我长大了，懂事了……这些情形都是妈妈向我描述的。她说着说着，我的心中不免泛起丝丝涟漪，有一丝的喜悦，有一丝的感动，还有一丝的愧疚。是啊，当外婆无怨无悔地为我付出时，我似乎总是觉得理所应当地接受了，从未多想过些什么，仿佛地球就是绕着我转，花儿就得为我而盛开。可此时，我小小的礼物就能换取外婆极大的快乐。或许，只因为那份深沉的爱，那份令人陶醉的爱。

沐浴在爱的长河里，幸福、温暖、甜蜜……当我勇敢地走向远方，仅留下个淡淡的背影时，我似乎听到了来自心灵的天籁，那是爱的呼唤。外婆的爱，爱到深沉，爱到忘我，爱到沸腾，爱到令我陶醉……

赏析

作者从生活中选材，感情真挚。以外婆的爱贯穿全文，回忆童年外婆对于“我”的呵护和慈爱，表现外婆的爱深沉而忘我。叙述中描写还要更细致，更生动，才会感动自己，感动读者。

开头，“文似看山不喜平”，可以创设情境，由外婆的一个感人的镜头切入。

中间，作者先从外婆“那布满皱纹的双手”写起，勾起读者的美好回忆。作者分别从“婴儿时”“稚童时”“现在”，描写外婆对于“我”的呵护和疼爱，感人至深。接着叙述炎热的夏天，“我”一个人在家，外婆来照顾“我”，她来洗衣做饭，陪“我”写作业等。表现“我”对于外婆无私奉献精神的理解和怀念，就会更加打动读者的心灵。

结尾，形象化的议论和抒情，为文章增色不少。

（文：赵　燕　指导老师：张　渊）

画面形象，语言生动

很多同学的作文看起来很完整，但细读起来总让人觉得索然无味，原因就是缺少“画面感”。

画面感，就是让人一读，脑海中就能想象到的一个画面。有些同学写作时，只把事情的脉络写出来。这类作文就像一棵枯树，只有树干，没有枝叶。这样一来，文章便显得干巴巴，就像没有水的河流，没有草木的山坡。

如何使自己的作文有画面感呢？可以从以下几个方面训练。

写作支架 1 慢镜头放大动作

请欣赏下面两个片段。

原文：下课了，我们开始做游戏，我们你追我赶，一个人跑，一个人追，玩得不亦乐乎。

评价：这个片段里，没有画面，怎么跑？怎么追？读者感受不到作者的“乐”。

修改版：下课了，我们来到操场上，开始玩你追我赶的游戏，我的对手是陈明强，我跑，陈明强来追。我心里可着急了，就怕被陈明强追上。于是我拐着弯儿在操场上跑，一会儿躲到同学后面，一会儿绕着操场旁边的树跑。陈明强一边追一边直喘气，我在前面哈哈大笑，过了十分钟，我们也没分出胜负，可是上课铃却响了起来。

很明显，第二个片段更具有画面感。原因是，作者放大了“跑”和“追”的动作。

写作支架 2 多种人物描写相结合

例如：她骂他。

加语言描写：她骂他道：“你真是一个混蛋！”

加肖像描写：她对他怒吼道：“你是一个不折不扣的大混蛋！”

加动作描写：她撇开劝阻的姐姐，冲进房间，指着他的鼻子怒骂道：“你就是个混蛋！”

加心理描写：她早已被气得浑身颤抖，脸色铁青，但她还是在不断地告诫自己：不要生气！不要失态！不要骂人！最终她实在是忍不住了，于是怒睁杏目，用手指着他的鼻子骂道：“你真是一个混蛋！”

评价：很明显，加入肖像、动作、心理描写后，“她骂他”就有了画面感。

写作支架 3 调动多种感官

感官常常指“五感”：视觉、听觉、嗅觉、味觉、触觉；还可以加入内心的感觉，或是幻觉。“五感”中的视觉又最能体现出画面感。视觉可以看到的事物，可以从以下几个角度描写。

形状：大、小、长、短、方、圆……

色彩：赤、橙、黄、绿、青、蓝、紫……

质地：金、银、铜、铁、玉、石、木……

光线：明、暗、亮、黑……

例文：老旧的木格窗，把光线割成整齐的方块。平铺在带有深棕色年轮的木桌上，轻音乐在发梢淌过，光阴在指尖穿梭，一件精美的陶器呼之欲出，我终于读懂了它——陶艺。

赏析：这段有视觉中的事物：“老旧”“木”“光线”“方块”“深棕色”；有听觉中的事物：音乐；有自己的感受：光阴在指尖穿梭。

写作支架4 “人、事、物、景”有机结合

在写作过程中，如果只单调地进行一方面的描写，也会显得很乏味，若能把人、事、物、景有机结合起来，文章就会丰满很多。

例文：……我循声望去，隔河相望，一扇深红的花窗内，一位怀抱琵琶的女艺人，一张半旧的面孔，一把半旧的琵琶，一身红色旗袍外裹了一件闪亮的披肩。另一位男艺人，被窗台遮住了面相，只露出夹着三弦的半只手臂。

这是我熟悉的曲调，我跑了过去，没再流连于双桥，丝绸店，蓝印花布，剪纸，老宅门。

那是家茶馆，门漆着红，是环扣的拉手，我小心地拉开那扇门，那个我苦苦追寻的声音，顺着门缝，如春风般吹过我的耳畔，袅绕如雨丝，那弹词声如江南水乡的一叶芦苇，清淡，又如水乡的陈年米酒，让我心醉。

赏析：这段描写十分成功。作者综合运用了视觉中事物的颜色、质地、形状，人物描写的动作描写、肖像描写，自己的心理描写，还有对评弹的曲调的描写，这属于听觉。而“双桥，丝绸店，蓝印花布，剪纸，老宅门”则属于景物描写。画面感十分强烈。

写作支架5 注意场合，符合特定环境下的心理状态

例文：“上帝，这衣服多么合身啊！裁得多么好看啊！”大家都说，“多么美的花纹！多么美的色彩！这真是贵重的衣服。”

“大家都在外面等待，准备好了华盖，以便举在陛下头顶上去参加游行大典。”典礼官说。

这样，皇帝就在那个富丽的华盖下游行起来了。站在街上和窗子里的人都说：“乖乖！皇上的新装真是漂亮！他上衣下面的后裙是多么美丽！这件衣服真合他的身材！”

赏析：由于怕被人说自己是愚蠢的人，所有的都在皇帝面前赞美这并不存在的衣服。反映了特定情况下人们虚伪的心理。

写作支架 6 语言描写会突出人物的思想、品质和性格特点

例文：（虎妞）“成年际拉车出臭汗，也该漂漂亮亮的玩几天；我呢，当了这么些年老姑娘，也该痛快几天。等到快把钱花完，咱们还是求老头子去。”

“我不愿意闲着！”他只说了这么一句，为是省得费话与吵嘴。

“受累的命吗！”她敲着撩着的说。“不爱闲着，做个买卖去。”

“我不会！赚不着钱！我会拉车，我爱拉车！”祥子头上的筋都跳起来。（老舍《骆驼祥子》）

赏析：虎妞是总想着尽量少干活，花刘四爷的钱，表现了虎妞懒惰而且说话粗鲁的特点；祥子始终坚持自己拉车挣钱，表现了他自食其力的特点。

写作支架 7 语言描写推动情节发展

语言描写还用来预示和推动故事情节的发展，介绍环境、时代背景、事件的来龙去脉。

例文：正说着，门被推开了。一个须眉花白的瑶族老人站在门前，手里提着一杆明火枪，肩上扛着一袋米。

“主人”回来了。我和老余同时抓住老人的手，抢着说感谢的话；老人眼睛瞪得大大的，几次想说话插不上嘴。直到我们不作声了，老人才笑道：“我不是主人，也是过路人呢！”

我们把老人请到火塘前坐下，看他也是又累又饿，赶紧给他端来了热水、热饭。老人笑了笑：“多谢，多谢，说了半天还得多谢你们。”

看来他是个很有穿山走林经验的人。吃完饭，他燃起一袋旱烟笑着说：“我是给主人家送粮食来的。”

“主人家是谁？”

“不晓得。”

“粮食交给谁呢？”

“挂在屋梁上。”

“老人家，你真会开玩笑。”（彭荆风《驿路梨花》）

赏析：瑶族老人的话："我不是主人，也是过路人呢！"还有我们跟老人的对话："主人家是谁？""不晓得。""粮食交给谁呢？""挂在屋梁上。""老人家，你真会开玩笑。"表明瑶族老人并不是小屋的主人，这就增加了我们的好奇，设置了悬念，推动了情节的发展。

后面瑶族老人介绍自己经历的语言，交代了之前事情的来龙去脉。原来瑶族老人有着与我们类似的经历，这就更增加了我们的好奇，引出下文的故事情节。

写作支架 8 语言描写能表现文章中心，反映作品的主题

例文：接着，小姑娘向我们讲述了房子的来历。十多年前，有一队解放军路过这里，在树林里过夜，半夜淋了大雨。他们想，这里要有一间给过路人避风雨的小屋就好了，第二天早上就砍树割草盖起了房子。她姐姐恰好过这边山上来拾菌子，好奇地问解放军叔叔："你们要在这里长住？"解放军说："不，我们是为了方便过路人。是雷锋同志教我们这样做的。"她姐姐很受感动。从那以后，常常趁砍柴、拾菌子、找草药的机会来照料这小茅屋。（彭荆风《驿路梨花》）

赏析：姐姐跟解放军叔叔的对话："你们要在这里长住？""不，我们是为了方便过路人。是雷锋同志教我们这样做的。"直接表现出雷锋精神的影响，赞扬了解放军助人为乐的品质。

范文引航

白色风车

她们说，只要连续九天望着星空默默许愿，星星就会让你的愿望实现。

一

我时常会回想起我的幼儿园生活，它让一切的懵懂都变得理所当然。

记忆中，校园里有一个小小的但很可爱的花圃。鹅卵石铺成一条曲折的小路，绿色藤蔓优雅地垂成帘幕。一丛丛明黄色的小雏菊吵吵嚷嚷地凑在一起，蔓延成一片绚烂的花海，精致的小小花瓣，纤尘不染。

温暖的寝室，小小的木床，白色的棉被。蓝色窗帘滤掉了多余的光线，只留下午后淡淡的阳光以及舒适的暖暖气息。一条条纹路清晰地在实木地板上伸展，拼凑成一幅怪异神秘的画，轻唱着森林里的明月清风……一个个小小的脑袋陷在柔软的枕头里，轻轻地呼吸，安静地沉睡，如花的脸上带着浅浅的纯真笑容。纯净恬适得像一朵朵小雏菊，不染纤尘。

二

我一直认为蒲公英是很可爱的花。小小的黄色花朵不张扬地开着，那些毛茸茸的纯白小伞总能轻盈地跃上风的肩头。

第一次看到蒲公英是在春天吧，我记不清了。妈妈在田野上找到了那些白色的小花，牵着我，一路奔跑。

看到它，我惊叹。轻轻用手指碰碰这些小可爱，我怕吵醒它们的酣眠。我轻轻吹散了它们，仰起头，看着小伞悠悠飞走，然后飘远。妈妈幸福地抱着我，说，宝贝，一朵小伞可以长出好多的小伞。

那一天，我在田野上看到了纯纯的蒲公英，白色的一片，连缀成蓬松的云朵。世界安静了，我想起了那一片绿色的麦田，清新的阳光，澄澈的蓝天，飘来飘去的云朵，吹过田野的温柔的风。唯美的布景，像极了一幅写意画。妈妈抱着我，站在画中央，怜爱地握着我的手，轻柔地对我说：“宝贝，看，那是蒲公英。”

我蹲在田埂上，吹散了那些小伞。

三

小时候，哥哥总是很认真地告诉我，一只纸飞机就是一个梦。我的童年，放飞了好多甜甜的梦。

那时，心灵手巧的哥哥，总是给我折好多的纸飞机。它们沿着一条条优美的弧线，从风中穿过。而我折得笨笨的纸飞机总是在空中打着旋儿下坠，像一个坐在螺旋滑梯上的孩子，快乐地伸直了手臂，勇敢地向地面滑去，穿过我的童年。

去补课的时候，我看到了操场上追着纸飞机跑来跑去的两个孩子。他们的脸浸在夏天热烈的阳光里，明媚可爱。我把折好的纸飞机抛给他们，大声喊："纸飞机代表梦！"他们挥舞着胖胖的小手，踩着风，奔跑着，追逐着纸飞机。有一天，那两个孩子终会长成翩翩少年。看见小孩子，他们也一定会蹲下来，用心折一只纸飞机，认真地告诉孩子，这是梦。就这样，一一传递。

我总觉得，记忆就像一架白色的风车，纯净而美好。有风的时候，它会飞速地旋转。于是，零碎的画面终于连成了一个完整的故事，那是童年。

赏析

细节典型。文中的几处细节描写看似信手拈来，无关紧要，可有可无，但却都是作者精心的设置和安排，不能随意取代。如"幼儿园午休""看到蒲公英""一只纸飞机就是一个梦"三个细节的共同之处在于暗含或直指了一个"梦"——属于孩子，满怀憧憬的——童年梦想。

语言精准传神。词语的准确运用，句式的长短搭配、整散结合，精妙的修辞手法，为全文呈现出诗意流畅、抑扬顿挫的节奏美、灵动美。

（文：郝新宇　指导老师：张　渊）

波澜迭起，文不喜平

一般来说，作文应避免平铺直叙，特别是那种内容不具体的叙事更应该避免。精心选材，把握材料的特点和亮点，巧妙设计，讲究叙事与情节的波澜起伏，是考生写考场作文一个较好的努力方向。叙述性的文章必须做到“尺水兴波”，即写出事情的波澜，才能化腐朽为神奇，将“引人入睡”的状况转变为引人入胜的境界，让你笔下的事件变得趣味盎然，令读者印象深刻。

写作支架1 悬念法

悬念，在古典小说里称为“扣子”或“关子”，即设置疑团，不作解答，借以激发读者的阅读兴趣。由于人本有追根问底的天性，而悬念法恰能将这一心理欲望激发出来。所以，悬念法是最容易收到引人入胜效果的方法之一。

写作支架2 误会法

误会法，是指利用时间、地点、人为等因素，故意造成人物间的误解，为故事情节的发展推波助澜，使情节戏剧性的一种表现技巧。误会法常常让本来能按常理发展的事情节外生枝，而文章就在这生枝之处显示出情节或主题的精彩。

写作支架3 铺垫法

为了收到较好的表达效果，对要写的人和事先不直说，而是先做种种铺垫，给人以“千呼万唤始出来”的感觉。与此同时，往往要不惜笔墨，渲染气氛，烘云托月，再入妙境，这种表现手法，往往能收到“山外有山”的表达效果。

写作支架 4 倒叙和插叙法

倒叙法的好处在于：一是可以引发思考，形成悬念，引起读者的阅读兴趣；二是便于读者调动情感，勾起对往事的回忆，这样更符合生活的实际。运用插叙，往往能使内容具体，形象丰富，主题深刻，情节曲折，这是使文章起波澜的重要手法。

写作支架 5 波澜迭起法

故事情节过于平铺直叙往往是大部分学生习作存在的问题。但常言道“文似看山不喜平”，文章要写得有波澜，行文有起伏，有高有低有紧有慢，像波浪一般富于变化才能吸引读者。这样的文章不论长短，都能使读者读起来历久不倦，能有强烈的艺术效果。或悬念迭起，或结尾出人意料，或制造误会，或抑扬交错，或巧设伏笔，文章活泼多变，引人入胜。这种“波澜迭起”的方法如果能运用到写作当中，那该是多么吸引人啊！

范文引航

打球未遂记

“呼噜，呼噜……”爸爸的鼾声是那样的均匀。已经 4 点啦！说好了和朋友们一起去打球的，可不能失约啊。可爸爸的鼾声，分明就是耳边的警钟，阻止着我蠢蠢欲动的脚步。怎么办呢？去吧，不敢。不去吧，不甘。算了，不去，坚决不去！千万不能为了图一时之快，而饱受日后的“摧残”。但是双腿还是不自觉地、一点点地往门边挪去。

“哐啷！”——房门开了。

“干什么去啊？”爸爸不知什么时候站在了我的身后。

“我，哦，上厕所！”我真怀疑爸爸是不是有什么特异功能。

“什么？不是刚刚才去过厕所吗？怎么又去啊？”爸爸疑惑地说道，“肚子不舒服吗？不舒服可要说啊，别影响了学习才是！”

天啊，连我十分钟前上厕所的事都知道，真是厉害。“刚才是上小号，现在是上大号。”说完我连忙逃进了卫生间。我坐在马桶上煎熬了几分钟，感觉时间差不多了，就赶忙抓紧时间布置现场。把两张卫生纸一团，扔进纸篓，冲马桶时故意连冲两次，把水搞得哗哗作响，然后“自然”不过地打开了门。慢——手还没洗，在老爸面前马虎不得。

回到书桌前坐了一会儿，我又悄悄推开房门，只见客厅里的爸爸正享受着电视的快乐呢。我如坐针毡，又似有万爪挠心，哎呀！时间老兄，你别走那么快啊，忙乎啥呀……

算了，豁出去了，还是走吧，大不了晚上回来挨一顿“竹笋炒肉”。

小心翼翼，蹑手蹑脚，轻点，再轻点……探头望过去，好嘞！爸爸正聚精会神地看着电视。一步，两步，三步——苍天啊，近了，离大门越来越近了——我心中不禁一阵狂喜，锁要轻轻地拧，门要轻轻地开——耶，门开了。

一、二、三，冲！哦，不！对门的张大妈竟然正以同样的节奏打开了门，不等我示意莫出声，她那惯有的大嗓门已经扯开了：“小恺啊，玩儿去吗？瞧这小伙子，多壮实啊！”

爸爸闻声而来。

“哦，没……没，我只是打开门看看……看看！”我讪讪地答道，知趣而回。

赏析

情节设计波澜不断。小作者在叙述的过程中巧设波澜，“爸爸的鼾声均匀”（第一次机会出现），意图开门溜之，却被爸爸几近识破（掀起第一场波澜），只好“佯装上厕所”；“爸爸聚精会神看电视”（第二次机会出现），孤注一掷马上就要“突围”成功，却巧遇对门张大妈（掀起第二场波澜），她那惯有的大嗓门让“我”被抓了现行，只得悻悻而返。可谓环环相扣，动人心弦。

细节刻画声形俱现。如“我佯装上厕所”的细节：“感觉时间”“布置现场”“故意把水搞得哗哗作响”“自然地开门，洗手”。既突显了“我”鬼灵精的特点，也让人读来忍俊不禁。

（文：王书阳　指导老师：张　渊）

如何做到细微之处见真情

叙事具体生动，是作文的基本要求。如何让所叙之事生动起来？如何让所写之人鲜活起来？那就是学会细节描写。我们常说：于细微处见精神。成功的细节描写往往能达到“一瞬传情，一目传神”的艺术境界。对于记叙文来说，细节就是其血肉，没有细节描写，就没有形象的鲜明性，事件的生动性。因而，能否打造闪光的细节描写，就决定了文章的精彩与否。

写作支架 1 精雕细刻

细节就好像电影中的特写镜头。只有“细”，才能使千姿百态的各种人物在举手投足、一颦一笑间传达出人物的神韵。

例文：我看见一个小姑娘，只有八九岁光景，瘦瘦的苍白的脸，冻得发紫的嘴唇，头发很短，穿一身很破旧的衣裤，光脚穿一双草鞋。

赏析：“八九岁”“瘦瘦的苍白的脸”“冻得发紫的嘴唇”“破旧的衣裤”“光脚穿一双草鞋”等细节描写，形象地刻画了一个瘦小、贫穷的女孩形象。

例文：“老师！弯弯的月亮像外婆院子里结的豆角。”娟子认真地说。

“哄！”教室里响起了笑声，李老师气得脸发白：“娟子，不许说月亮像豆角，听见了吗？”娟子低下头，她好委屈，她明明看见弯弯的月亮像豆角，为什么老师会生气？她好不服气：弯月亮就是像豆角，就像！就像！

赏析：抓住人物的语言、神态、动作、心理，生动地刻画了娟子丰富的想象力和被老师批评后的委屈与不服气，也表现了老师教学的刻板。

写作支架 2 锤炼词语

在细节描写中，我们要选择恰当的词语，力求一字传神。

例文：从破衣袋里摸出四文大钱，放在我手里，见他满手是泥，原来他便用这手走来的。（鲁迅《孔乙己》）

赏析：“摸”，表钱数不多之意。特定的动作正是孔乙己生活窘迫、穷困潦倒、遭遇悲惨的写照。传达出作者对他的哀伤同情。

例文：屠户把银子攥在手里紧紧的，把拳头舒过来，道：“这个，你且收着。我原是贺你的，怎好又拿了回去？”范进道：“眼见得我这里还有几两银子，若用完了，再来问老爹讨来用。”屠户连忙把拳头缩了回去，往腰里揣。（吴敬梓《范进中举》）

赏析：“攥”“舒”“缩”“揣”这四个动作表现了胡屠户爱财如命、虚情假意的嘴脸，极具讽刺性。

写作支架 3 巧用修辞

运用比喻、拟人、夸张等修辞，可以增强语言的生动性，变抽象为具体，变无形为有形，变平淡质朴为文采斐然。

例文：街上的柳树像病了似的，叶子挂着层灰土在枝上打着卷；枝条一动也懒得动，无精打采地低垂着。马路上一个水点也没有，干巴巴地发着白光。便道上尘土飞起多高，跟天上的灰气连接起来，结成一片毒恶的灰沙阵，烫着行人的脸。处处干燥，处处烫手，处处憋闷，整个老城像烧透了的砖窑，使人喘不过气来。（老舍《骆驼祥子》）

赏析：这是一段关于景物的细节描写，运用拟人、比喻等修辞手法，生动地写出了暴风雨来临前天气的闷热程度。

例文：一捶起来就发狠了，忘情了，没命了！百十个斜背响鼓的后生，如百十块被强震不断击起的石头，狂舞在你的面前。骤雨一样，是急促的鼓点；旋风一样，是飞扬的流苏；乱蛙一样，是蹦跳的脚步；火花一样，是闪射的瞳仁；斗虎一样，是强健的风姿。黄土高原上，爆出一场多么壮阔、多么豪放、多么火烈的舞蹈哇——安塞腰鼓！（刘成章《安塞腰鼓》）

赏析：这是黄土高原上腰鼓表演的场面描写。作者借助比喻和排比的翅膀，把腰鼓舞壮阔、豪放、火烈的场面写得别致感人，使人如闻其声，如临其境。

写作支架 4 调动多种感官

要使描写生动形象，在观察事物过程中，我们要调动自己的各种器官，对事物做非常细致地观察，细腻描摹，写准写活人、景、物的形、声、味、质感等要素。

例文：两岸的豆麦和河底的水草所发散出来的清香，夹杂在水气中扑面的吹来；月色便朦胧在这水气里。淡黑的起伏的连山，仿佛是踊跃的铁的兽脊似的，都远远地向船尾跑去了，但我却还以为船慢。

那声音大概是横笛，宛转，悠扬，使我的心也沉静，然而又自失起来，觉得要和他弥散在含着豆麦蕴藻之香的夜气里。（鲁迅《社戏》）

赏析：这段景物描写，作者调动嗅觉、触觉、视觉、听觉等多种感觉，细致生动地写出了月夜行船时看到的美丽的江南水乡夜景，烘托了作者看社戏的急切心情。

例文：天边那一弯新月发出淡淡的清辉，静静地洒在阳台上。迷朦的月色下，那些白天里姹紫嫣红的花，青翠欲滴的叶，都显得暗淡多了。这时候，几朵刚开的昙花冰清玉洁，散发缕缕清香，沁人心脾。啊！还有一朵正含苞欲放的蕾儿，会不会开呢？我端详了好一会儿，忽然间，花蕾动了一下……终于，花蕾尖上不知不觉裂开了一个小孔，接着，小孔缓缓地张开，然后花瓣一片片地逐渐舒展开来。那一片片花瓣像是水晶雕成的，连一条条花脉都看得清清楚楚；花心洁白柔嫩，花边透出了一层鹅黄。

赏析：作者对昙花做了详尽的描写，花的质地、气味、色彩、纹路，花蕾开放的整个过程，让人如临其境，写得细腻生动。

写作支架5 多加烘托

艺术大师齐白石有一幅画：用淡墨泼洒而就的芭蕉叶上停着一只小小的瓢虫，小虫不但触须毕现，连身上的花纹也清晰可辨。就凭这么一个小精灵的点缀，整个画面就平添了妙不可言的生趣。

高明的作者总是想着法子打破陈旧的框框。所谓“避正”，就是对人物不做直接的描摹，而是通过和这一个物有关的人或景从侧面烘托、刻画，从而使习作产生抢眼的感染力。

例文：秋天来了。树林里的叶子变成了黄色和棕色。风卷起它们，把它们带到空中飞舞。空中是很冷的。云块沉重地载着冰雹和雪花，低低地悬着。乌鸦站在篱笆上，冻得只管“呱——呱”地叫。是的，你只要想想这情景，就会觉得冷了。

百灵鸟唱起歌来了——这是一个美丽的春天。他不知不觉地已经飞进了一座大花园。这儿苹果树正开着花；紫丁香在散发着香气，它那又长又绿的枝条垂到弯弯曲曲的溪流上。啊，这儿美丽极了，充满了春天的气息！（《丑小鸭》）

赏析：文中的景物描写从秋天写到春天，秋景是萧瑟的，阴冷的，渲染了丑小鸭所面临的艰难考验，春景是艳丽的，充满生机的，烘托了丑小鸭已经战胜苦难、熬过严寒，最终迎来了人生的美丽时刻。

写作支架6 找准细节

一篇文章的细微之处很多，不可能面面俱到，要对这些细微之处进行筛选，选择对表达文章中心最有帮助的材料。

仔细观察。要写好细节，细致观察是基础。要有一双慧眼，善于捕捉生活中的细节，这样，在叙事时，才能合理挖掘、放大细节。

力求真实。细节真实是文章的命根子，细节描写一旦失真，文章也就失去了感染力。

范文引航

初中生活，我的最爱

我最爱的初中生活眼看就结束了，我总感到是那样的依依不舍。

有人说初中生活是首歌，对此我是有深刻的体会的。初中的学习生活虽然说很紧张，但在紧张之余，许多难忘的情节却时时浮现在脑海里：鹭峰上的歌声，稻香湖上的野炊，教室里面红耳赤的争论，运动场上拼搏的身影……这一切如同装订得很美的画册，每一页都是那样令人留恋，让人回味无穷。

我们的初中生活是紧张而愉快的。在初中的生活中，同学们学习都刻苦努力，各不相让，在学习的起跑线上迎接着一次次挑战，发起一次次冲刺。在初中生活中，如果你以为学习上的竞争冲淡了同学之间纯真的友谊，那就错了。我们的班级那可是团结向上、充满友情的，当一位同学在学习上遇到困难时，别的同学就会伸出热情的手，不遗余力地帮助他。记得一次考试前夕，班里不幸被窃，一位同学丢了许多资料和笔记。这可是一次关键的考试啊！他急得哭了起来。此时同学们不是袖手旁观，埋头各自复习，而是积极为他想办法：有的同学不顾疲劳，到处为他买资料；有的同学抽出时间为他抄笔记；有的同学将书借给他用。我每每想到这里，眼睛都会模糊起来。

说到初中生活，我又想到了我们那“前无古人，后无来者”的创意。那是火热的夏天，让人热得口干舌燥，一天喝两三瓶矿泉水仍不能“退烧”。望着日渐干瘪的口袋，我们内心的痛苦真是无以名状。想带学校食堂的开水喝，可一看到水中舞动的那些白色沉淀物，内心的热意就被降了一大半。后来，经寝室的兄弟们协商，终于想出一条妙计：集瓶—卖瓶—得钱—买水。从那以后，我和同桌的座位便成了废品收购站，成天有大量的矿泉水瓶向我们“砸”来。功夫不负有心人，一个星期后，当我们从收购站大叔的手中接过十元钱时，我激动得快哭了，向小卖部飞奔而去，手中扬着钱喊道：“买水，买水，我买一桶纯净水。”幸亏有同学“魁梧”的身材和室友的“奋勇当先”，我们费了很大力气才将水搬到寝室。一到寝室，兄弟们便争先恐后将水杯递过来倒水喝，从此，我们寝室有了免费供水机，我们也不因夏天不能及时“消渴”而发愁了。

初中生活，我们将要告别了，但那一幅幅充满友爱、欢乐的剪影，又都浮现在我的眼前。我最爱的初中生活啊，你将成为我最珍贵的记忆，深藏在我的心中。

赏析

真挚的感情，往往来自精彩的细节。作文不是生活的简单相加，我们要对其进行适当的加工、组合和提炼，将一些触及自己心灵、感动自己的材料作为文章的“动情点”，做到细微之处见真情。如文中对同学丢失复习资料后，大家的热心帮助，同宿舍兄弟集瓶买水的苦中作乐等细节的刻画，溢在笔端的真情，细腻可感。

（文：赵莹蕾　指导老师：张　渊）

立意高远，内涵丰富

“意”是文章的灵魂，意胜则文胜，它直接决定着文章质量的高低，价值的大小，得分的多寡。一年一度的中考，既是水平测试又兼有明显的选拔功能。命题者要让广大考生都有话说，都有内容可写，作文命题时自然会考虑到各个层面的学生，杜绝了出偏题、怪题的现象。因此，在人人都能写得出的前提下，“竞争”的焦点很大程度上就落在立意能力的高低上，那些立意高、立意新、立意巧、立意深的作文就能胜人一筹，脱颖而出。作文作为中考语文的“半壁江山”，其立意无疑就关系到整个中考的成败。

写作支架 1 小中见大——一滴水里看大海

这里指的是，在作文时应从小题材、小问题着笔，通过引申发挥，揭示出具有普遍意义的主旨，把意义浓缩到成为大问题的结晶。这不仅要求考生具备比较深刻的思考能力，还要求考生有敏锐的联想拓展能力，使文章主旨显出特色、显出个性。

例文：我目送着父亲走出校门，这时我又看见了那辆从小就伴着我的自行车。它虽然历尽沧桑，却还是那样精神抖擞。有爱的地方就是家，难道不是吗？我终于理解了父亲那句“自行车就是我们的家”。这时我正被一股强大的力量包围着。因为在那一瞬间爱像温暖的潮水轻轻拍打着我的胸口，那一瞬间我看见爱融进了自行车，家也融进了父亲那辆自行车。（《家，是父

亲的自行车》）

赏析：作者选取父亲的自行车这一“小”题材，传递出父亲对“我“的正确教育和无限关爱的信息，反映出父亲的自行车不仅养家糊口，而且承载着爱的祥云，使“我”倍感幸福和温馨的“大”主题，确有“一滴水里看大海，半瓣花上说人情”之妙。

写作支架 2 转换角度——反弹琵琶唱新声

这里指的是，作文应从新的视角、新的方位审视和思索客观事物，独辟蹊径，见人之所未见，获得新的意蕴。采用转换角度的方法，需要打破单向、一元的思维定式，不拘于一孔之见或一隅之感，千方百计寻找到新的突破口，从新的侧面切入，使立意别具一格。转换角度的方法有“反弹琵琶”——逆向思维法。运用此法就是要突破思维定式，从人们较易忽视甚至淡忘的角度切入，或从常规的反面切入，这往往会别有洞天，使你的文章独具特色，熠熠生辉。

例文：每个人来到世上，都希望取得辉煌的成就和创造有个性的自我，希望自己的风度、学识、动人的歌喉或是翩翩身影能得到别人的认可和掌声，然而并不是每个人都能神采飞扬活跃在灯光闪烁的舞台上。作为一个平凡的个体，大多数人只能在闪光灯的背后呢喃细语，没有人关注，没有人在意，没有人给予簇拥的鲜花和热烈的掌声。面对这种现实有些人往往感叹自己的渺小与卑微，妒羡别人的优秀与成功。其实又何必呢？鲜花诚然美丽，掌声固然醉人，但它只能肯定某些人的成就，无法否定多数人的价值。只要你真实地生活，活出一个真实的自我，那么即使所有的人都把目光投向别人，你还拥有最后一个观众，你还可以为自己鼓掌。（《为自己鼓掌》）

赏析：为自己鼓掌，没有半点矜持和矫饰，自自然然、大大方方、潇潇洒洒地为自己的生命喝彩；为自己鼓掌，不是自我陶醉，不是自我满足，而是一种超脱而又高昂的人生境界；为自己鼓掌，不要在意别人的目光，要记住你就是你生命中最好的欣赏者。

读了本文你会发现，这是一篇很成功的创新作文。作者以全新的思维方式，一反大多数人所持的只能为别人鼓掌的固有观念，发出要为自己鼓掌的新声，给人启迪，令人耳目一新。文章不仅立意新，而且认识深刻。作者认为在人生道路上，即使没有人为自己鼓掌，也不可失去信心，要善于发现自己的闪光点，敢于肯定自我的价值，不断进取，创造人生的辉煌。这种从反面切入的构思立意，是对固有观念的反叛。新颖独到，不同凡响，使作文也唱出了新声。

写作支架 3 纵深开拓——掘取生活的哲理

这里指的是，作文时要透过客观事物的表象，向着纵深开拓，直至掘取到深刻的意蕴和哲理。意蕴总是比直接显现的表象更为深远，作文时只有通过由表及里、由浅入深的挖掘才能获得。运用此法，作者需要较强的思想穿透力，从现象到本质，从不甚深刻的本质到更深刻的本质。开掘取意，并非一种直线的形式，它需要作者认真分析，反复思考，才能掘取到文题的深层意蕴。考场作文如能做到于形象中见哲理，于质朴中见深刻，于含蓄中见真义，必能让阅卷老师爱不释手。这样的习作是感性和理性的交融，是文学和哲学的和谐相通，必成考场佳作甚至满分之作。

例文：【开头】人生就如茶叶一般，只有通过了沸水的浸泡才能展现出生命的本色；人生就如鹰一般，只有经过了无数次的跌落，才能练就强硬的翅膀搏击蓝天……是的，人生中少不了暴雨的侵蚀、冰雪的摧残、狂风的袭击，经过了这种种之后就会惊奇地发现，我们获得了更新的生命，会由衷地感叹：“阳光总在风雨后。”

【结尾】曾读过一句话：你可能会经常感受到刀削般的疼痛，但是这些是必须的，它会使你成为一支更好的铅笔。这是铅笔制造者对铅笔说的一句话。的确啊，人生总要遇到挫折与磨炼，但这是必须的。我们要从容面对，勇敢地去解决去获得更新的生命。（《阳光总在风雨后》）

赏析：作者在首段用形象生动的语言阐释了题旨后，接着通过写自己帮助蛾破茧和看到小草长得郁郁葱葱的表象，结尾引用铅笔制造者的一句话，再次强调“阳光总在风雨后”的生活哲理，自然结束全文。这一生活哲理，无疑是作者对生活表象进行深层思考，纵深掘取的结果。加上本文结构严密，思路清晰，文字激扬流畅，使得本文成为满分之作。

写作支架4 合理想象——放飞思维的彩翼

这里指的是，作文时要充分发挥自己的联想和想象，放飞思维的翅膀，以使笔下的文章新鲜活泼、灵动自然。想象要做到奇特而又合情合理，即夸张、渲染、虚拟、联想等到位而不过头。想象所描写的虽不是现实生活中的事，但却与现实生活紧密相关，是在现实基础上的一种认识上的飞跃。要使想象“合理”，应该注意以下几点：一是要有开阔的思路，敢于打破常规，不被现实生活所拘束。展开想象时，要使自己的思维尽可能新颖和开阔，不要停留在狭小的空间和肤浅的层面，要让自己的联想延展开去；二是要有所依据，要符合科学的事理和生活的逻辑，切不能胡思乱想；三是要做到实实在在。想象作文虽是“想象”，但在写法上要“实”，要有时间、地点、有事情的起因、经过和结果，让人读后觉得就是一件实实在在的事，或一个人；四是一定要有新意。新奇、别具一格，始终是文章的亮点。

例文：考场寂然无声，我的思绪却天马行空。我漫步于时空隧道，穿行于历史的风雨，追寻古代诗人的轨迹，倾听他们寂寞的心声，触摸他们孤独的灵魂……

诗人总是寂寞的，寂寞就是诗人的影子。陶潜如此，杜甫如此，李白也如此。寂寞赋予诗人灵气与才气，使诗人有了纵横驰骋的笔力，它还赋予诗人视通万里、思接千载的深邃，使得他们多愁善感、洞察万物。面对大海，他们有纳百川而不张扬的含蓄；走进高山，他们听百年苍松雄浑的声响而去留无意；沐浴月色，他们抒“举杯邀明月，对影成三人“的豪迈。他们渴望面朝大海，春暖花开的温馨，他们在精神家园里相濡以沫，让月光浸润他们孤芳自赏的灵魂。他们和自然就像河流与大海，自然地融合而又倾情向往，他们和生活不时闪出美丽的火花，点燃他们的创作激情。他们像一个个虔诚的信徒，静静地仰望自然界的花鸟虫鱼、飞瀑湍流。寂寞使他们远离了红尘，情寄山水，让自我融入杏花、春雨、奇山、异水……我穿越时空，倾听诗人寂寞的心声，我发现寂寞亦是一种美丽，如天使，似花朵。他会让我们拥有一方精神家园，在坚守中获得生命的意义，收获美好的生活！（《穿越时空的美》）

赏析：本文作者放飞思维的彩翼，展开想象的翅膀，穿越过千年的时空，去倾听古代诗人们的心声，从中真切感受并深刻体验到："寂寞亦是一种美丽"，"他会让我们拥有一方精神家园，在坚守中获得生命的意义，收获美好的生活"，真可谓想象新奇而独特，立意积极而高远。这样高质量的佳作，实在是我们练习想象技法的绝好范文！

范文引航

根

一座静静的小院。

似乎并不寂寞。一年四季风霜雪雨轮番光顾兴味不浅，蝶儿蝉儿鸟儿虫儿不断叩拜妙趣横生。仰观宇宙之大，其意趣却包容在这不到 10 平方米的小院里。

似乎风韵犹存。歪歪扭扭一身洞穴的院墙仍高高耸立着。墙砖已被剥蚀，成为许多繁复的画。开满牵牛花的青藤遮住半壁老墙，素白的小花嫩绿的叶片让小院平添几分清新与淡雅。石阶上满是苔迹，一层叠着一层；阴雨天苔藓便得意洋洋地作画，用深浅不一的绿涂抹在凹凸不平的石块上，冷冷的石头于是有了色彩，变得柔和，有了生气。

在小院里无论是曾经气宇轩昂如今已破落的屋宇，还是屋内一方生满铜绿的老式烛台还是那架精雕细刻的古老座钟，抑或那张已经变成深褐色的木雕大床，都让人想起那个逝去的年代和那个年代里的兴盛。

小院里，稚童的笑声已被风霜苔衣做成的图画所淹没。小院中住着一对老人。一对正在走向生命尽头的老人。院中有一口古井。井是小院的眼也是老人的眼。闪着那份胸无城府的率真，带着那份未被污染的清纯，承载来去匆匆的风云，将千种凄凉万种缠绵摄进眼里。古井不会呐喊，只会在时间里作画。一张张在小院里飘过的人的脸，都被一一画在了幽暗的井壁上。老人说，如今，他们还能在古井里看见孩子们的脸！在自来水哗哗流进千家万户的今天，小院的主人仍厮守着这眼古井，厮守这方属于他们的清凉。井边有株桃树，树皮皲裂。早春，郁郁青青的树梢缀一串花朵，同蓝天相辉映；夜晚，黝黑的树顶轻轻摩挲着满天的星星。老人说，这树是孩子们离家时栽下的，如今果子都结了好几回，却不见孩子回来。

家乡有许多这样的小院。小院属于老人，那些曾经年轻过、快活过、爱过、梦过的老人，把一只只小鸟喂养大交给蓝天，继而，便开始了漫长的等待。等待一次来信，等待一张相片，等待一个遥远的祝福，等待……

小院正在衰老，正在岁月的烟尘中被悄悄抹去。人们很难洞察它的一切。就像那些用作栋梁的大树，人们很难看到，那比大树更为壮观更为繁密的根系，是如何在漆黑的地层深处寂寞老去的……

赏析

文中意象内涵丰富，“根”“古井”等都代表着一种起源、根基、传统之义。作者用典雅饱含深度的文字，架构了一个高远的“寻根”的立意。使文章拥有了一种峭拔的高度。读之丰满深刻，余味无穷。

（文：马丽媛　指导老师：张　渊）

运用传神的笔法创造新的艺术形象

形象丰满或是人物肖像、心理、语言、行动等描写比较齐全，人物丰满生动；或是叙事具体完整，情节曲折有致；或是细节描写细致逼真，有点有面。这样写人就会有血有肉，有个性特点，有复杂的思想感情和丰富的精神世界，状物就会栩栩如生，有层次感，有立体感，有丰富的内涵。

一人一物一场面都可以是形象。形象丰满主要对人物而言，要能使人物从纸上站起来，有血有肉，栩栩如生，使读者把文中的人物当作实有的人来看待，从而引起读者的浮想、遐思，爱憎分明。这就要求我们能够刻画出人物的个性特点，展现人物复杂的思想感情、丰富的精神世界，写出人物的复杂性，活泼地表现作品中的人物。

写作支架1 以形传神，形神兼备

要让形象丰满必须把握形象的特征以及作者通过这一形象来传达什么思想感受。以形传神是联结“形”和“神”的桥梁，人物形象的丰满自然也离不开形貌逼真，而形貌逼真关键在于形神兼备。

写作支架2 尽可能多描写少叙述

无论是考场作文还是平时习作，不少同学总习惯以叙述代描写，以说明代描写，像一个讲解员，干巴巴地介绍人物，说明形象。这样的作文，形象自然乏味。如果换一种方式，表述同一事实，介绍同一对象，描写同叙述相比效果要好得多。如果我们尽可能采用描写手法，写好几件事，人物形象就会站起来。同样，用描写手法介绍一个物体，赋予物体人的情态，物体一定会活灵活现。

例如，“一片树叶从枝头落下”是叙述语，而“一片树叶绕树三匝，一步三回头，在树根脚下找到归宿”则是描写抒情语，这就很有形象感，很有韵味。

特别要重视神情动作与个性化语言的描写。要让形象本身来说话。演员演戏要给观众留下深刻的印象，靠的是演员具体入微的神情动作和个性化的语言，而不是让演员站在幕后，只凭导演向观众介绍剧情；要想使文章形象丰满就必须让文章的形象本身说话，不能仅凭在行文时贴标签，“这是一位热情的人”“那是一个冷漠的人”。这样的文章根本谈不上“形象丰满”。同时描写人物的行为动作时，要有一定的选择，绝不是全盘记录，要选择最有意义的行动，既有思想性又能显示性格的行动，还能最有效地反映出人物性格的行动，这才最好。

写作支架3 全方位表现描写对象

人物形象是否丰满，与我们的表现角度有很大关系。如果我们全方位思考，那么就有这样一些角度可以选择。

人物的语言有什么特点？人物的外貌有什么特征？人物的动作在哪些方面与众不同？人物的内心世界表现在什么地方？别人是如何看这个人的？

如果能落实这些点，人物形象就会丰满起来。如果是状物，抓住了物体的特点，多角度感受，这物体就有了质感。

写作支架4 编撰故事串连几个细节

作文有故事情节，有精彩细节，人物就活了起来，形象就有立体感。近年来，那些获得满分的考场记叙文在此都有突出的表现。编织情节可采取误会法、巧合法、变形法等。细节描写有语言、动作、心理、肖像描写等。我们为何不试一试？即使是状物，也可采取拟人化方式，编织情节，描写细节，产生文学效果。

范文引航

选择生命的色彩

生命本没有色彩，但你的心灵会赋予它色彩。你的生命之色是什么？用心灵去细细选择，或绚烂，或清淡，或空灵，或凝重。

红

岳飞选择了红色，不是鲜艳的红，而是浓重带一丝悲凉，但他的心灵是艳红的，一生不变。当年的汤阴少年，一杆红缨，扫遍南北，历经三十功名尘与土的磨难，那红一丝没变。他用自己的生命洒下满江的红色，浓重的红。也曾在梦中直捣黄龙与君痛饮，醒来却是十二道金牌的班师令。无奈地离去，只留下夕阳晚霞映红天边，悲壮苍凉。心动了吗？用心灵选择。

白

不知屈原死时是否一身白衣。我想是吧，白是他的颜色。在那个斑驳陆离的时代，他是那样的清高。披发行吟，形容枯槁，白袖飘飘游于江畔。举世皆浊，而你独清，“终不能变心而从俗”。你是时代的先行者，看透政治黑暗，宁可粉身碎骨亦不肯同流合污。是呀，“安能以皓皓之白，而蒙世之温蠖乎？”于是不甘与之俱黑的你选择了死亡，汨罗江的清流收纳了你，于是那白衣随着你高洁的灵魂徜徉在江上、天上。心动了吗？用心灵选择。

青

青取之于蓝而青于蓝，没有蓝的张扬却比蓝更空灵更忧郁，也更无奈。哦，是你吗？青莲居士？他们说你是最伟大的浪漫诗人，拥有无数妙怪的思想，奇特的行为。但我却看到了“白发三千丈，缘愁似个长”。你与那杜姓兄弟拥有相同的感触，但你不羁的性格决定了你将成为“谪仙人”。“仰天大笑出门去，我辈岂是蓬蒿人？”在千古天地间，总有一枝随风摇荡的青莲。心动了吗？用心灵选择。

黑

黑暗中你诞生，你觉醒，你战斗不休。伟大的鲁迅先生，在那风雨如晦的年代，你忍受着“众人皆醉，我独醒”的苦痛。黑夜给了你黑色的眼睛，你却用它寻找光明！你用战斗的文字唤醒愚昧的国人，撕破黑暗的统治。黑色决定了您凝重的性格，黑暗中永远亮着您点燃的那一盏灯。心动了吗？用心灵选择。

生命的色彩，红色的为国奋斗不计后果，白色的独善其身不同流合污，青色的不羁与忧郁的艺术家气质，黑色的担负沉重压力的战士之心，多姿多彩，请你用心灵去细细选择。

赏析

作者一开篇便画出了四幅图景：或绚烂，或清淡，或空灵，或凝重。接着以红、白、青、黑这四种主体色彩为小标题，形象地说明了生命的不同色彩，可谓意境深远。

然后作者推出了岳飞、屈原、李白、鲁迅等典型形象，边叙边析，展示了这四个历史人物心灵的选择。

岳飞鲜红的生命之色，是那样悲壮苍凉，今天中华大地上空回荡的爱国之歌中不正有他一个强烈的音符？屈原洁白的生命之色，是那样的高洁，“宁可粉身碎骨亦不肯同流合污”，今天中华传统美德中不正有他的精髓？李白青蓝的生命之色，是那样的充满了想象，充满了浪漫，今天中华灿烂文学的宝库中不正有他一颗璀璨的明珠？鲁迅“黑色”的生命之色，是那样的凝重，今天中华民族之“魂”中不正有他的一面旗帜？

作者在叙析这些丰满形象时，用语亦非常形象，如“一杆红缨，扫遍南北，历经三十功名尘与土的磨难，那红一丝没变”，“黑夜给了你黑色的眼睛，你却用它寻找光明”，使文章的意境显得非常深远。

（文：杨知言　指导老师：张　渊）

反弹琵琶，别具一格

在写作时，运用的素材极为有限，几乎是“人云亦云，拾人牙慧”，没有给人耳目一新的感觉，而作为求异思维的“反弹琵琶法”，可以在不违背科学常识的基础上，破除旧的传统观念与思维方式，最终写出既异想天开又经得起推敲的文章。

“反弹琵琶”指在写作中运用逆向思维。所谓逆向思维，即为了实现某个目标，悖逆常规现象或方法，通过反向思考来发现或解决问题的思维过程。“反弹”就是从某论点的对立角度去确立新观点、阐发新见解。科学的“反弹”可以使学生的思维品质上升到比较高的档次，从而达到创新的效果。如作文题目《近墨者黑，近墨者未必黑》，后者就是对前者的“反弹”。如《让忠言不再逆耳》《为“南郭先生”叫声屈》《“杞人忧天”不该贬》《失败并非成功之母》《见怪岂能不怪》《雪中送炭非良策》等。运用反弹琵琶法拟题，易写出新意，不过并不是所有内容都可“反弹”。“反弹”不能违背事物的规律，要符合传统的美德和大多数人的审美习惯。

因此，考场上拿到一个作文题，首先读懂题目含义要求，接下来就要想想，一般同学会怎么想？怎么写？写什么？我一定要避开他们，写出与他们不一样的新意……

写作支架 1 掌握“反弹琵琶法”的模式结构

文章第一部分：引用名言（古诗、谚语、俗语、成语等）；解释引用语言；使用逆向思维，反向阐释所引用语言，予以综合阐释，立起主旨，也就是所谓的反弹琵琶。

文章第二部分：列举正面典型事例；使用正反对比手法，分析这个事例。

文章第三部分：以一句话，承上启下，引出下面的典型事例；使用正反对比手法，分析这个事例。

文章第四部分：进行综合分析；回扣题目，照应前文。

写作支架 2 反弹琵琶”大致有三种情况

逆向立意。向旧的传统挑战，大胆设想，从原观点的相反方向思索，从而提出有独到见解的新观点。

旧意翻新。从原意中翻出与原意不同的观点。这种翻新的观点，不一定与原观点对立，可以是原观点的深化，可以是原观点的另一角度的阐述。

一事多解。此法也可以称为多角度思维法。对同一事物，从不同角度去立意，选出一个与大众观点不同的角度去写，形成“琵琶反弹”的个性效果。

随着时代的不断发展和进步，一些传统的观点往往会有新的见解，只要我们认真思考，不断地推陈出新，写出的文章自然会让阅卷老师眼前一亮。

写作支架 3 要辩证地看待事物之间的联系

“一分为二，对立统一”是辩证思维的精华，掌握了这一思维技巧，我们就能全面正确地剖析问题，抓住事物的本质。运用辩证思维分析问题时，要文从己出，富含个性，切忌“假大空”式的思想高调。下面请看一位学生对《爱莲说》一文写的读后感。

没有来自根下的重重淤泥的滋养，何来亭亭玉立的枝干，碧绿青翠的叶片，娇艳可爱的花朵！可是当莲拼命地吮吸淤泥中丰富的营养，冒出水面之后，反倒嫌弃淤泥的不干净起来，这岂不是忘恩负义吗？古人云：知恩不报非君子。由此可见莲并非君子。

作者独具慧眼，不是孤立地看问题，而是看清了莲与淤泥之间不可分割的联系，从而得出了新颖深刻的观点，实在难能可贵。我们是不是能从中得到一些有益的启示？

写作支架 4　透过表面看到本质

优秀的作文要善于占据制高点，要精选出好的耐人寻味的立意。面对材料或话题，我们要尽力摒弃那种肤浅庸常的立意，挖掘出更深一层的文化意蕴。还要将立意放置在富有时代特色的大背景下去考虑。脱离生活的源头活水，没有对生活和时代深入地思索和挖掘，文章就会没有生命力。只有根据材料特点、要求，深入分析，才能提炼出新意。即便是陈旧的材料，只要换一下思路，开掘出材料中人们轻易不能觉察的闪光点，我们的眼前就会展现出一片崭新的天地，能使我们的思想独到深刻、富有哲理，我们的文章也会随之走出肤浅平庸的怪圈，变得新颖深刻，字里行间也将闪烁着真知灼见。这，就是思辨的魅力。

写作支架 5　运用“反弹琵琶法”的注意事项

勇于尝试使用逆向思维。“反弹琵琶法”需要我们敢于提出与众不同的见解，敢于突破常用思维方式和旧有传统观念的束缚，跳出因循守旧、墨守成规的樊篱，大胆设想，标新立异，发前人之未发，勇于尝试使用逆向思维。

立论要经得起推敲。逆向求异应该在一定的语言环境和特定的社会背景中进行，要严格遵循客观规律，准确把握事物的本质。只有这样，才能避免从一个极端走向另一个极端。如果把“反弹”误为“乱弹”，立论就会偏颇，就会因画虎不成反类犬而贻笑大方。

“反弹”要适当。“反弹”不具有普遍性，不是任何事物或观点都能逆向求异。一定要具体问题具体分析。那些违反科学道理、有悖于共识和伤害人们感情的“反弹”，都是不可取的。如“螳臂当车”，贬抑螳螂已成共识，你若想褒扬它，想借此改变人们的传统观念，人们将难以赞同。

还是举个例子来说明。体悟下面漫画的含义，写一篇作文。

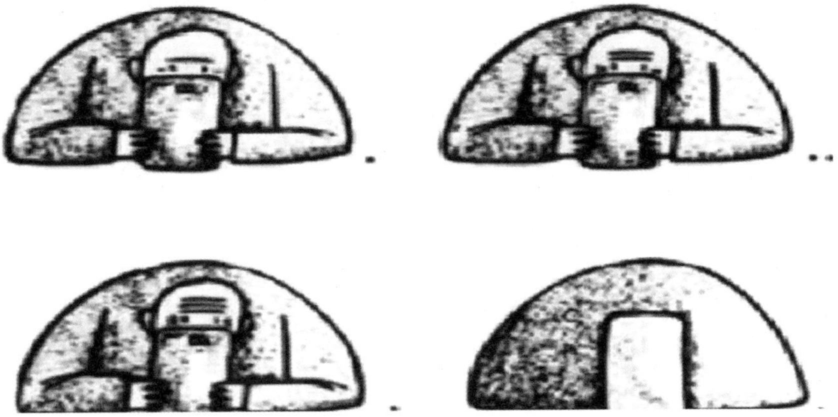

（图片摘自《工人日报》）

漫画题目是“人生”，结合画面，很显然是讽刺“手机控”们天天玩手机，被手机耗费了生命和青春年华。大家都顺着这个思路写，必然千篇一律。因此，一定要避开这一点，写出与众不同的新意，才能让你的作文独树一帜。

比如，可以写：手机没错，成败由我，人要自律；漫画针对一部分人，不可因此拒绝手机，拒绝拥抱新科技；从漫画阅读欣赏角度，鉴赏作者高超的讽刺幽默技巧……

如果能这样构思立意，你的作文必然与众不同。请看下面两个精彩范文。

范文引航

放下手机会怎样

炎炎夏日，高温红色预警，事先没有任何征兆，也没有提前通知，晚上九点突然停电了。

街上一片黑，除了还有几盏太阳能路灯，所有人家、商店、饭馆都黑了。

本来空空如也的大街小巷，人仿佛从地底下钻出来一般，很快到处都是人了。

中老年男人们，打着赤膊，摇着蒲扇，穿着拖鞋，很多人挺着圆鼓鼓的肚子。

“怎么停电啦？”

“怎么停电啦？”

仿佛从没有遇到过停电似的。

妈妈阿姨们也出来了，穿着睡衣，摇着扇子，也抱怨：

“怎么停电了。”

“打电话找电工啊。”

电话哪里还能打得通？人人都有手机了，电工的手机早就被打爆了。

半小时过去了，仍旧没来电，人们似乎慢慢安静下来，找个板凳或就着街边路岛花坛坐下来。来来往往的汽车会拉动一阵阵风，也能带来一阵阵凉爽。

谈天说地，嘻嘻哈哈，好久不见的人居然在这样的晚上见到了。

放假了，天天宅在家里，一只手机“掌握世界”的大学生，此时此刻也走出来了。停电了，手机还是可以照玩不误的，低头在屏幕上划着。

面对身边难得一见的这么多人，这样的场景，充耳不闻。仿佛这一切都不存在，都和他们没有一点关系。坐在外面屋檐下，爸妈就在身边，也好像根本就不存在。偶尔，问他们一句，也只是嗯哦一声，头也不会抬一下，更不会看爸妈一眼。

一些中年人也跟大学生一样，低头在手机上划着。

又是半小时过去了，仍旧没有来电的迹象。一些中老年人摇着扇子，陆陆续续走进屋里，青年学生们依旧在手机上划着。很快，手机没电了，一个个不得不陆陆续续放下了手机，加入身边人的谈天说地中。

年轻的大学生们终于抬起了头，双眼空洞望着天，听着父母的谈话，也会偶尔发表一番自己的见解；父母再问他们什么，也不再嗯哦应付，而是滔滔不绝讲起学校的见闻。

咕呱，咕呱……

“怎么？还有青蛙叫？”年轻的大学生们感到非常神奇，因为，他们都只在古诗文中领略过蛙声，从没听过自然界的蛙鸣。

“快看，快看，萤火虫！”随着一个女孩的声音，很多人举目望去。

眼前三两只莹亮的光点，在面前飞舞，夜空中竟然有如此多的星星。

夜深了，满天星光，人声稀落，知了鸣叫，萤火闪烁。

这一夜，终于也没来电，放假在家的学生们，很多人看到了平生未见的景象。

这一夜，小镇上几乎所有人放下了手机，并没有啥大不了的。

赏析

本文颇似一篇小小说。作者不动声色不做评价，紧紧抓住生活中平常场景——盛夏夜晚突然停电情况下人们的表现，通过生动逼真的叙事写景，尽显文章主旨。

全文叙事简洁流畅，写景生动，注意前后对比，并能在看似不经意的叙述中注意对文章主题的把握，适当点染，结尾扣题，给人回味，读后让人受到深深的启示。

（文：曹　玲　指导老师：张　渊）

手机不是洪水猛兽

妈妈：

当您看到这封信时，一定很惊讶吧？现在还有谁写信？可是，我不得不写信给您，说一说我的心里话。不管您是否还在生我的气，请您一定耐着性子把这封信看完。

您和我之间的冷战已经持续了几天，想想到底是为了什么事呢？

那天放学回来，您在厨房烧饭，我一时无事就拿过你的手机摆弄了一会儿。我没想到，就是这么一点点小事，您会发那么大的火。您大发雷霆，还把《工人日报》上的漫画摔到我面前，说我一天到晚就想玩手机，早晚也会像漫画中的人一样……

您一直严厉禁止我碰手机，似乎手机就是洪水猛兽。真是这样吗？

不用我说，您也知道，现在年轻人交友购物付款打车听歌旅行……什么不在手机上完成？离开手机现代都市里年轻人恐怕寸步难行了。

不错，我是中学生，似乎还不需要做那些事。可是，您知道吗？我们很多学习内容也要到网上找资料，才能完成的。我们的语文课上，名著阅读、古诗词、古文解释翻译，也经常要到网上找材料，我们的语文老师就鼓励我们上网找材料解决学习中遇到的问题。

那天，我用您的手机正是要百度一下语文老师刚刚讲过的名著导读《骆驼祥子》的内容。不信，您可以打电话问问她。

对于您摔给我的《工人日报》上这幅漫画，我也有不同的看法。

这漫画讲的只是一部分沉迷手机不能自拔的人，并非所有使用手机的人，这一点您应该不会反对吧？

现在，一个正常的成年人，谁没有手机？谁不用手机？不错，是有不少人因为玩手机玩出了事，但是大多数人都是正常使用，并没有沉迷啊？所以，我觉得这幅漫画讽刺的只是一部分人，并非所有使用手机的人，更不可能是我这样偶尔接触手机，用手机查查资料的人。

不管怎么说，手机不是洪水猛兽。妈妈请您不要生气了，我不会沉迷手机的。

此致

敬礼

爱您的女儿

2022 年 10 月 12 日

赏析

本文不落窠臼，采用书信体议论说理，语言委婉亲切，读来温婉动人。

题目“手机不是洪水猛兽”，观点鲜明，简洁有力。议论说理能够层层深入，先由日常生活一般现象论述“手机并非洪水猛兽”；再围绕漫画含义提出自己见解——漫画讽刺的只是一部分人，并非所有人。分析论证，能紧密联系现实，采用一连串反问，有理有据，令人信服。

（文：郝佳琪　指导老师：张　渊）

小标题作文，锦上添花

小标题式作文是一种较常见的文体，即围绕话题把一篇文章划分为几个相对独立的部分，再给它们加上一个简洁、恰当的小标题就可以了。由于这种文体结构清晰、层次分明，很多学生都喜欢运用，怎样把这种小标题式作文写得新颖别致呢？

写作支架 1 小标题要提示内容，体现文章脉络

小标题是文中每个小部分的题目，所以在拟小标题时应该抓住每部分的重点、要点，提示每部分的内容。每个小标题还要围绕话题，做到层次分明、脉络清晰。

写作支架 2 小标题要围绕中心，体现独特个性

一篇文章的几个小标题应该是多角度多侧面地表现中心，不能随便拟几个凑数，也不能同类内容重复使用，所拟标题应该典型新颖，具有个性特征，能显示作者的独特的视角和立意。

写作支架 3 小标题要格式相仿，体现整齐优美

小标题的结构要大致相仿，字数相同，一篇文章有三个或四个小标题，这样几个小标题构成一种排比关系，给人一种整齐优美的感觉。

写作支架 4 小标题要符合逻辑，体现内在联系

小标题之间的逻辑关系，常见的有并列关系和递进关系两种。并列关系是从不同角度反映事物，呈现一种横向关系。递进关系是以事物的发展变化

为线索组织小标题，呈现一种纵向关系。

写作支架 5　小标题作文格式写法指导

加题记式，一般放在正文开头之前，位置特别“抢眼”。好的题记一下子就能抓住阅读者的心，给人留下深刻的印象。对题记的要求较为简单：短短的语句，美美的语言；淡淡的情感，浅浅的哲理。那么，什么样的题记才能令人过目不忘，成为文章的点睛之笔呢？让题记成为作文的灵魂！

悬念引人，题记以悬念的形式出现，能立刻吊起人们阅读的胃口；如果悬念再设置得“精彩”一些，那就犹如一颗石子投向平静的水面，激起人们的阅读欲望，引发想象的美妙意境。

如以“喝彩”为话题写作文。

也曾自卑，也曾哀怨，因为我知道你有多丑，可那一刻，我由衷地为你喝彩……

——写给残疾的母亲

镜头组合式，拟题时根据文中所截取的故事片段进行提取关键词，这样可以使文章内容一目了然。

如作文《寻找幸福的足迹》中间用了三个小标题：镜头 1：爷爷的幸福；镜头 2：妈妈的幸福；镜头 3：表妹的幸福。三个镜头式小标题的运用，仿佛少女穿上了一件迷人的褶裙，式样美观，绚烂抢眼。三个小标题从老、中、少三代人三个角度体现出文章的主题：只要懂得知足，心中有爱，幸福就会在我们的身边。三个小标题恰如文章的眼睛，让我们一下子就窥见了小作者的匠心独运，令人折服。

引用诗句式，借用现成的成语、俗语或诗词歌词等众人熟悉的短语短句做小标题，有活泼形象、典雅大方之妙用。

如作文《为自己鼓劲》中间用了三个小标题：无可奈何花落去；似曾相

识燕归来；小园香径独徘徊。引用三个古诗句作为小标题，仿佛贵夫人穿上了一件典雅的旗袍，雍容华贵，珠光宝气，流光溢彩。第一个小标题暗喻父母的离婚已经大势所趋，“我”无力挽回，“面对过去，我虽无可奈何，但花毕竟已落去。面对未来，我要更上一层楼，要为自己鼓劲，相信单亲家庭也可以很幸福”。第二个小标题暗示母子生活的艰辛，在艰辛的生活中“我”找回了“那似曾相识的幸福”，坚信“前方的生活才会幸福！”第三个小标题象征“我一个人漫步在考试的香径中”，“为自己打气，为自己加油”。三个小标题在我们面前徐徐地勾勒了三幅生活图景，题与文相映，情与境呼应，读之如品一杯生活之茶，令人回味无穷。

时间串联式，拟题时直接点明文中所述的时间或空间，这样可以把读者迅速带入文章描述的特定的时空之中。

如作文《为自己鼓劲》中间用了三个小标题：毛毛虫·开端；茧·过程；蝶·末端。三个小标题寓意丰满，仿佛年轻人穿上了一件斑斓的时装，时尚无比，风光无限。文章先在题记中用“人的成长道路，就是一只蛾破茧成蝶的过程，当你蜕变成蝶的过程，需要自己为自己鼓劲的信心”总领了下文，然后用这三个小标题表示自己成长中的三个阶段：“初一”是“毛毛虫”，着重写“军训”“坚持并且成功了”；“初二”是“茧”，着重写“校运动会”“取得了好成绩”；“初三”是“蝶”，着重写“面对中考”，“为自己鼓劲”。三个小标题，层次分明，表现了内在的逻辑性；结构匀称，彰显了篇章的形式美，语言简洁，加上精美的思想内涵，韵味十足。

比喻对比式，因比喻手法的运用，使得小标题既准确、鲜明、生动，又能在前后对比中表达出小作者的褒贬之情，惹人喜爱。

如作文《感受四季品味人生》中间用了四个小标题：春之望；夏之恋；秋之思；冬之盼。四个小标题，像一首首意蕴丰富的诗篇，耐人寻味，引人入胜。小作者独辟蹊径，用自然界的四季轮回来代表人生的轮回磨炼，表达了人生需要经过不断的磨砺才能品味出真谛。四个小标题，望、恋、思、盼，每一季的格调不一，分别写到对于人生、对于磨炼的理解，真是一篇个性独到的考场美文。

词语扩充式，一个较为快速而具体的切入口，就是围绕题目中的关键词语来拟小标题，通常稳妥的做法是通过添加新的词语，将关键词扩充为短语形式。

如作文《让明灯永驻心中》中间用了三个小标题：淳厚之灯；高雅之灯；坚韧之灯。三个小标题，犹如挂在脖上的玉坠，让人怦然心动；犹如别在胸前的胸针，夺人眼目。三个小标题，给我们展现了三种不同的“明灯”，三种不同的人生追求和生活态度，醒目而简洁，准确而生动。

借用名家作品作小标题。如以《神曲》为题的优秀作文，全文以但丁神曲的三个部分“地狱”“炼狱”“天堂”作为文章的小标题。如《我和妈妈在一起》，用高尔基的“童年”“在人间”“我的大学”作为小标题。这些文章由于运用的小标题别具一格，给阅卷者耳目一新的感受，因此在众多的考卷中脱颖而出。

用对称的短语做小标题。如《和父母交朋友》，文中的四个小标题是“懂事之春”“灼热之夏”“硕果之秋”“沉默之冬”。再比如一篇以我心中的珍藏为题的作文，文中的四个小标题分别是“风之舞”“天之痕”“云之端”“苍之涛”。这种小标题结构一致，句式整齐，再加上诗意的语言，出彩之处一目了然。

小标题的角度要一致。通常情况下，我们拟的小标题的数量是三个，原则上它们应该做到角度一致，要么是三个人物，要么是三个事例、三个地点、三个时段、三个镜头、三段经历……

如：“小时候”“长大后”“后来啊”“而现在”（《就这样慢慢长大》）；“情感派”“训练派”“管理派”（《我们一起走过》）；“沉思的春”“灼热的夏”“苦闷的秋”“忏悔的冬”（《初中生活琐忆》）。

范文引航

遇见另一个自己

湛蓝而干净的天空，翩然起舞的落叶，萧萧瑟瑟的秋风，我漫步在绿茵跑道上。循着路向前，脚下的落叶沙沙作响，风轻轻地掠过，枫树摇曳着婀娜的身姿，四周仿佛什么都消失了，只剩下秋风拂过的声音。站在初三的起点上，我希冀能够遇到另一个自己，开启一段不一样的人生之旅……

我相信，我可以做到的。

我们在这金色的秋天相遇了。窗外的阳光慵懒地洒到教室里，那坚定的目光中饱含着笑意，为了梦想，我们走到了一起，熟悉而陌生。

炽热的红

八百米的跑道，在阳光的炙烤下显得格外引人注目，起跑线上，我的心里仿佛被个无形的大石压住，不停地颤抖，脑子一片空白。一声刺耳的哨声划破天际，她陪伴着我走上了起跑线，跑了不过一半，我就已经口干舌燥，四肢也开始不听使唤，腿像灌了铅一般，她的声音在耳边响起："加油呀！为了我们的梦想，这点困难算不了什么！"那声音坚定得不可思议，如一股无形之力支撑起我精神的边缘……"不放弃，坚持到最后。"终于，我们越过了最后的那条终点线。

幽静的蓝

夜初静，人已寐。静谧祥和中，我抬眼看了看书桌，一摞摞厚厚的参考书、一沓沓高高的演算纸陪伴我走过了一个个不眠之夜。离成功还有多远我不知道，但我相信只要笔耕不辍，我就一定会收获成功的硕果！昏黄的灯光照得眼睛有些睁不开，手腕在与笔杆的纠缠之间更增加了几分酸疼。抬起头来，仰望那幽静的天空，星光璀璨，她笑着对我说："加油呀！我们一起做最优秀的女生……"体内每一个叫作自信的细胞瞬间被激活，轻拂去眼角的疲倦，我们一起坚定不移地继续奋战。

温暖的橘

日出东方，整个天空像一张宣纸正被鲜艳的橘色一点一点地浸染，像一位女子温柔地抚摸着大地。看着红色的跑道和绿色的球场，她笑着对我说："没想到红色和绿色配在一起最好看的地方竟然是在操场。"一阵晨风拂过，我也笑了："是呀，多么美好的早晨呀！"迎着这初升的朝阳，温柔地洒在我的脸颊上，我们一起说："崭新的一天开始了，加油！"

谢谢你，另一个自己，盛装出席在我最美好的"青葱"岁月里……

赏析

文章生动而细腻地描写了三个片段、三幅画面：拼搏八百米跑道，挑灯夜战，操场迎接曙光。另一个"我"和我如影随形，她拼搏着我的拼搏，快乐着我的快乐。文章结构巧，色彩艳，语言美。

（文：蒋　玉　指导老师：张　渊）

妙笔生花，学写颁奖词

颁奖词是在某一主题的颁奖典礼上，对获奖对象的事迹所作的一种陈述评价性的礼仪文稿。通过这种宣读颁奖词的方式，让大众了解获奖对象的事迹以及所体现的一种超乎寻常的人格精神，从而取得一种教育的效果。因此，它必须借助于优美的语言文字对获奖对象进行准确的陈述与评价。

写作支架 1 颁奖词的特点

情感性。饱含情感，真挚赞美人物的事迹与精神，以达到以情感人的艺术效果。

深刻性。对人物事迹的评价，必须体现一定的深度，触及人物的精神内核，将人物的壮举提升到一定的思想高度。

简洁性。颁奖词非常精练简洁。为适应电视节目的播出时间要求，寥寥数句，即见人物的神韵与风采。

系列性。在颁奖典礼上，授奖对象一般不是单个的，因此，这类文稿的写作往往是一个系列。尽管主题相同，但是具体人物对象的事迹不同。这就要求写作时必须做到因人定论、因事定调，有针对性地表达出每个人的个性特点。

写作支架 2 颁奖词的写法

大笔写意，点明人物的事迹。指从大处着眼，抓住人物最主要的令人钦敬的事迹，简要概述，如同画写意画，力求用最简洁的笔墨，勾勒出丰满的笔下之物。因此，颁奖词不要求详尽地交代人物事迹的来龙去脉或是细枝末节，人物事迹点到为止。

例文：感动中国年度人物获奖者魏青刚的颁奖词：

沧海横流，方显英雄本色！为了一个陌生人，他在滔天巨浪中三进三出，（事迹）危险面前，他根本不需要选择，因为这瞬间动作源自内心品质。（精神）从人群中一跃而出，又悄然回到人群中去，（事迹）他，是侠之大者。（赞美）

赏析：这段文字对魏青刚下海救人的事迹介绍，就是简洁的“他在滔天巨浪中三进三出”“又悄然回到人群中去”，至于具体的过程，没有去详细交代。但是英雄的侠义之举如在眉睫之前。这种大笔写意的手法，笔法简洁、描人绘物非常传神。

纵深开掘，彰显人物的精神。对人物精神的赞美是颁奖词写作的重点，也是难点。通过人物的事迹，引出对人物精神的评价。因此，在颁奖词中，要体现出人物的闪光心灵、人格魅力，或是坚强的意志、崇高的思想品质等，最好能体现一定的哲理。

例文：刘盛兰——高龄老人拾荒助学子

残年风烛，发出微弱的光，苍老的手，在人间写下大爱。病弱的身躯，高贵的心灵，（精神）他在九旬的高龄俯视生命。一沓沓汇款，（事迹）是寄给我们的问卷，所有人都应该思考答案。（赞美）

赏析：这段文字对刘盛兰的精神提炼得很到位。“苍老的手，在人间写下大爱。病弱的身躯，高贵的心灵”，刘盛兰以自己的行动让我们感动，这种感动源自我们对他人格精神的钦敬。他“残年风烛，发出微弱的光。”他的行为是发自内心的，体现了他的人生价值取向，我们看到了刘盛兰崇高的品质、闪光的心灵、忘我的人生境界。

综合表达，事、理、情有机融合。颁奖词在表达方式上，需要将叙述、议论、抒情这三种表达方式综合运用。将人物事迹、精神以及对人物的赞美之情有机融合在一起。

例文：学生写给荆轲的颁奖词：

一剑，承载国之重负；一歌，咏尽生死离别；一笑，撼动巍巍秦殿。（精神）国难当头，他义不容辞；易水离歌，他坚定不移；满殿秦士，他面不改色！（赞美）生亦何欢，死亦何惧！图穷匕见的那一刻，他完成了自己的使命（事迹）。

赏析：这段颁奖词将叙述、议论、抒情的表达方式融在一起，个性突出，浑然天成。

言简意赅，自然流畅。颁奖词一般很简短。这就要求语言高度浓缩，言简意赅。这样的语言往往字字珠玑。

写作支架 3　颁奖词的具体要求

文字精短。由于颁奖词是要当众宣读的，时间不宜太长，所以文字一定要简洁精练，高度概括，切忌长篇大论，不着边际。

例文：“感动中国”给 2021 年年度人物朱彦夫的颁奖词：

生命于你不止一次，士兵于你不只是经历；没有屈服长津湖的冰雪，也没有向困苦低头。与自己抗争，向贫穷宣战。一直在战斗，一生都在坚守，人的生命应当像你这样度过。

赏析：短短数十字，既高度概括了朱彦夫的感人事迹，也将他的奉献精神生动地呈现在世人面前，同时发出了向他学习的号召，让人久久为之动容。

句式多变。要想让一则颁奖词读起来朗朗上口，就必须要注意长短句式相互配合，力求参差错落，音韵和谐，以达到抑扬顿挫的效果。

例文：比如“感动中国”给 2021 年年度人物中国航天追梦人的颁奖词：

发射，入轨，着陆，九天探梦一气呵成；追赶，并跑，领跑，五十年差距一再跨越。寰宇问天，探月逐梦，五星红旗一次次闪耀太空，中国航天必将行稳致远。

赏析：开口一读，便觉韵致十足，回味无穷。

巧用修辞。写颁奖词，还要巧用比喻、对偶、排比、双关等修辞手法，使其在质朴中有亮丽、优美中有诗意，引人入胜，令人深思。

例文：“感动中国”给2021年年度人物彭士禄的颁奖词：

历经磨难，初心不改。在深山中倾听，与花甲年重启。两代人为理想澎湃，一辈子为国家深潜。你，如同你的作品无声无息，但蕴含巨大的威力。

赏析：“两代人为理想澎湃，一辈子为国家深潜”，运用了对偶的修辞手法，“澎湃”一词还与革命先烈彭湃（彭士禄的父亲）谐音，既高度赞扬了彭士禄无私奉献的家国情怀，也表达了对革命先烈的缅怀之情。

适当引用。在颁奖词中恰当引用或化用一些名诗名句，可让颁奖词在尺幅之间，内涵变得更加丰富。

例文：“感动中国”给2021年年度人物张顺东、李国秀夫妇的颁奖词：

山对山来崖对崖，日子好比江中排。毛竹天生筋骨硬，顺风顺水出山来。李家大姐人才好，张家大哥看上她。没脚走出致富路，无手绣出幸福花。

赏析：“山对山来崖对崖”直接引用自云南民歌《弥渡山歌》中的第一句（这对夫妇来自云南）。

写作支架4 颁奖词写法总结

先叙后议，夹叙夹议。概述事迹，简洁精练。赞美精神，抓住实质。

切中肯綮，彰显人格。表达多样，情理交融。言简义丰，流畅悦耳。

范文引航

《感动中国》2020年度人物张桂梅：“把时间留给女孩们”。

颁奖词：烂漫的山花中，我们发现你，自然击你以风雪，你报之以歌唱；

命运置你于危崖，你馈人间以芬芳，不惧碾作尘，无意苦争春，以怒放的生命，向世界表达倔强。你是崖畔的桂，雪中的梅。

《感动中国》2020 年度人物万佐成、熊庚香夫妇：“抗癌厨房”温暖万千家庭。

颁奖词：微弱的灯，照亮寒夜的路人，火红的灶，氤氲出亲情的味道。这陋巷中的厨房，烹煮焦虑和苦涩，端出温暖和芬芳，惯看了悲欢离合，你们总是默默准备好炭火。

《感动中国》2020 年度人物王海：志愿军的空中雄鹰。

颁奖词：在朝阳下俯冲，迎着西风开火，空中的尖刀以一当十；疆土的坚盾巡天卫国，山河已无恙，祖国的雄鹰已飞得更高，你刻在机身上的星星，是战士们的巡航坐标。

《感动中国》2020 年度人物谢军：用北斗照亮中国人的梦。

颁奖词：嘀嗒嘀嗒，中国在等待你的回答，你的夜晚更长，你的星星更多，你把时间无限细分，你让速度不断压缩，三年一腾飞十年一跨越，当第五十五颗吉星升上太空，北斗照亮中国人的梦。

（文：选自《人民日报》）